本书为教育部首批"中小学名师领航工程"学习成果之一

本书为教育部教育装备研究与发展中心中小学生阅读素养、人文素养及影视戏剧教育子课题成果之一

自能语文与整本书阅读教学

孙玉红◎著

吉林出版集团股份有限公司

图书在版编目（CIP）数据

自能语文与整本书阅读教学 / 孙玉红著 . — 长春：
吉林出版集团股份有限公司 , 2021.8

ISBN 978-7-5731-0319-2

Ⅰ . ①自… Ⅱ . ①孙… Ⅲ . ①阅读教学—教学研究

Ⅳ . ① H09

中国版本图书馆CIP数据核字(2021)第164585号

自能语文与整本书阅读教学

著　　　者	孙玉红
责 任 编 辑	郭亚维
封 面 设 计	刘　伟
开　　　本	710mm×1000mm　1/16
字　　　数	315千
印　　　张	20
版　　　次	2021年9月第1版
印　　　次	2021年9月第1次印刷

出 版 发 行	吉林出版集团股份有限公司
电　　　话	总编办：010-63109269
	发行部：010-85173824
印　　　刷	天津中印联印务有限公司

ISBN 978-7-5731-0319-2　　　　　　　定价：68.00 元

行者之思，行者之路

名师应该是什么样的？当孙玉红把厚厚的书稿发我，请我帮她写序时，关于她的教学生涯便涌现在我的眼前。

24年前，刚入职的孙玉红与我一起在克拉玛依市第十三中学共事，因热爱教育事业，热爱学科教学，喜欢跟孩子们在一起，教科研意识很强，她很快在青年教师中脱颖而出，之后我俩又先后来到克拉玛依市第一中学，于2013年7月开始共同参与一场学校育人方式的转型变革，每一步都充满着困难和挑战，但孙玉红始终以虔诚笃定的投入状态感染着和影响着同伴，并且她自己也在实践和理论的贯通中实现了超越，真诚地为她高兴。

孙玉红是克拉玛依市首批被评为正高级职称的老师，是一位始终坚守在教育教学一线，潜心专研语文教学的学者型、专家型老师。这本书，充满了实践的气息和开拓的精神，体现了她自育人方式改革以来在整本书阅读教学方面与伙伴们不断的实践与探索的历程。有基于对教育本质的理解，对自能语文概念和内涵的阐释与解说，有大量以整本书阅读为例的自能语文的实践策略，还有她和教研组同伴对整本书阅读的教学设计与诊断评价的研发成果。可以说，自2014年开始的整本书阅读教学比2017年颁布的新课程标准提倡的整本书阅读任务群整整早了三年，能够主动在语文教学领域默默进行素质教育的实践与探索，这本身足以说明孙玉红对语文教育教学孜孜以求的执着精神。据我了解，第一中学在整本书阅读方面已形成了从初中到高中十八本成熟的整本书阅读教学资源，这也是孙玉红和团队伙伴们集体努力与坚守的成果。

这本书，孙玉红也以自己的10年读书笔记的方式呈现了整本书阅读启迪人心智，促人成长的自育过程。可以说，孙玉红是用自己的整本书阅读成长过程呈现语文教育教学自能的成长过程。

作为一位领航老师，在孙玉红的带领下，第一中学语文教师队伍不断走向成熟，在她倡导的"自能语文"教学理念的引领下，克拉玛依市语文教育团队也不断走向成熟。2019年8月和11月，她带着工作室核心成员吴静老师去辽宁盘锦和浙江金华，参加全国语文教师大赛，带着鲜明自能语文特征的整本书阅读教学已经开始走出新疆，走向全国大型竞技场；2020年4月，她带着工作室核心成员巫杰锋、吴静、齐可卿三位老师，参加了浙师大"停课不停学"抗疫公益讲座，作了"以整本书阅读为例的自能语文行动研究"系列讲座，自能语文和整本书阅读以一种成熟的样态呈现给全国各地的语文教育工作者；2020年7月，她带着工作室核心成员赵凤芳、齐可卿二位老师参加了新师大主办的全疆高中语文教师继续教育培训，又将整本书阅读的克拉玛依方案带给了全疆各区的语文教育工作者；2020年8月，她邀请克拉玛依市教育局原党组书记彭建伟和工作室核心成员房新江、邱逸文两位教研员，独三中杜艳平、十三中吴恩兵、南湖中学宋璐等15位核心教师为新师大2019级硕士研究生进行了"语文课程设计与实施"课程教学，将克拉玛依市语文教育以整本书阅读为特色，涵盖了单元化教学设计、群文阅读、革命文学阅读、对分课堂、中高考研究等丰富的教学内容传递给未来即将走向全疆一线教学的研究生同学们，开拓了高等教育与一线教学理论与实践相结合的协作培养新思路；2020年12月，孙玉红工作室核心成员巫杰锋、吴静、齐可卿、刘静四位教师承担了新师大国培项目五天的在线培训课程与工作坊培训，2021年1月，孙玉红工作室核心成员一中吴静和钱琼华、二中陈文军、南湖谢雪琴、十三中吴恩兵共五位教师承担了新师大区培青年教师在线培训课程。

在资源研发方面，孙玉红老师带领一中高中语文教师自主研发了自治区教科院组织的《儒林外史》网络课程资源48讲，参与录制《红楼梦》网络课程40回共10讲内容；带领一中初中语文教师自主研发了新师大本科生教材《初中部编本教材课程设计与实施》；带领工作室核心成员参加浙师大出版的高中部编版选择性必修上册1＋X比较阅读读本的研发；带领工作室核心成员参加江苏省组织的中华传统文化经典读书的系列研发工作。

可以说，在项目任务驱动的培养方式下，孙玉红工作室的成员在茁壮成长，一位位名师脱颖而出。克拉玛依语文教育成为克拉玛依教育文化一张亮丽的名片。2019年11月，《以整本书阅读为例的自能语文行动研究》作为克拉玛依市的教育改革成果成功地参加了在珠海举办的第五届的教育创新博览会，向全国各地同行介绍了克拉玛依市语文整本书阅读教学的实施方案。

我清楚教学改革必经的阵痛蜕变，也感受到孙玉红在一次次逼近学生"最近发展区"的同时是一一次次逼迫自己跳出"心理舒适区"。她是一支队伍的榜样，他们以全新的事业激情击退职业倦怠感，他们在教学改革中找到了附着在教师职业背后更深层次的责任和高尚的使命，让变革发生在了"民间"，他们是推动育人方式转型成果的重要力量。

《自能语文与整本书阅读教学》这部书是育人方式改革的硕果，也是孙玉红个人积极思考勤于总结的成果。

勤奋执着、孜孜以求，相信孙玉红未来的路会走得更加稳健和踏实。

李国莲

新疆克拉玛依市教育局局长

走向"自能"

我和孙玉红老师是"同学"。

2018年，教育部遴选了"国培计划"中小学名师领航工程学员129名，这些名师要在培养基地进行连续性、系统化培养。我和玉红老师等5名高中语文教师在培养基地——浙江师范大学师从蔡伟教授接受3年培训，这样，我们成了"同学"。

直率、干练、谦和、学养深厚，这是玉红老师给我的印象。我虚长她几岁，每次见面，我们都有谈不完的话题，聊西北边陲的石油重镇克拉玛依，谈语文教学，谈她的自能语文，听她讲与学生的感人故事……但当玉红老师嘱我为她的书写序时，我颇为踌躇，主要是自己才疏学浅，恐难当此重任。这时玉红老师给我发来书稿，我一口气读完，被她新颖的教学主张、宏大的目标设计、严谨的教学实践深深震撼，我便答应写一点儿感受和思考！

自能语文坚持"以学生为中心"的理念。从自能语文的内涵看，强调学生的自主。"自"就是强调学习主体的主动性，"能"则强调主体内部因素功能，即在学习和实践中形成智能，具有发展的无限潜能。从自能语文的实践语境看，注重"人"的教育。自能语文根植于学校宏观的办学理念。学校从育人理念、育人方式和管理机制等方面进行全方位的深入变革，努力培养社会主义现代化强国建设需要的社会栋梁与民族脊梁；努力创办适合每一位学生发展的教育，成为全校共同的价值追求。与此理念相适应，学校为推进学生自主独立发展，架构了分层分类综合特需的课程实施体系，实施选课走班的教学组织形式，学生自主学习的课堂学习方式成为学校教育教学变革的核心环节。从自能语文的目标预设看，关注人的自主发展。尊重但不囿于语文学科的本位，更强调的是站在学生个体发展的视角，关注的是学生是一个独立存在和自主发展的个体，因此，人的自主发展被纳入语文学科教育与教学视域。从自能语文的实操过程看，突出学生的主体地位。变革课堂学习方式，推进课堂个别化学习变革，将课堂变成学生自主学习的场所，为学生自主学习提供必要的时间保证。自主学习是以学生作为学习的主体，通过学生独立地分析、探索、实践、质疑、创造等方法来实现学习目标。

　　自能语文实现了"师生共同成长"。转变教师角色是教育教学改革的基本要求。那么教师应转变成怎样的角色呢？这里有一个核心性的问题，那就是"学生学到了什么"，这与传统的"教师教了些什么"有着本质的不同。自能语文重新定位了教师角色。自能语文强调学生自主学习，并不意味着教师功能的弱化，教师作为学习活动的设计者、学业提升的帮助者、自主发展的促进者，专业化功能反而日益突显。因此，自能语文要求教师在学生自主发展能动学习的基础上设计学习、活化学习、共同学习，进而提升学生的语文素养，为学生终身发展打下扎实的基础。自能语文中的教师更强调"尊重"。教师主动参与学生开放式探究，引导学生掌握研究问题的方法和步骤。该学生做的事教师决不"越俎代庖"。努力做到"书"让学生自己读，"问"让学生自己提，"果"让学生自己摘，"情"让学生自己抒，"话"让学生自己说，最大限度地让学生在"情境"中学习，在"主动"中发展，在"合作"中提升，在探究中创新。自能语文实现了"教学相长"。如整本书阅读，教师先于课堂对话而与文本对话，珍惜自己接触文本的最初感觉，并使之在进一步的研究中摆脱混乱与粗疏状态，上升为一种理性的认知。本书第二编的"读书自能"就是例证。教师"潜心会文"，目的就是为了"输出"，就是教师能用浅显的语言把自己阅读感受表达出来，创造性地采用不同的教学策略。在本书中，玉红老师用自己整本书阅读的66篇读书笔记为例说明整本书育人的功能，旨在引领语文教师走向经典共读的专业发展之路。

自能语文实现了"课程资源最优化"。 自能语文创造性地提出了"大单元的语文学习模式"，采用"教材＋学习细目＋诊断资源"的形式丰富学习资源。每周5节语文课，实行"3＋1＋1"的模式，即3节文本学习时间，1节整本书阅读与交流时间，1节作文习作与讲评时间。单元设计注重资源化、系统化、自主化，选择资源、整合资源的目的是为了更好地实现学生的自主发展。例如整本书阅读，作为语文学习的重要内容，学习时间较单篇学习久，学习设计重情境化、活动化，学习方式灵活多样，教学评价多元综合，更容易培养学生自主学习能力。首先，教师合作设计学习任务清单，对每一本书的阅读时间进行了翔实而具体要求，同学们通过课外阅读和课内阅读与交流，可有效提升整本书阅读的过程性学习效果。其次，构建整本书阅读教学课程化、资源化、系统化的阅读体系。而这些行动研究的背后则是每一位学生自觉读书、自主发展的内动力的深度激发，是每一位学生更快更好地成长，是适合每一位学生个性发展的教育理念的成熟。

自能语文完成了从学科教学向学科教育的蜕变——教学规划激发学生责任意识；单元学习激发主体能动性；整本书阅读，师生融情共读同写，激发自主学习的内驱力。教师积极俯身参与到每一项学习中，以学习者的视角设计学习，以成长者的心态与学生同读共写，教师成了自能语文生命成长的见证者，也成了学生自主意识的发现者与帮促者。

"同学"者，师出同门也；从另一个角度看，又包含了"互相学习"的意味。读玉红老师的文字，我经历了一个"自能"的过程。玉红老师为我树立了高标，我没有理由在"自能"的路上停下前行的脚步！

与玉红老师是"同学"，幸甚至哉！

尤立增

（尤立增，全国人大代表、国家督学、特级教师、正高级教师。曾获得"全国先进工作者""全国五一劳动奖章""万人计划全国教学名师""全国模范教师""全国师德标兵""全国优秀语文教师""全国文学教育名师"。教育部"国培计划"名师库培训专家，教育部"领航工程"成员。教育部领航工程名师工作室主持人，河北省名师工作室主持人；教育部基础教育教学指导专业委员会委员，中国写作教学专业委员会学术委员会副主任，中国校园文学委员会副会长，全国中语会学术委员。浙江师范大学、河北北方学院硕士研究生导师。）

目录

第一编

自能语文与整本书阅读教学

自能语文的提出与阐释

大家对"自能"这个词并不陌生。最早提出这个概念的是语文教育泰斗叶圣陶。他于1977年12月在为《中学语文》复刊题词中写道:"我想,教任何功课,最终目的都在于达到不需要教。假如学生进入这样一种境界:能够自己去探索,自己去辨析,自己去历练,从而获得正确的知识和熟练的能力,岂不是就不需要教了吗?而学生所以要学要练就为要进入这样的境界。给指点,给讲说,却随时准备少指点,少讲说,最后做到不指点,不讲说。这好比牵着手走,却随时准备放手。在这上头,教者可以下好多功夫。"

这也成了叶老最著名的"教是为了不教,学是为了会学"经典语录。可见,教育教学绝不仅仅是知识和技能的传授与学习,更重要的是培养学生自主学习的习惯和能力,完善他们的人格,使他们在步入社会后成为有独立思考能力和健全人格的人,成为对社会有责任感、对人类文化有担当的人。

自能语文的提出其实正是继承了叶老的这一教育理念,在语文教育教学中秉承着教育是为了人的主观能动发展这一方向。所谓"自能"首先可以从两个语素上分析,即"自"和"能"两个方面。"自"强调主体的主动性;"能"侧重主体内部因素功能,主体具备的能动性和发展性,也就是在具体的学习生活和社会劳动实践中形成的智能和不断发展的潜质。概括说,"自能"就是"自己能够"。例如,"自能阅读"就是"自己能够阅读","自能作文"就是"自己能够作文",以此类推,最后达到"自能学习""自能发展"的目的。可以说,"自能"是真正决定一个人终身发展的关键所在。

自能语文是指学生个体在语文学习过程中具备的个体主观能动性、兴趣的稳定性、发展的持续性,最终达到自我主动学习语文的一种学习状态和学习能力。

美国教育家卡赞扎克说:"一个理想的教师应当肯于把自己当作桥梁。他邀请学生跨上这座桥,并在帮助他们走过来之后,高高兴兴地把他拆掉,鼓励学生造他们的桥。"教师应当大胆地让学生自己"造桥",而不必担心学生造不成"桥",要不断改变教学模式,更多地让学生自己动手、用心、动口、用脑,在教师的引导与帮助下,让学生学会造自己的"桥"。这也是对自能语文的一种形象诠释。

由此,自能语文没有从语文学科的本位出发,而是站在学生个体发展的视角,关注的是学生是一个独立存在和自主发展的个体,因此,人的自主发展被纳入语文学科教育与教学视域中。基于学生自主学习能力培养的自能语文从实践之初便是将人的培养作学科教学的前提与基础的。

当然,在自能语文的实践之路上,"自能"这个词是一个目标,是一种理想。准确地说,我们是在"自能"的路上不断摸索与实践。

自能语文的时代要求

2016年9月发布的《中国学生发展核心素养》，提出以培养"全面发展的人"为核心，分为文化基础、自主发展、社会参与三个方面，综合表现为人文底蕴、科学精神、学会学习、健康生活、责任担当、实践创新等六大素养，具体细化为国家认同等十八个基本要点。

2017年《普通高中课程方案和课程标准》明确提出三个培养目标：具有理想信念和社会责任感，具有科学文化素养和终身学习能力，具有自主发展能力和沟通合作能力。

可见，自主发展能力已成为学生"全面发展的人"的标准要素和集中体现，以学生自主发展能力培养的教育目标已迫在眉睫。

2018年12月颁布的《中国教育现代化2035》提出的总体目标：到2020年，全面实现"十三五"发展目标，教育总体实力和国际影响力显著增强，劳动年龄人口平均受教育年限明显增加，教育现代化取得重要进展，为全面建成小康社会作出重要贡献。到2035年，总体实现教育现代化，迈入教育强国行列，推动我国成为学习大国，人才资源强国和人才强国，为到本世纪中叶建成富强民主文明和谐美丽的社会主义现代化强国奠定坚实基础。

要实现这一伟大目标，人才的培养是关键，人才资源强国正是现在处于中学阶段教育中的这一代人，所以对学生自主学习能力的培养是社会发展和国家长远规划的时代必然。

自能语文的外部机制建设

自能语文的提出与克拉玛依市第一中学的教育转型之路密切相关。第一中学在克拉玛依市政府的宏观筹划下于2012年开始与北京十一学校合作办学，开始了学校教育教学的全面转型。学校从育人理念、育人方式、管理机制等方面进行了全方位的深入变革。志远意诚、思方行圆，努力培养社会主义现代化强国建设需要的社会栋梁与民族脊梁，成为全校的历史使命与责任担当。努力创办适合每一位学生发展的教育，成为全校工作人员共同的价值追求。

与此理念相适应，学校为推进学生自主独立发展，架构了分层分类综合特需的课程实施体系，实施选课走班的教学组织形式。学生自主学习的课堂学习方式成为学校教育教学变革的核心环节。

这场变革以课程为核心，与传统学校相比，有些关键要素发生了变化。

一、选课走班的教学模式

学校依托北京十一学校，架构了语言与文学、数学、人文与社会、科学、商学与经济学、技术、艺术、体育与健康和综合实践九大学习领域，根据每个学习领域的特点又设置了分层、分类、综合、特需的课程实施体系。学校每年课程达200门左右，这样丰富的、多样的、可选择的课程实施体系使学生的课程选择意识增强，学生对自我发展的思考进入学习生活中，这使学生发展的自主性成为可能。

在丰富的课程支撑体系下，选课走班才有了教育的意义和价值。课程的丰富性让学生选择性和自主性日益突显。

二、小学段

与选课走班相对应，学校每个学期的构成与以往相比明显不同。传统学校一个学期一般会有两周的考试周和一周的机动周，正常的教学时长大约是17周，而我校转型后的一个学期固定为20周，是由两个大学段共16周和2周考试周和2周小学段构成。大学段是学校正常的教育教学活动时间，小学段则显得尤其不同，是学生完全自主研修学习时段，没有教师进课堂讲课，完全是学生自己学习，学生按照提前做好的学习规划进行上一学段学习的查漏补缺，并对下一学段的学习任务提前预习。学生还可以参加学科丰富的活动和社团活动，也可参加学校和学部联合举办的体育季活动。紧张、充实忙碌的小学段为培养学生的自主性提供了实践机会。

三、学生发展中心

与选课走班育人模式相适应的是对学生发展的全新认识。原先以管理学生为主的学校德育处转变功能，变成以指导学生发展和服务学生成长为主的学生发展指导中心，为学生的自主发展提供平台，提供必要的指导。

完全由学生自主策划与组织的大型狂欢节、泼水节、开学仪式、创意巴扎、各类星级社团已成为在学生发展中心指导下的品牌产品。学生在活动的策划、组织、协商、合作中提升自我的发展意识和自我发展的能力。

四、教师身份的变化——导师

取消行政班后，与行政班相对应的班主任也取消了。没有了班主任，每一位学科教师都成为了导师，导师不同于原来以管理为主的班主任，主要是陪伴与指导的功能。例如，指导学生熟悉选课走班的生活，倾听学生烦忧，帮助学生答疑解惑，陪伴学生安全成长。导师制的出现不仅使全员育人得以落地，而且使学生自主发展有了安全的人力资源保障。

五、咨询师

学部设置咨询师项目组，为学生的成长与指导进行专门设计与落实。每个学部的咨询师项目组都根据本年级学生的学情开展适切、适时、适度的帮助与规划教育，使学生自主发展有了科学、合理的制度保障。

六、扁平化治理结构

打破传统学校原有的金字塔式的管理层级，实施扁平化、分布式、制衡型的治理体系。人人都是责任主体，实行权力相互制衡，将权力关进笼子里，每一位领导都是管理与引领主体，这极大激发了个体主观能动性，显示了群体合作的巨大效应。一种合作的校园文化成为学生自主发展的潜在育人力量。

七、分布式领导

扁平化的管理结构让学校每个学部都成为一个独立协作共同体，生生合作，师师协作，师生共促。每位教师既是学科教学的教师，也是学部一项专门领域的管理者，育人者与管理者的身份合而为一，使帮助学生自主发展的理念更容易渗透到学科教学中。就学部管理而言，一人专管一个领域，对专管领域研究得更深入，让管理和引领水平更细致更有品质，对学生的自主引领更有效。

八、学科功能教室

对学校原有的格局进行改造，撤掉老师办公室，打掉教室讲台，老师办公地点就是学科教室。没有了办公室，老师进教室，坐在了离学生最近的地方，让学科育人随时发生。每间教室就是老师生活的场所，学科学习资源全部放在教室里，让学生随手可用，随时可学，让物理空间教室变成了学科功能教室，具有了学科育人的特质，创设了有利于学生自主学习的空间场所。

这场由课程变化而撬动学校一系列全新变革的背后，对于学生个体而言，其实是不断寻找自我发展内动力的过程。学生面对丰富的课程，首先面临的是"我选择什么"的问题，继而会自觉想到"我需要什么""我适合什么"；由此引发对自己兴趣、爱好、特长、潜质、未来的职业走向等多角度多方向的自我发展思考，在这一思考的过程中加深对自我的认识和自我发展的定位。这也是自能语文得以实施的外在机制保障。

以整本书阅读为例的自能语文发展历程

自能语文选择整本书阅读作为实践主体，主要是为了区别单篇文本的学习。单篇文本从教学内容方面主要是针对适合在一个课时内实施的学习内容，容量小，设计形式相对简洁，一节课一般有一种学习方式，自能学习体现得不够充分。而整本书阅读从教学内容方面容量大，一般需要较长时间才能完成；学习内容设计方面一般会有多种教学形式，方式多样；学习过程需要多种过程性督促，评价多元；可以更好地体现在长时段内学生学习自主性的变化过程。

整本书阅读一般运用项目式学习激发学生学习兴趣，以项目研究推动学生持续深入进行整本书阅读，保证整本书阅读的质量与效果。

自能语文借助语文学习整本书阅读这一模块，整合资源、设置情境、设计学习流程、进行多元评价、推动学生自主能动地学习；整本书阅读又借助项目式学习及时发布项目研究，激发学生深入阅读的动力，提升阅读品质；进而促进学生自主独立地发展，并在发展中自觉提升语文核心素养，达到"教是为了不教"的学习目的。

整本书阅读的实践之路真实记录了克拉玛依市第一中学教育转型变革之路。从2012年开始的教育转型也催生了课堂质的革命。变革课堂学习方式，推进课堂个别化学习，将课堂变成学生自主学习的场所，为学生自主学习提供必要的时间保证和充分的学习资源。以学生作为学习的主体，通过学生独立地分析、探索、实践、质疑、创造等方法来实现学习目标的自主学习成为课堂研究的核心。为学生自主学习提供适切的学习资源成为推进自主学习的前提。整本书阅读也是在这个阶段进入课堂教学视域的。

以整本书阅读为载体的教学正式进入课堂，以学生自主学习为特点的教育变革转变了以往以教师讲授为主体的课堂形态，这在整本书阅读学习过程中体现得最为明显。在这七年的实践过程中，整本书阅读实践研究大体经历了四个阶段：从模糊的"方向时代"，到日渐清晰的"书单时代"，再到明确具体可操作的"规划时代",再到现在教学相长、师生和谐的"共读时代"。

一、模糊的"方向时代"

2013年学校转型之始的整本书阅读是被迫之举。学校转型变革的第一件事是压缩所有学科的既有课时,语文由原来一周5节减成了一周3节必修课程加2节分学期选修课程,即"3+2"的课程实施模式。一个学生在一个学年里只能选择一个学期的语文分类课程,这样合计下来,对一位学生而言,语文一学年每周总共有4课时;第二件事,学校自上而下,通过各种方式不断改变教师已有的授课观念,将老师们之前在转型前束之高阁的整本书阅读纳入语文教学中。可以说我们的整本书阅读之路是从领导决策中开始了自上而下的实践摸索之路。

作为语文教师,我们认识到了读书对于学生成长的重要性。面对读书,首先面临的是读书内容的选择问题,即"读什么"的问题。我们借鉴北京十一学校的阅读书单,给学生开出一个阅读书单,例如在2014年四年制高一的上学期开出的书单是《老人与海》《简·爱》《海底两万里》《汤姆叔叔的小屋》等一系列文学名著,在学习方式上最主要的还是提倡学生自由阅读,只是通过手抄报与课堂交流进行相应的过程督促,在学段结束时进行必要的考查。这是阅读结果,即"读怎样"的一种粗放检验方式,教师这一关键因素在具体阅读过程中给予的帮助极少。

经过一个学期的尝试,学生在语言表达方面有了明显进步,但因读书内容的分散无法在单位时间内形成有效的交流和碰撞。学生读书看似是自由读、自主读,但从学习结果来看并未切实提升学生的阅读广度和深度,学生的整本书阅读还属于浅表性随意读书。并且,能真正认真读书的同学在年级里也是极小数自律意识极强的同学。对于缺乏自主意识的学生,整本书阅读并未真正激发学生的读书热情。也正因为最初的实践,我们发自内心意识到放任自学型的整本书阅读缺乏教师的参与显然不能引领学生深入读书并爱上整本书阅读,还应该和具体的统一的课堂学习内容相结合,才能发挥课程所特有教育性和引领性。

二、清晰的"书单时代"

我们以年级教研组为单位开始有意识地向学生明确推荐每个学段的必读书

目，例如2015年高一下学期向学生推荐了《围城》《苏菲的世界》《数理化通俗演义》三本书，读书内容选择，即"读什么"的指向已经非常明显。同时整本书阅读内容的选择注意与语文课堂的单元教学相结合，希望用课堂内的文本学习激发学生整本书阅读的兴趣。例如以上三部书的选择就是侧重于从文学类作品、社科类作品、科普说明类作品中进行有意识阅读。在学习方式上，即使在课时紧张的情况下，也会用每周一次的阅读批注或摘抄和一月一次的课堂阅读分享交流相结合的方式作为学生学习的过程性评价。并开始在段考中刻意增加了名著阅读考查。教师们则开始尝试合作集体命制整本书阅读试题，这一时期教师们自发研制了《大卫·科波菲尔》《家》《谈美书简》三本书的阅读考查题。试题形式主要是填空题和简答题，试题内容多以整本书阅读的内容考查为主，例如在《家》的试题考查中，多是人物形象理解和情节内容理解，主要倡导学生认真对待整本书阅读，能真正深入文本进行细致阅读。

教师这一行为的变化，体现了我们对整本书阅读从"读什么"明确以后开始了"读怎样"的考查方式的认识深入过程。教师对整本书阅读教学有了更具课程意识的自主实践探索。

学生则在考试的压力下开始被迫读书，在试题的细节考查下开始深入阅读整本书，这虽然与整本书阅读的自觉、自发、自主的初衷相背离，但学生从思想上开始认识到整本书阅读是语文学习的必备内容，并从态度上有了相应的转变，这不可不说是整本书阅读学习走进学习领域的一个重大突破。学生每到一个学段结束之时总会问老师提前要下一个学段的必读书目及版本要求，便是最好的明证。

整本书阅读的"书单时代"，从教学理念上让老师们开始了集体合作进行整本书教学设计的初步尝试，也提升了语文老师自身读书的意识，更重要的是让同学们从散漫的读书逐渐步入了理性的读书。

三、明确的"规划时代"

当然，我们的整本书阅读实践也随着具体的教学时段而不断变化和调整。2016年，随着高考的迫近，我们意识到，需要结合近些年的高考指向，将阅读能力培养有意识地放在整本书阅读中进行评价。可以说，这时的整本书阅读已经由自由阅读指向高考阅读能力的提升。对整本书阅读提升学习能力开始有意识地进行实践。我们对所读书籍的目标和内容提前设计并规划好，这就进入了明确的"规划"时代，我们期望学生所读能为素养筑基，能为高考助力，将个人素养的提升和应试有机结合起来。

例如，在鲁迅的《呐喊》《彷徨》《故事新编》《坟》四本书的阅读设计中，我们首先对阅读总量进行规划与设计。将读书任务分解到每天的自修作业中，平均两周读一本；每周抽出一节课作为专门的阅读时间，分别进行静心阅读、专题研讨、分享交流等学习活动。期待同学们能在老师有意识的设计与引领下自觉进入整本书阅读的世界中，并用阅读改变自己的视野。

例如在这四本书的阅读内容设计中，以每一个具体篇目为一个阅读单位，安排一定的阅读时间，然后围绕文本，设置了几项阅读任务，同学们可以根据自己阅读的水平和意愿，进行自主选择，完成相应的阅读任务单。可以是摘抄喜欢的句子，可以对喜欢的内容做批注，也可以试着用简明的语言概括一章的主要内容，还可以完成老师提前设置的阅读思考题。通过不同任务的选择，给同学们更多的选择性，进而提升学生阅读的自主性。

对整本书阅读实践的不断推进，促使语文老师都会自觉地提前进行名著阅读，提前规划好阅读时间和阅读内容，并根据规划，换位思考，对引领学生自主读书的思考越来越集中，老师试着换位思考，以学生的身份，探索"怎么读更有趣"的问题，希望通过目标指引和问题追问引发学生持续深入地阅读思考。这样，整本书阅读的不断实践促使我们思考具体而持续深入的学习任务研发与设计。对怎样读好一本书的思考其实是将整本书阅读纳入的课程学习的视角，整本书成为课程的一部分的认识也慢慢清晰起来。

在评价方面，老师们仍然在"读怎样"方面继续探索，用循序渐进的学习方法设置各类阅读问题，探究性阅读任务。例如在《叶嘉莹说初盛唐诗》的阅读中，设置的阅读思考题从文本内容的了解到阅读相关内容的联想，从内容的概括到运用内容进行迁移的能力，阅读考查形式相对灵活，内容不拘，但希望让学生能自觉地静下心来认真读书，有质量地思考与表达依然是我们努力想达到的目标，我们努力在规范引领与自由阅读之间找寻最佳方式。

四、和谐的"共读时代"

在不断的实践过程中,我们对整本书阅读"读什么—怎样读—读怎样"规划路径慢慢厘定清晰。各个年级明确了每个学期的必读书单和选读书目,从初一到高二的整本书阅读体系逐步建立。对每个学段的整本书阅读规划具体的学习时间和清晰的学习目标,并围绕目标进行相关各类资源研发,整本书阅读的资源经过七年的实践已建成相对完备的资源库。各年级围绕整本书阅读设计实施流程,注重多元化的评价探索,使整本书阅读渐成课程体系。

我们也意识到了整本书阅读过程中学生自觉有意识积极读书与教师引领方式的内在联系,"如何更好读"的思考让我们不断尝试激发学生自觉读书内动力的各种可能。老师们尝试不断变换读书方式,调整读书策略,变换读书考查内容,并充分发挥学生自主体的教育力量,用师生"共读同写"激发学生不断读书的热情,推进师生课堂深度交流与学习,于是开启了师生和谐的"共读时代",朝着"更好读"的方向迈进。老师们会主动提前写阅读笔记与读书随感,激发学生读的热情;我们利用公众号推送教师和学生优秀的读书笔记,共建整本书阅读的交流空间和共通话语体系;利用出版书籍促使学生认真沉潜读书,静心思考与写作,提升学生深度阅读的品质;用人物形象质疑与探究激发学生深度阅读的兴趣;用辩论会促进学生理性表达的实践;用学段展演推进整本书阅读的关注度和热度;用项目式学习激发学生自主阅读的自主性与能动性。

可以说,这七年围绕整本书阅读的教学变革,促使老师们从课程研发、到课程实施,再到课程评价,开展了一场持续深入的实践改革探索之路。这七年整本书阅读历程,首先改变的是教师自己,让语文教师面对整本书阅读,从被迫读到主动读,从一人读到合作读,从自己读到师生共读。伴随着教师行为的变化带来的是对整本书阅读教学"读什么—怎样读—读怎样—读更好"的不断实践行动。而这些行为研究的背后则是每一位学生自觉读书、自主发展的内动力的深度激发,是每一位学生更快更好地成长,是适合每一位学生个性发展的教育理念的成熟。学生每个学段都会自觉地问老师必读书目名称和版本,整本书阅读已然成为学生心中语文学习的一部分。从不重视整本书阅读到自觉进行阅读是七年转型学生们最大的态度变化。而学校的整本书阅读教学已经从自发的单一的实践向着团队整体的课程化、资源化、系统化的目标在不断迈进。

以整本书阅读为例的自能语文的实践策略

在整本书阅读教学实践中，我们一直围绕学生自主发展这一目标，不断地进行多方面的尝试，逐渐形成了整本书阅读教学的关键实施环节。

一、规划明确的阅读进度，设计可选择的阅读任务

1. 规划明确的阅读进度规划表，给学生舒适的心理阅读期待

将整本书阅读纳入课程实施计划，教师们在寒暑假封闭研发时通过集体研讨定出具体的整本书阅读书目和课时规划。语文课从2013年转型最初的一周3课时到2017年的一周4课时直到如今的一周5课时，虽然课时又回到了转型初期的一周5课时，但语文学习内容和学习方式已经发生了质的改变，"文本学习＋写作教学＋整本书阅读"的模块化学习思路已经成为语文学习的基本框架模式。这样相对固定的模块化语文学习就为整本书阅读提供了基本的课时保障。与课堂学习相结合，学科统一安排课下自主阅读任务，作为课堂整本书阅读交流分享的支撑。

如2018届高二下学期第11学段共8周，我们推荐了鲁迅《呐喊》《彷徨》《故事新编》《坟》四本书的阅读任务，平均每两周一本，每周有固定的一节课是专门整本书阅读时间，我们会开展静心阅读、专题研讨、分享交流等活动。当然，读书并不仅在于这一节课上，我们将读书任务平均分配到每天的学习生活中，倡导细水长流式的读书法，如下表所示：

2018届高二下学期鲁迅作品研读规划表

时间	课堂	周一	周二	周三	周四	周五	周六	周日
第一周《呐喊》	阅读指导	《自序》	《狂人日记》《孔乙己》	《药》《明天》《一件小事》	读书笔记	《头发的故事》	《风波》	《故乡》

时间	课堂	周一	周二	周三	周四	周五	周六	周日
第二周《呐喊》	读书分享	《阿Q正传》	《端午节》	《白光》	读书笔记	《兔和猫》	《鸭的喜剧》	《社戏》
第三周《彷徨》	专题研讨	《祝福》	《在酒楼上》	《幸福的家庭》	读书笔记	《肥皂》《长明灯》	《示众》	《高老夫子》
第四周《彷徨》《故事新编》	读书分享	《孤独者》	《伤逝》	《弟兄》《离婚》	读书笔记	《序言》	《补天》	《奔月》
第五周《故事新编》	专题研讨	《理水》	《采薇》	《铸剑》	读书笔记	《出关》	《非攻》	《起死》
第六周《坟》	专题研讨	《题记》	《我之节烈观》	《我们现在怎样做父亲》	读书笔记	《娜拉走后怎样》《未有天才之前》	《论雷峰塔的倒掉》	《说胡须》
第七周《坟》	论文写作	《论照相之类》	《再论雷峰塔的倒掉》	《看镜有感》《论"他妈的!"》	读书笔记	《论睁了眼看》	《从胡须说到牙齿》	《坚壁清野主义》
第八周《坟》	论文写作	《论"费厄泼赖"应该缓行》	《写在坟的后面》		课堂读书笔记			

　　每天一篇文章的阅读从量上看并不多,但放在学生一天完整的全学科学习任务中则显得较为繁重,再加上鲁迅文章语言相对艰涩,学生在每周的读书交流中因读书不充分,交流并不热烈,不能围绕感兴趣的话题进行探讨,在一定程度上造成了交流分享课的无效与苍白。所以根据学生的实际情况规划合理的整本书阅读计划表成为教学的第一步。整本书阅读多是些文化底蕴厚重的作品,相对学生喜欢的小说而言,可读性并不强,因此在随后的实践中,我们将阅读规划与日常的语文学习周规划有机结合,适量适度地制定任务,引导学生对每天的学习任务包括整本书阅读任务清晰明确,形成有序完成的习惯。如2022届高一语文第7学段学习规划如下表:

高一下学期第1~2周语文规划（2月17日—3月1日）

第一周 周课时	单元 划分	课堂内容:学习流程 新疆电视台12频道或其他 文件上提供的收看频道	课下学习:(自研＋诊断) 课本、细目PDF版发群里	备注
2月17日 周一 （11:00—11:50）	必修三 第一 单元 小说	1. 收看新疆电视台12频道 《林黛玉进贾府》第一课时 （30分钟）。 2. 认真研读课本、细目《林 黛玉进贾府》2~7页，完成 第三页表格一（20分钟）。	1. 认真研读课本、细目《林 黛玉进贾府》2~7页未完成 部分。 2. 阅读《红楼梦》第一回、 第二回。	完成表 格一拍 照发任 课教师。
2月18日 周二 （11:00—11:50）	必修三 第一 单元 小说	1. 收看新疆电视台12频道 《林黛玉进贾府》第二课时 （30分钟）。 2. 认真研读细目《林黛玉 进贾府》2~7页，完成第四 页表格二（20分钟）。	1. 完成细目第五页"学生活 动"三选一。 2. 阅读《红楼梦》第三回、 第四回。	完成表 格二或 三，选一 作业拍 照发任 课教师。
2月19日 周三 （11:00—11:50）	必修三 第一 单元 小说	1. 收看新疆电视台12频道 《林黛玉进贾府》第三课时 （30分钟）。 2. 独立完成《林黛玉进贾 府》后测（雨课堂或其他方 式，任课教师自定，20分 钟）。	1. 订正后测。 2. 阅读《红楼梦》第五回、 第六回。	
2月20日 周四 （11:00—11:50）	必修三 第一 单元 小说	1. 收看新疆电视台12频道 《祝福》第一课时（30分钟）。 2. 认真研读课本、细目《祝 福》7~8页，完成第七页表 格一（20分钟）。	阅读《红楼梦》第七回、第 八回。	完成表 格一拍 照发任 课教师。
2月21日 周五 （11:00—11:50）	必修三 第一 单元 小说	1. 收看新疆电视台12频道 《祝福》第二课时（30分钟）。 2. 阅读《红楼梦》第九回、 第十回（20分钟）。	1. 周六《红楼梦》第一 回~第十回查漏补缺。 2. 周日《红楼梦》第一 回~第十回检测（雨课堂， 11:00—11:30）。	订正《红 楼梦》第 一回~第 十回检 测题。

  2020年春季，因疫情原因开启的居家学习模式，对《红楼梦》整本书阅读的学习进度规划了近三个月的时间，以人教版语文必修三里的《林黛玉进贾府》作为导读课，激发学生对《红楼梦》的兴趣，引领学生每天读两回，减少其他语文作业，让整本书阅读成为突出的语文学习任务，学生在这样的规划进度引

领下，降低了对整本书阅读量的畏惧，可自觉地将读书当成了语文学习的基本任务。

2. 设计可选择的阅读任务，增强阅读的可选择性与自主性

除了时间进度明确的规划，我们还根据整本书内容，设计了明确的阅读任务，学生可以自由选择其中两项任务完成，例如任务1是将你喜欢的句子摘抄到积累本上；任务2是对你喜欢的字、词、句、段、文做四类批注；任务3是用简明的语言总结一篇文章的主要内容；任务4是可以选择老师们设置的阅读题，用准确的语言、合理的思路、规范地回答问题。

如《呐喊》第一篇《自序》阅读任务单如下设计：

1. 将你喜欢的句子摘抄到积累本上。

2. 将你喜欢的字、词、句、段、文做相应的批注（概括式、联想式、质疑式、鉴赏式四类批注）。

3. 请用简明的语言概括这篇文章的主要内容。

4. 可以选择老师们设置的阅读题，用准确的语言、合理的思路规范地回答问题。

文段中说，"我的梦很美满"，课文的开头说，"我在年轻时候也曾经做过许多梦"。从全文看，作者具体记叙了自己三个"美满"的梦，这三个梦是什么（各用四字概括）？

"这一学年没有完毕，我已经到了东京了，因为从那一回以后，我便觉得医学并非一件紧要事，凡是愚弱的国民，即使体格如何健全，如何茁壮，也只能做毫无意义的示众的材料和看客，病死多少是不必以为不幸的。所以我们的第一要著，是在改变他们的精神，而善于改变精神的是，我那时以为当然要推文艺，于是想提倡文艺运动了。"请试着概括这段话的意思。

鲁迅为什么将这本小说集命名为《呐喊》？

由此任务单可以看出，任务1、2、3是基本的阅读任务，任务4则是根据文本内容精心设计的问题，通过问题思考与探究的方法引领学生深入思考文本内涵与主旨。在选择性学习任务的设计中，我们倡导略读＋精读的读书方式，对

喜欢的内容深读细究，对一般内容了解大意。

这些选择性的学习任务可供学生根据自己的实际情况进行适切的选择并主动地完成，一定程度降低了学生对整本书阅读的畏难情绪，提升了学生主动完成的意识。整本书阅读的任务首先是读起来。符合学生心理预期的阅读任务是学生走近整本书阅读的学习起点。学生自主学习能力的培养是以教育教学前期的设计为重要保障，能力不是无源之水、无根之木，因此对整本书阅读前的学习任务设计成为教师帮助学生自主学习能力培养的最重要的环节。教师通过学科组的合力众筹，智慧设计更为合理的学习任务清单。从学生核心素养的培养和学生喜欢接受的方式两方面思考，不断尝试出新。如在2022届《简·爱》的阅读任务设计中，在学习目标的设计中运用思维导图梳理小说情节结构，增补论文研读提升深度阅读品质，用辩论等活动优化分享交流环节内涵；在学习任务中增加了学生喜闻乐见的学习方式，如经典片段诵读、电影配音与角色扮演、主题辩论等，尝试多样化阅读《简·爱》，为持续深入的整本书阅读带来有益的尝试，如下表所示：

2022届高一下学期《简·爱》学习任务单

时间	内容	学习目标	学习任务1	学习任务2	学习任务3
第二周	第一章~六章	1. 能用思维导图厘清小说每章的情节。2. 能通过阅读反思把握人物性格和主题思想。3. 通过阅读专题论文学写专题性小论文。4. 能主动参加小组的交流分享、表演、辩论活动。5. 能收获读书带来的思考乐趣和成长感悟。	阅读并批注《简·爱》。每一章不少于5个批注(可以是鉴赏式、联想式、感悟式、批判质疑式等)。以小组为单位每一章要做一个包含本章主要内容、人物的思维导图。每天语文课前或阅读课会检查并交流。	1. 阅读辅助材料，学写小论文(有理有据地表达自己的观点)。2. 通过随笔、阅读札记等形式分享感悟。	可选：1. 经典片段诵读。2. 小组PPT汇报，梳理全书情节、人物主题。3. 经典再现：电影配音与角色扮演，红房子事件、结婚现场、罗切斯特表白。4. 主题辩论：简·爱该不该回到罗切斯特身边；爱情重要还是尊严重要。
第三周	第七章~十二章				
第四周	第十三章~十八章				
第五周	第十九章~二十四章				
第六周	第二十五章~三十章				
第七周	第三十一章~三十八章				

整本书阅读学习任务单的设计实践，要求以语文核心素养为出发点，以学生喜欢和接受的方式为脚手架，给予学生充分的可选择的自主性，开启学生自主读书的学习发动机，这样才能让自主阅读成为整本书阅读最本真的样态。

二、围绕整本书阅读规划与学习目标，利用各类学习资源，包括混合式学习资源，形成整本书阅读自主学习资源库

1. 研发整本书阅读的各类课型

整本书阅读作为课程资源，学习时段长，学习成果多样，就需要我们针对不同的整本书研发出各类课型来满足学习的需求。在整本书阅读课型设计上，对每一部作品，都精心设计名著导读课，或以情节曲折跌宕，或以作者生平导入，或以教师下水文引领，或以项目任务驱动，目的在整本书阅读起始阶段给学生一种仪式感，进而激发学生坚持阅读整本书的兴趣和信心。于是整本书阅读导读课、人物形象鉴赏课、主题探究研讨课等课型资源相继研发。

例如，在《儒林外史》整本书阅读教学中，由于这部书人物众多，故事相对分散，没有贯穿始终的人物形象和情节线索，往往是一个人的故事带出另一个人的故事，学生容易淡忘；另外，因生活年代遥远和语言相对生僻，学生读起来有许多困难。针对上述两个现实困难，我们把九年级下的《范进中举》作为《儒林外史》的导读课，将范进中举的滑稽场面与多年求功名的辛酸落魄对比学习，激发了同学们阅读可憎的严贡生，可悲的周进，可叹的匡超人等一系列儒生形象的兴趣；先指导学生进行点的学习，形成一系列的人物形象鉴赏课资源，再有序开启《儒林外史》面的阅读学习，通过王冕的学习来探究《儒林外史》主题的深意，形成主题探究研讨课。而这一系列学习内容的设计恰恰也完成了《儒林外史》第一回到第二十回的学习。

在整本书阅读中研发人物形象鉴赏课和主题意蕴探究课，也可以充分发挥教师的示范引领作用，以教师下水文为范例，引领学生和教师共同读书共同批注共同写读书心得，对人物进行深度品评与鉴赏，对主题进行讨论与探究。

例如，在《简·爱》的阅读中，教师和学生共同探讨"真正的爱情是什么"这一话题，师生同写简·爱的爱情观，引领学生认识到爱情上真正的平等是精神上的势均力敌，培养学生们养成正确的价值观与人生观。

面对整本书阅读，教师设计学习，研发各类课型资源，都是整本书阅读资源库建设的有机组成部分。

2. 研发整本书阅读的各类学习资源，积极尝试研发混合式学习资源

当我们把整本书阅读当作课程体系来建设，就自觉有意识地研发出了一系列整本书阅读的学习资源，包括教师讲读课用的演示文稿，学生进行分享交流用的课程资源的收集与汇总，为检测学生阅读效果研发的各类测试资源，等等。还有在教师引领示范过程中形成的师生同读共写的学习资源。例如，在《儒林外史》的学习中，教师对每一回的内容进行梳理形成教师范例，并对每一回的主要人物进行"儒生传"的下水写作，引领学生以小组合作的形式梳理每一回的情节结构，然后进行儒生传的写作练习，借师生同读共写开展整本书阅读学习活动，这也生成了新鲜的课程学习资源。

不仅如此，随着互联网＋教育的深入推进，利用网络开展线上线下的混合式学习成为教育发展的必由之路，对混合式学习资源的研发也对整本书阅读学习起到了积极有效的作用。

因2020年初的疫情需要，我们研发了《红楼梦》线上学习的微课资源，将重要内容的学习录成微课，推送至云课堂平台供学生自主学习，形成《红楼梦》网络课程阅读资源，有导读指导课，有名师范读课，有研读指导课，有名师研读课，还有阅读检测课不同的网络课程资源，这些都是对整本书阅读资源研发的深入开掘，也是借助现代信息技术的支持，更好助力学生自主阅读和推进整本书阅读教学。

3. 研发各类基于真实情境的项目式学习资源

随着2017年底《普通高中语文新课程标准》的颁布，语文核心素养培育所需要的语文学习的综合性与情境性被不断实践。在整本书阅读推进的过程中，我们也有意识引用了项目式学习。在整本书阅读过程中设计项目式学习任务，分期发布，定期交流，适时推送宣传，激发学生深度自主阅读的兴趣。用项目式任务驱动学生在项目完成的过程中深度解读文本，创新学习产品，激发学生创新能力和探究思考力。

例如，利用项目式学习加深对《红楼梦》阅读的多方面体验。红楼诗词书签、红楼人物的漫画、红楼美食、红楼服饰、红楼诗词鉴赏集、红楼论文写作

集都成为提升整本书阅读品质的有效载体和路径。

与此同时，将整本书阅读与学校生活紧密结合，在学部和学校各项活动中进行表演展演路演，将整本书阅读转化为剧本搬上舞台，形成话剧和音诗画剧，形成学校特定的艺术节，借此这样真实的任务和情境，在学生综合实践中自觉自主提升学生阅读整本书的内动力。

整本书阅读时间久，任务复杂，需结合时间安排、阅读速度安排、学习目标、选择性学习任务清单进行详细规划和统筹，使学生的整本书阅读在师生共同学习交流的大环境下有序完成，教师及时在课堂上引导学生进行交流讨论，对深层次问题进行分享与交流，及时收集学生阅读随感进行微信平台推送，让阅读与生活同在，最后汇集成册出版，让师生的学习成果以作品的形式呈现，激发学生阅读的持续性。这些过程性指导也是宝贵的资源。

可以说，伴随着整本书阅读的持续推进，各类资源都可成为课程资源进行开掘与运用。

三、强化过程性学习，适度分解学习任务，设计丰富多样的任务手册作为评价方式

整本书阅读因时久量大，需要设计整本书阅读学习规划任务手册，将学习任务适度分解，对长时段的自主阅读学习进行指导辅助，可持续推进整本书阅读的实效性。例如，对《水浒传》阅读学习可以设计成《"水浒英雄榜"手册》。

2022届四高一上学期《"水浒英雄榜"手册》

水浒英雄榜档案1 _____

姓名		别名		性别		人物肖像画
籍贯		婚姻状况		身高		
武器		擅长技艺				
工作单位及职务						
职务变更情况						

续表

	姓名	关系	职业	关键事件	结局
家庭成员 与社会 关系					
主要经历					
评价					

我为英雄写赞

（方格稿纸，第八行末标有 240）

此任务手册将水浒108位英雄通过必选15位英雄和自选10位英雄完成对人物形象的品读，学习内容以新颖的现代户籍册的形式梳理了每位英雄的基本的信息，如姓名、别号，籍贯，擅长技艺，婚姻情况，社会关系，主要情节，然后借鉴司马迁《史记》文末为人物写"赞"的形式，用简洁的语言和具体的事例对水浒英雄写赞，对人物事迹进行概括评论。通过学习实践，手册因同学们的手绘人物肖像画竟然呈现了生动活泼的方式，大家纷纷摹画心中的水浒英雄，这在很大程度上调动了学生读《水浒传》的热情，在一个手册里某一个精心设计的环节能成为激发学生持续阅读、积极分享的动力因素，是我们得到的启示。以下是学生作品的部分展示。

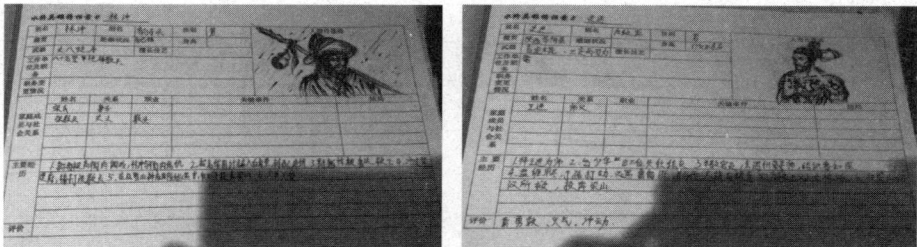

在《儒林外史》学习任务手册的设计中，我们主要结合《儒林外史》人物勾连的结构方式，以情节里的人物为主要学习对象，用思维导图梳理章回情节，以爱写作"儒生传"这一学习环节提升学生深度阅读的能力。除了初读环节设计三个主要学习任务外，还在品读环节进行积累与拓展的学习，将传统文化浸润在学生心间，成为自觉的行动。

2022届四高一下学期为《儒林外史》设计的学习任务手册

《儒林外史》阅读要求

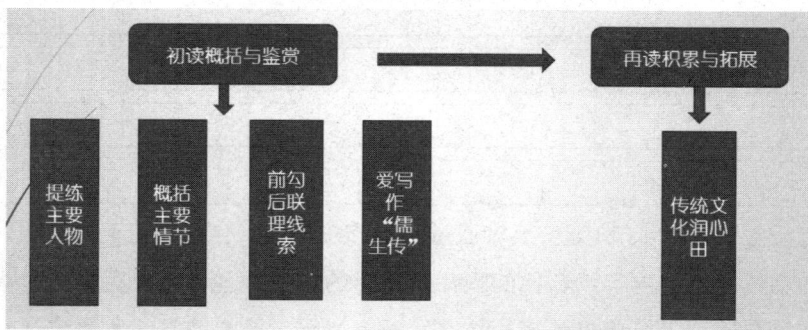

在这个手册里，我们加入了教师范例，开始有意识地让老师和学生融入共读同写的阅读语境中，营造整本书阅读的生活气息。整本书阅读和写作学习结合，设置具体可感的阅读情境，让写作与阅读相生互进，让整本书阅读成为人

人必谈人人必写的一种习惯，让自主阅读在周围环境的营造下成为学生的自觉行动。如下表，为教师范例和教师下水文：

《儒林外史》学习任务

阅读内容	第八回《王观察穷途逢世好 娄公子故里遇贫交》	阅读时间	＿＿年＿＿月＿＿日
		阅读时长	（　　　）分钟
主要人物	王惠		人物勾连线索
主要情节	王员外王惠在帮助同科好友荀玫料理完父亲的丧事后回到京城恰逢新任命赴江西南昌做知府，前任知府蘧祐蘧太守派自己的儿子蘧景玉和新任王惠做政务交接。在两人言谈中可知，上一任蘧太守是一相对闲散之人，崇尚清简息民的政令，他的衙门里有吟诗声、下棋声和唱曲声；岂知这王惠乃一官场政客，只想用严苛的法令来缚百姓，蘧公子讥诮他是"戥子声、算盘声和板子声"。也因他的严厉，在江西宁王反叛时，被朝廷推升为南赣道台，结果不堪一击，投降宁王做江西按察司一职。不想两年后宁王被新建伯王守仁杀败，王惠慌不择路，逃跑为上。在逃亡途中巧遇蘧太守的孙子蘧公孙，只讲旧交却绝口不提自己投降一事，在蘧公孙赠送银子后更名改姓，削发披缁去了。(略)		王惠——蘧太守——蘧景玉——蘧公孙——娄三公子娄四公子。

爱写作"儒生传"示例：

《儒林外史》丑角系列之严贡生

汤知县枷死了老回子师傅引起了众回人的愤怒后，不得已到按察司处请托，上司帮了忙才按下了这场民闹事件。为挽回自己知县面子，在严惩几个闹事的头目时，严贡生正式出场了。

他的出场并不光彩，是被两个小民告出来了。一个是王小二，就是严贡生严大位的邻居，严家的一头刚生下的小猪娃不小心跑到了王小二家，王小二赶紧送回严家，结果严家以走丢再寻回最不利为由坚决不要，硬是逼着王小二用八钱银子买走。结果这头小猪养大成百十来斤时不小心又跑回严家，结果严家坚决不还，硬说猪本就是他家的，要王小二家按照时价估值买回，王家喊冤，被严家几个儿子打折了腿。

第二个告状的是年近五六十岁的黄梦统。状告严贡生的原因是，在向县里交钱粮时因一时短缺，央中人向严乡绅以每月三分息借二十两银子，将借约写好送给严府，回来时遇到几个乡邻劝说不要借严家银子，于是黄梦统听从了乡邻的劝告，并未到严家借银子，结果大半年过去才想起还有借约在严家想去取回，结果严乡绅要问黄要这几个月的利息，说虽不曾借走，但因将银子放着准备他来借耽误了钱生利息。黄没钱，严乡绅着人把黄的驴和米口袋抢了去。

面对二人状告，严贡生卷卷行李，溜到省城躲起来了。

严贡生的债，只能拖累他的弟弟严监生严大育掏腰包结案了事。

在严监生与内人兄弟王德王仁谈话中，严贡生的家境逐一清晰了，吝啬得出了名。从来不曾请过客，在成为贡生的大喜日子里不得已摆下的酒席，还是各处派分子，厨子钱、肉钱至今欠拖不还。家里五个儿子，吃了上顿不想下顿，无田无产却顿顿赊鱼赊肉、贪图享受，一群寄生虫的群像活画出来。

在弟弟严监生死后看到遗孀赵填房送了丰厚的礼才勉强去吊丧，兄弟之情全然不顾。

严贡生的二儿子在省城与周家结亲。在雇佣吹打手时，八钱银子都叫不来吹打手，他却想用二钱四分银子雇佣，压低价钱，并且肆意克扣，扣二分戥头，让本喜气洋洋的婚礼冷冷清清，变成笑话。

在严贡生带着一对新人回乡的途中，他因恶心吃了云片糕，还剩下几片被开船的船夫吃了，他在将所有东西运送上岸后，硬说这云片糕是价值几十两银子的贵重药材，要闹着告官府，最后硬是把船费赖没了，硬气十足地上岸回家了事。

他的弟弟严监生死后留下的儿子不久染上天花也死去了，弟媳赵氏需要有继子延续香火，本想过继严贡生的五儿子的其中一个，可严贡生硬是把刚新婚回家无处可住的二儿子和儿媳过继过去，并且无耻提出要求，将正房挪出来给自己儿子住，让赵氏住偏房。赵氏不满，四处告状喊冤，因县官老爷也是妾生，所以判了让赵氏自由择继承人，这让严贡生越发不爽，也开始四处告状，县里告不过告府里，结果判决一致，于是严贡生到京里告状，想借着与周进的渊源逞一己之私，结果周进周司业四下想来也未想到这一攀附亲戚的严贡生与自己的交情，并未出手帮忙只是草草打发他了事。

严贡生的故事至此收束。一个坑蒙拐骗，无耻卑鄙乡绅恶霸跃然纸上，在生动的叙事中演绎了鲜活的世态人情。

这种师生同读共写打破了师生边界，让读书成为师生共同的生活需求，也成为促进学生持续阅读并写作的原动力。在随后的《简·爱》阅读教学中，因为这部书情节的生动、语言的简洁，激发了老师和学生大量的写作随笔的诞生。老师写作中的探讨的问题成为学生思考与探究的问题，学生在阅读写作过程的问题又启发教师对整本书学习话题的选择与运用。老师用写作引领学生，学生在写作中感受苦难，反思爱情，自主成长，达到师生和谐共读的最佳语境场，为整本书阅读的自主自觉创造了充分的阅读场境。下例是教师和学生同读共写的示例：

【教师下水文】

简·爱，清醒理智清教徒式的爱情

因为下个学期学生的必读书目有《简·爱》，所以我也趁着假期再读一遍原著。经典不厌百回读，多读多思我自知。这次读《简·爱》，和以往读的感受完全不同。以前读《简·爱》，只觉得简·爱在精神上要求平等的精神让人钦佩，但是这次再读，我感觉到简·爱的人生经历给她的爱情生活打下的烙印比较深刻。

简·爱的父母因爱情不被家族认可，孤独的父母双双不幸染病身亡，从小失去双亲的简·爱被舅舅收留，但舅舅不幸也早逝，只能被舅母里德太太收养。但狠心的舅母厌恶幼小的简·爱，因为她从小性格倔强，她不违背良心，敢于讲真话，她不因寄居人下而屈服堂弟的欺侮。在一次被堂弟打后反抗的过程中被关进了红房间，她内心的恐惧让她萌生了离开盖茨菲德的想法，她求助于来给她看病的医生，终于在她10岁时一个人孤身踏上求学之路。

新的寄居地劳渥德学校并不比舅母家好多少，恶劣的食物、简陋的住地、极少的衣物，经常让她饥寒交加，所幸有可以不断学习的功课让她孜孜以求，有海伦·彭斯圣女般的生活启迪着她，有女教师谭波尔小姐温暖的陪伴庇护着她，即使斑疹、伤寒、瘟疫袭击学校时，简·爱也能坚强地活下来，是因为她的内心始终有一颗不屈服的力量在支持着她。

在谭波尔小姐结婚离开寄宿学校后，在此生活了8年的简·爱也有了要过新生活的追求，她求职到桑菲尔德当阿黛乐小姐的家庭教师，从此开启了她全新的家庭教师生活。在桑菲尔德，她遇到了她平生第一次接触的不高大但坚毅，不英俊但果敢的主人罗切斯特，曾一度对生活陷入绝望的罗切斯特在与简·爱的交往中被她强大的精神力量镇服，并深深地爱上了简·爱，简·爱也同时爱上了罗切斯特。两个相爱的人却因为罗切斯特年轻时的失误婚姻不能喜结连理，在罗切斯特的苦苦哀求下简·爱还是毅然决然地离开了桑菲尔德，即使在离开的途中磨难重重、九死一生。

我对简·爱的婚恋观着实震撼。人常说，人是情感动物。当爱情来了，人往往会陷入情感的泥淖中不能自拔。因为恋爱中的人往往不能客观地对事物作出应有的判定。但简·爱却打破了这种恋爱假象，她始终能理智在前，感情在后地看待爱情与婚姻。在得知罗切斯特有一段不幸婚姻的遭遇后，她没有以泪洗面，没有彻夜哀号，即使她仍然爱着他，但她还是头脑清醒地作出了离开桑菲尔德的决定，并不再接受罗切斯特的拥抱和亲吻；尽管在罗切斯特的苦苦哀求下她也曾在离开桑菲尔德的途中几欲返回罗切斯特的怀抱，但理智让她不畏前行的困难，还是远离了桑菲尔德，越走越远，向着未知的未来坚毅地跋涉。

每每看到这里，我总是看到了一个人所受的教育对她后天的影响。她从小在寄宿学校长大，那里简单简约式的生活给了她洁身自好的习惯，给了她不慕荣华的品格，给了她自立自强的性格，给了她理智大于情感的处事方式。在与罗切斯特的爱情里，我看不到爱的痴狂，更多地看到的是爱的理智，爱的清规和爱的戒律。在简·爱身上，我看到了自律的伟大，同时，也不由得深深质疑，多少人能打破情欲的束缚始终以理智为先呢？也许可能正是因为难，才让简·爱身上有了更多人性圣洁的光辉。

一切人物皆态度，简·爱也不例外。在这次重读中，我读出了理性与自律的意义。

【学生随笔】

教科书式的爱情观

2018级四高一　唐若琛

（指导教师：孙玉红）

近来两周，我们在读《简·爱》，简·爱是一个自强自立，愿意用自己的双手来创造美好、追求平等自由的女孩。而说到简·爱，无法绕开的就是她的爱情观。

她追求优秀的自我，丝毫不会在爱情面前让步，反而会更加突出。她喜欢罗切斯特先生是发自内心、情真意切的喜欢，不掺杂任何功利之心。但是并没有因为自己是雇来的人，就表示出唯唯诺诺、小心翼翼，反倒是在罗切斯特先生面前直接表达自己的想法。

而她面对自己的情敌也是出奇的冷静，并没有因为英格拉姆小姐是她的情敌就把她看得一无是处，而是说她长得漂亮，认为自己在外貌上比不上她，但是也直接表述她认为英格拉姆小姐不好的一面：她的虚假，她对待小孩子的不友善。

虽然简·爱比我们大几岁，从某种层面上来说，她和情窦初开的花季少女的我们一样，但她的那份理智与冷静却是我们远不能及的。她没有被爱情冲昏头脑，反而更加理智，懂得克制自己，因为爱一个人，是应该一起成为更加优秀的人，而不应该变成谁是谁的牵绊。

面对爱情，不能一时冲动，更应该像简·爱一样冷静，成为更优秀的自己，而不是自甘堕落，为了爱情不管不顾，失去自我。

在整本书阅读学习任务单的设计中，我们不断探索过程学习任务的深入与设计。

例如，在《红楼梦》整本书阅读的学习任务设计中，我们梳理了《红楼梦》每一回的主要情节，以"品红楼之味"为主题，品读红楼真味、悲味、辣味、美味、甘苦味，通过问题探讨，分析人物形象，形成了"都云作者痴，谁解其中味"的《红楼梦》主题学习任务单。引导学生进入文本，从字缝里读红楼，读出自己的感受和认识。如下表：

"都云作者痴，谁解其中味"——《红楼梦》43~82回批读学习设计

	主题	回目	问题探究	学习重点
43回		闲取乐偶攒金庆寿 不了情暂撮土为香	为什么要将凤姐的生日与金钏的生日放在一回中写呢？	金钏、王熙凤、对比手法
44回	情味：真假不了情	变生不测凤姐泼醋 喜出望外平儿理妆	在凤姐的生日当天，贾琏却在偷情，凤姐作为受害的一方，为什么却演绎出了一场闹剧？	王熙凤、对比手法
45回		金兰契互剖金兰语 风雨夕闷制风雨词	在黛玉与宝钗这一对金兰姐妹情中，谁是更真心一方？	黛玉、宝钗、对比手法
46回		尴尬人难免尴尬事 鸳鸯女誓绝鸳鸯偶	鸳鸯为什么拒绝众人都认为是好事的纳妾呢？	鸳鸯
47回		呆霸王调情遭苦打 冷郎君惧祸走他乡	香菱为什么学诗成呆？	香菱
48回		滥情人情误思游艺 慕雅女雅集苦吟诗		
49回		琉璃世界白雪红梅 脂粉香娃割腥啖膻	宝琴是怎么一位奇女子？	宝琴
50回		芦雪广争联即景诗 暖香坞雅制春灯谜		
51回	美味：奇异女子	薛小妹新编怀古诗 胡庸医乱用虎狼药	平儿和晴雯在对待坠儿偷镯子一事的上态度有何不同呢？	晴雯和平儿
52回		俏平儿情掩虾须镯 勇晴雯病补雀金裘	"勇晴雯病补雀金裘"又能反映晴雯怎样的性格？	晴雯
53回		宁国府除夕祭宗祠 荣国府元宵开夜宴	贾氏宗族的除夕与元宵节有什么特点？	环境描写、贾母
54回		史太君破陈腐旧套 王熙凤效戏彩斑衣		
55回		辱亲女愚妾争闲气 欺幼主刁奴蓄险心	作为闺阁小姐的探春是怎样改变众人对她的看法的？	探春
56回		敏探春兴利除宿弊 贤宝钗小惠全大体		

	主题	回目	问题探究	学习重点
57回	真味：那些风波	慧紫鹃情辞试忙玉 慈姨妈爱语慰痴颦	紫鹃的一句话引起了什么风波？	情节、紫鹃
58回		杏子阴假凤泣虚凰 茜纱窗真情揆痴理	藕官烧纸引发了怎样的风波？	情节、伶官
59回	真味：那些风波	柳叶渚边嗔莺咤燕 绛云轩里召将飞符	蔷薇硝引发了怎样风波？	情节波澜、平儿
60回		茉莉粉替去蔷薇硝 玫瑰露引来茯苓霜		
61回		投鼠忌器宝玉瞒赃 判冤决狱平儿行权		
62回	甘苦味：悲欢人生	憨湘云醉眠芍药裀 呆香菱情解石榴裙	在宝玉、宝琴、平儿、岫烟的生日宴上，最美的画卷是什么？	湘云
63回		寿怡红群芳开夜宴 死金丹独艳理亲丧	宝玉生日开夜宴，印象最深刻的场景是什么？	女孩命运
64回		幽淑女悲题五美吟 浪荡子情遗九龙珮	宝钗对黛玉《五美吟》持何态度？	黛玉、宝钗
65回	辣味：悲情二尤	贾二舍偷娶尤二姨 尤三姐思嫁柳二郎	贾府的下一代继承者是什么样的？	贾蓉、贾琏
66回		情小妹耻情归地府 冷二郎一冷入空门	尤三姐爱情悲剧是怎么样的？	尤三姐
67回		见土仪颦卿思故里 闻秘事凤姐讯家童		
68回		苦尤娘赚入大观园 酸凤姐大闹宁国府	尤二姐婚姻悲剧是怎么样的？	尤二姐、王熙凤
69回		弄小巧用借剑杀人 觉大限吞生金自逝		
70回	悲味：群芳日暮	林黛玉重建桃花社 史湘云偶填柳絮词	黛玉重建桃花社象征着什么？	黛玉、宝玉
71回		嫌隙人有心生嫌隙 鸳鸯女无意遇鸳鸯	作者是如何刻画迎春性格的？	迎春
72回		王熙凤恃强羞说病 来旺妇倚势霸成亲		
73回		痴丫头误拾绣春囊 懦小姐不问累金凤		

	主题	回目	问题探究	学习重点
74回	悲味:群芳日暮	惑奸谗抄检大观园 矢孤介杜绝宁国府	众人对抄检大观园态度如何?	晴雯、探春、惜春
75回		开夜宴异兆发悲音 赏中秋新词得佳谶	贾府的中秋有什么特点?	环境
76回		凸碧堂品笛感凄清 凹晶馆联诗悲寂寞		
77回	悲味:群芳摇落	俏丫鬟抱屈夭风流 美优伶斩情归水月	司棋与晴雯的结局是怎样的?	司棋、晴雯
78回		老学士闲征姽婳词 痴公子杜撰芙蓉诔		
79回		薛文龙悔娶河东狮 贾迎春误嫁中山狼	宝玉的《芙蓉女儿诔》为谁而写? 迎春出嫁是误嫁吗?	宝玉、黛玉
80回		美香菱屈受贪夫棒 王道士胡诌妒妇方		
81回		占旺相四美钓游鱼 奉严词两番入家塾	薛姨妈处送东西的老婆婆起什么作用?	黛玉、宝玉
82回		老学究讲义警顽心 病潇湘痴魂惊恶梦		

强化过程性学习设计,适度分解学习任务,设计丰富多样的任务手册作为评价方式,从另一角度看,是对整本书阅读过程的引领与调节,将过程性学习落到实处。

四、积极探索整本书阅读课程评价体系,推动多元化评价,指导学生自主学习

作为课程建设的整本书阅读,对其课程评价体系的认识与探索也在不断深化。对课程评价的研发与设计,通过线上诊断与线下测试相结合方式,把读书交流与读书考查结合起来,以读书笔记或思维导图作成果展示,不断促进过程性评价多元,终结性评价出新。

整本书阅读的过程一直伴随着诊断资源的探索与研发,一开始只想通过考试促使学生读书,后来转变为尊重学情、有意识地引导学生读书。评价与诊断尊重学生实际情况,学生每日摘抄或批注,读书交流或分享,读书笔记或写作论文都可视为读书过程中的评价。珍视与学生共同读书时的思维成果，及时总结师生读书后的表达诉求，让阅读与写作有机融合，使读书成为学生终身学习的一种需求。正是这种读书观的培养，后来每每询问学生读书进度时，同学们会如实相告读书的真实进度，经过七年的努力，整本书阅读进入了最真实的状态。也正是因为掌握了真实的学情，教师可以根据学生具体的读书情况适时调整读书策略和调整过程性评价，评价是自始至终伴随读书始末的。

在新冠疫情居家学习期间，对整本书阅读的诊断又有了全新的研发思路。我们充分利用雨课堂和钉钉在线考试，将诊断资源电子化，对学生一周阅读内容进行及时的在线限时考试，有效推动了学生居家整本书阅读的学习效果。

返校复课以后，我们充分吸引网上云课堂的优势，将日常的整本书阅读研发出相应的问答题与选择题，引导学生阅读过程中主动思考的意识，并在期中段考中尝试突出《红楼梦》整本书的文化考查主题，将大多数考试内容全部设置成与《红楼梦》有关的形式，例如社科类文本阅读、文本作品阅读、语言基础与语言运用、名著考查，让同学们真实地意识到经典名著阅读可以完美地与考试结合。同学们对整本书阅读态度发生质的改变，新学段的《谈美》阅读中，同学们对老师们仿照高考题自创的试题更加认真，原来阅读与考试并不违合。

居家学习让老师们的网络技术有了质的飞跃，这也让混合式学习诊断资源研发得到了前所未有的开发。在《红楼梦》网络课程研发的基础上，我们又研发了《红楼梦》整本书的网络课程诊断资源，利用智课平台，将诊断内容设置成必答题、周测题、闯关题、抢答题、打擂题等不同的趣味闯关题，将诊断与游戏结合，提升学生深入文本阅读的趣味性。

在本阶段的阅读指导中，我们还关注了个别化阅读指导与教学，通过"子豪读红楼系列"案例重点介绍了一位理科男生从不喜欢读书到自觉读红楼、写红楼、说红楼的变化过程。形象地诠释了自主学习中如何尊重学生个性化差异，落实个别化阅读指导与教学。

结语

学生语文自主学习能力的培养是靠学校教育进行周密而翔实的设计，在吻合学生自我发展需求的基本上，以一定的学习任务有序呈现，让学生在教师的示范和帮助下有意识地主动发展，自觉阅读与反思，积极地写作与实践，在真实的阅读生活环境下有意识地提升学生的语文核心素养，进行知识的建构、思维的提升、审美的鉴赏和文化的认同。以自能语文为特征的整本书阅读的各教学环节已趋于成熟，教学策略持续而深入，学生自主学习的热情和意识有效得到调动和激发，逐渐形成了学校每个年级系统而详尽的整本书阅读学习资源。

年级	学段	阅读精读书目	阅读速读书目	寒暑假
初一	第1学段	《西游记》	《镜花缘》	《欧·亨利短篇小说集》、曹文轩作品
	第2学段	《朝花夕拾》《俗世奇人》	《湘行散记》	
	第3学段	《骆驼祥子》《小王子》	《繁星·春水》《鲁滨孙漂流记》	《三体》《神秘岛》
	第4学段	《海底两万里》《给孩子们的诗》	《童年》	
初二	第1学段	《长征》	《希腊神话故事》	《平凡的世界》
	第2学段	《昆虫记》	《伊索寓言》	
	第3学段	《傅雷家书》	《苏菲的世界》	《简·爱》《山海经》
	第4学段	《钢铁是怎样炼成的》	《给青年的十二封信》《名人传》	
四高一	第1学段	《水浒传》	《毛泽东诗词选》	《围城》《泰戈尔诗集》
	小学段	《边城》	《欧也妮·葛朗台》	
	第2学段	《聊斋志异》《格列夫游记》	《契诃夫短篇小说选》	
	第3学段	《儒林外史》	《复活》	《活着》《人类的群星闪耀时》《时间简史》《人类简史》
	小学段	《艾青诗选》	《莫泊桑短篇小说集》	
	第4学段	《培根随笔》	《老人与海》	
高一	第1学段	《红楼梦》		《子夜》《堂吉诃德》《叶嘉莹初盛唐诗》
	小学段	《文化苦旅》	《古典之殇》	
	第2学段	《平凡世界》	《寂寞圣哲》《家》	
	第3学段	《四世同堂》《呐喊》		《雷雨》《茶馆》《暴风骤雨》
	小学段	《精神明亮的人》《把栏杆拍遍》	《苏东坡传》	
	第4学段	《三国演义》	《朱自清散文》	

续表

年级	学段	阅读精读书目	阅读速读书目	寒暑假
高二	第1学段	《史记精讲》《彷徨》	《莎士比亚悲喜剧》	《牡丹亭》《窦娥冤》《西厢记》
	小学段	《大卫·科波菲尔》		
	第2学段	《战争与和平》	《悲惨世界》	
	第3学段	《〈论语〉译注》		
	小学段	《百年孤独》		
	第4学段	《约翰·克里斯多夫》		
高三	复读	《红楼梦》《平凡的世界》《红岩》《子夜》		

在选课走班模式下的语文学习因课时受限，学习模式的制约，需要在学生自主学习能力培养上下功夫。以整本书阅读的语文教学实践告诉我们，语文学习自主能力的提升，需要学科团队充分协作，对整本书学习的时间巧妙规划，对自主学习的任务合理设置，对自主学习的任务及时交流和诊断并加以落实，在课堂学习上尽量以师生共读同写构成文本阅读学习的主线。在这样的整本书阅读学习中，学生始终是文本学习过程的主体，思维碰撞活动的主体，学生的自主学习能力也能得到较好的提升。

在语文学科团队共同研发的整本书阅读资源中，形成了从初一到高二完整的整本书阅读教学资源和实施过程设计，保证了整本书阅读教学有序安全的推进。

在整本书阅读过程中注重读写结合的学习成果落实，形成了完整的整本书情节梳理思维导图和从人物性格、环境描写、现实反思等多方面的阅读笔记，学生和教师在整本书阅读过程中的学习成果完整保留下来，并结集成册，印刷出版，给予学生在生活学习中最好的纪念。

借助整本书阅读的实践过程展现克拉玛依市第一中学语文教师团队强大的合作力量和研发力量，展现了自能语文教学理念的发展现状，展示了克拉玛依市教育转型的成果，体现了区域教育改革的创新成果。

第二编

读书自能

读书是一个人的精神成长史，本书也特意将笔者从2008年以来陆续的读书心得集结于此，借此想说明一位不爱读书、不擅长写作的语文老师是如何一步步从读之甚少、文字寥寥到爱上读书并以写作自乐的精神发展过程。这一部分的插图是2022届高一一位喜欢绘画的同学——邓卉芸同学亲笔创作，也借此体现师生相长的读书相谐的教育理念。

2008—2013年期间的读书笔记

读柳如是随想

喜欢她是因为她为自己起的名字，这名字是化用辛弃疾"我见青山多妩媚，料青山见我应如是"一句，短短的一句话，便将这个原名为杨云娟的苦命女子的不凡一生抖搂出来。姑且不谈她从小坎坷的一生带给她的人生磨难，也不谈她能用生命反抗家庭族人的侵扰，我更佩服她的是能在一个男人当道的社会用自己的姿态表现出一株倔强不屈的女儿花的生命态度。只从她为自己起的这个名字便可知一二了。

只有寄情于山水的仁者智者才能会心地感知自然给予人的生命启示，青山依旧妩媚，人生依旧坎坷，岁月依旧流逝，只有心态放达方能感知人生的曼妙与妩媚，只有心境疏朗才能晓会生活的美丽与妩媚，也只有这般如此才能说出"青山见我应如是"的自信与狂放，这种气魄翻开史书有几人能够，李太白也不过狂放一会儿便作罢，更何况是一个女子呢？

名如其人！

读《窗边的小豆豆》

今天小儿学校复课我乐得轻松，用了一天的时间将论文写完，直接用刚学的内网发走，大功告成，很是轻松，哈哈！

小儿不在家终于有时间读书了，随手拿出小小李转给我的《窗边的小豆豆》，这本书是今年畅销书排名前十的唯一一部儿童读物。我读它倒不是因为这个原因，而是想起了我初中时的班主任首敏老师曾经郑重地将这本书借给我，并对我说这是本名著要好好读。带着老师期许的鼓励，我认真地读完了这本书。但说实话，我当时并没有感觉出这本名著给我的启迪作用有多大，只是觉得这本书写得很容易看懂，不像其他外国名著让人看得头晕。我对小豆豆多彩而丰富的学校生活充满了憧憬，因为那时我上学的环境是相当简陋清苦的，仅此而已。

可是时过境迁，今天再读才发现这本书的价值所在。作为一名教师，这本书如同一本指南，给了我很多教育的启示，浮想联翩，仅摘录一二：

小豆豆在被前一所学校退学后来到巴学园拜见小林宗二校长时，校长请妈妈离开，单独和小豆豆谈话，结果小豆豆整整说了四个小时，这期间校长没有露出任何不耐烦的神情和体态，这本身就说明了校长教育理念中对学生完全的尊重。试想这样的校长办学，怎么不会是一种和谐平等民主的校园氛围呢？

一种平等民主的校风在巴学园随处可见，当小豆豆发现学校没有校歌时，去找校长，校长答应明天给同学们，可是第二天校长花一晚上时间创作的校歌没有得到小朋友的赞同，这校歌也就自然废除了。

校长每天中午必看同学们从家里带的盒饭，校长起了一个极有意义的名字：山的味道和海的味道。每天看看同学们带的饭营养均衡不均衡，一种科学健康的生活理念在不经意间便传递给了学生，体现了"生活处处是课堂"育人情怀。

巴学园的学习很特别，老师将一天的学习任务和要求写在黑板上，同学们从自己感兴趣的科目开始学起，整个学习过程是自己的发现与探求，老师只起帮助与解释的作用，孩子学习的主动性在兴趣的激发下充分调动出来，学习成为一种需求而不是被迫的行为，这与我们的教学是多么大的反差啊！

如果学习任务提前完成，作为奖励，下午可以到田间去散步，我感兴趣的倒不是这种奖励方式，而是这样超前的教学理念，在实践中学，在田间学习生物、化学等多方面的知识，学习变得实用而有趣。记得我刚当老师那会，还没有很多条条框框的约束，有一次作文课，我带着我的学生到钻井中学后面的后山上玩游戏，然后回来让同学们将过程记叙下来，那次作文写得鲜活而充满了浓浓的生活气息，后来整个年级的同学均要求老师到后山写作文，那是一次成功的实验，但如今却成了唯一的回忆，这种想法在后来的教学生涯中被打压得早已了无足迹。学习太需要生活作辅佐了！

小豆豆的启示

真心喜欢《窗边的小豆豆》这本书，给了我作为教师应该懂得的很多教学原理。

比如孩子们得知学校又要来一辆新的电车作图书馆时，大家很想知道电车是怎么开进学校的，于是向校长要求，校长没有拒绝同学们强烈的求知欲望，答应了同学们晚上带着睡衣和毯子来学校看电车进学校的情况。它启示我要真心呵护儿子和学生每一个发自内心的求知渴望。

学校不要求学生穿最好的衣服上学，而是要求穿最差的衣服上学，这一反常规的做法其实是想让学生们在玩的时候没有对衣服的后顾之忧，让大家能尽情尽兴地玩，让孩子的童真不受任何阻挡。

学校让孩子们游泳可以不穿泳衣的做法，是让孩子们从小消除性别意识，并且让身体以一种健康的方法进入学生观念中，这种做法是我们极端缺乏的。对自己的儿子也没有类似的相似教育。

这本书真是让我又一次重新审视自己的育儿方式中很多不合理的地方，记得有位专家说，真正成功的教育有两种：一种是懂教育的人教育出成功的人生；

一种是不懂教育的人也能培养出成功的人生，最怕的是似懂非懂的一类人，而这类人占据了家长中的绝大部分。我不幸也是这第三类中的一分子，看来教育孩子真的需要不停地学习与反思。

再读容若

喜欢纳兰已很久，是因为我当年的两位学生写作文很喜欢用他作为自己抒怀的对象，她们略显细腻的文笔时不时打动着我，让我对这人产生的强烈的兴趣，于是上网搜索关于他的信息。不搜不知道一搜吓一跳，这个远离我们的清朝人竟然在现代社会中还有大群忠实的粉丝，有关他的网站、有关他的文章成为网络上赫然显目的一角。在浏览的过程中我被纳兰的生活境遇深深打动了，不觉间也喜欢上了他。于是我又将他介绍给我后来的学生，希望他们也能像我一样喜欢上他。没想到今年的选修教材上竟然有了他的作品，让我欣喜若狂。我将有关他生平的文字又翻看了一遍，不禁嘘唏一番。

喜欢这个人是从喜欢他的文字开始的，他词集中近乎白话的诗句让人动容，几近情痴的文字感染力和杀伤力极强。在《长相思》中，只题目一出，便已让人产生跨越历史时空的绵绵情思，总让我想起了西汉时司马相如与卓文君那旷世惊俗的爱情，不慕富贵只求常相厮守，"当垆卖酒"自是一种爱情的诠释，对纳兰公子来说陪伴皇帝出游是一种身心的煎熬，"山一程，水一程，身向榆关那畔行。夜深千帐灯。"出行后的相思仿佛具象化了，追随着诗人经历了迢迢万里的风雨兼程，翻过了千座山，跨过了万道水，都化作了那一腔的相思之绪，情感深挚而绵长。

最让人感怀的还是他写的回忆亡妻卢氏的篇章，想到两人曾经恩爱的生活："赌书消得泼茶香，当时只道是寻常"，而如今却是生人作死别："人生不相见，动如参与商"，这是怎样的一种伤感与惆怅呢？这生与死的永诀让人止不住地惆怅与叹惋，只能说：至真的文字最动情！

纳兰的父亲：明珠

看了《悲情纳兰》，对他的父亲明珠和他的家世很感兴趣，姑且记之。

纳兰明珠的家庭属于叶赫氏，当祖父辈的金台石在世时与爱新觉罗的努尔哈赤争夺战就一直未停止，虽然金台石将自己的亲妹妹孟古嫁给了努尔哈赤，并生下儿子皇太极，但两个部落的战争却从未停止过，最后祖父金台石在自己的妹夫努尔哈赤和外甥皇太极的攻城中战亡，金台石的两个儿子德尔格勒和尼雅韩带领全叶赫部离开世代居住的松花江畔，迁居到努尔哈赤的建州后，敌对状态才算结束。

正是因了这前世的关系，当皇太极称帝建清后，纳兰家族的子弟在清宫一直处事低调谨慎，这为日后的崛起打下了良好的基础。

明珠的父亲尼雅韩娶了墨尔齐氏，生下了库振与明珠两个儿子，但不久去世了，续娶的妻子依然是墨尔齐氏家庭中叫"四妹"的能干女子，两人关系不好，直到一次尼雅韩遇险，这位墨尔齐氏不顾危险挺身相救之后关系才有了改善。继母墨尔齐氏对明珠疼爱有加，使年幼的明珠受到了良好的养育和教育。

父亲尼雅韩因军功受职并随顺治帝进京定居，但不久便因心绞痛去世，幸亏有能干的继母支撑，家里虽说艰苦但并不乏温馨。伯父来奔丧时应继母之意带明珠兄弟俩去拜见当时的摄政王多尔衮，当时多尔衮与兄长阿济格和弟弟多铎均在，明珠的机智与不俗表现给他们留下深刻印象，不久由皇太后（孝庄太后）指亲，要明珠给阿济格的女儿五格格做额附，两人一见倾心。

可天有不测风云，多尔衮死后被顺治清算，掘坟鞭尸，五格格的父亲和哥哥也受到牵连被赐死，其余家眷被降为罪民，在别人避之不及之时，明珠对五格格不离不弃，竟然在这关头将她娶回家里，可见二人感情深挚。

明珠在继母的教育下一直发奋读书，低调做人，满腹诗书，胸藏复兴家族之大志，从小便表现出与常人不同之处。作为男儿，更可贵的是，他对五格格的一片痴情，在政治风云变幻的危险时刻也能坚持爱情，更加让人钦敬。

另外，纳兰家族的和睦与相亲也为家族的振兴带来契机，真所谓"家和万事兴"。明珠的伯父去世后，他的堂兄就将属于明珠兄弟的家产分给了他们。明珠兄弟又将财产进行了分配，将在东北的大部分家产给了哥哥，只留了一个参茸店做纪念。在能干的五格格的打理下，将皇帝赐的三千顷荒田变成了果园与农田，还与伯父的儿子合伙做参茸生意，纳兰家一改从前的寒酸气，变成富裕起来，加之明珠的官越做越大，逐渐富贵逼人。

白居易与关盼盼

白居易以其关心百姓疾苦的诗篇文章被我们所熟知，也因其明白晓畅的文风闻名于当时。可即便这样一个大家却有不为人知的另一面，逼死关盼盼便是其罪状之一。

关盼盼，唐朝时名满徐州的名妓，如今的徐州名胜景点燕子楼就是当日关盼盼所居之所。她家道中落，不得已沦落青楼，所幸遇到徐州守帅张音为其赎身，为答谢他的知遇之恩关盼盼做了他的小妾。二人度过一段甜蜜的恩爱生活，不幸张因暴病身亡，关盼盼为夫守了十年孝，写了许多表达思念亡夫的诗篇。其中最著名的一诗是："北邙松柏锁愁烟，燕子楼中思悄然；自埋剑履歌尘绝，红袖香消一十年。"

因为白居易是当时的大家，所以关盼盼托人将她写的三首诗带给了白居易想请他指教，其中包括这首诗。谁曾想，白居易竟然鬼使神差给她回了三首唱和的诗。大意是让她不如为夫殉情，他还怕关盼盼不明白，还特意又写了一首意思更明白的诗表达了这层意思。关盼盼没想到等到竟是白居易这样的指点。为表达自己对亡夫的感情，她竟真的就此绝食，香消玉殒，饿死在燕子楼中。

死讯传来，白居易无地自容，羞愧难当，亲自为关盼盼举行了葬礼，但斯人已逝，情再难续。

温庭筠与鱼玄机

人人都知温庭筠是花间诗派的鼻祖，词风温婉绮丽，自成一家，但遗憾的是，他没有和冲天才气相匹配的俊朗面容。所以当长安才女兼美女、他的学生鱼玄机，向他表达爱慕之情时，他竟然退缩不敢接受，也正因为此，才造成了一个女子悲哀的一生。

鱼玄机本名鱼幼薇，当温庭筠来到她家时被她年幼却不俗的才气惊倒，主动担当她的家庭教师。在老师的教育下，鱼幼薇进步很快，成了名噪长安城的才女，随着年龄的增长也成了"借问美女何处有，君子遥指鱼家女"的气质美女。

原本平静的生活却因父亲的病逝而陡然直下，父亲去世，家里没有了经济来源，幸好有温庭筠不断的接济与帮助才勉强度日。在时间的打磨中，对老师暗自生长的情愫也让鱼幼薇不能自已。鱼幼薇爱上了自己的家庭教师，于是写下了许多表达情意的诗句，但可能是碍于年龄上的巨大差异抑或是师生之间的阻碍，生性风流的温庭筠并没有热情回应学生的爱恋，而是以漠视与冷淡处之，并因此离开了长安，留下了苦苦思念的鱼幼薇。

再见温庭筠时，他已成家，面对自己苦恋的情人如今成为她人夫的现状，鱼幼薇接受了老师给她牵线的另一个男子李忆的爱情，但却受到了李忆正室夫人的鞭打与辱骂。李忆虽是新科进士，但软弱的迫于夫人家的威势，在其妻的逼迫下给鱼幼薇写了休书，并安置她到咸宜观修行。

鱼幼薇至此入道观当道士，改名鱼玄机，苦等情郎三个月却如石沉大海的鱼玄机面对背叛她的男人选择了自甘堕落，从此放荡无边，直到一次在与婢女抢情人的争吵中将婢女扼死，从而葬送了自己年方二十六花季人生。

世间空留下下一首首用生命吟唱的芬芳诗词：

枫叶千枝复万枝，江桥掩映暮帆迟。忆君心似西江水，日夜东流无歇时。

一首诗一个女子

喜欢梅艳芳的《女人花》，除了那略带忧伤的旋律，更多的还是那满嘴留香的歌词。"我有花一朵，种在我心中，含苞待放意幽幽，朝朝与暮暮，我切切地等候，有心的人来入梦……若是你闻过了花香浓，别问花儿是为谁红，爱过知情重，醉过知酒浓，花开不多时，堪折直须折。"

这经典的比喻原来是唐朝时一个女子首创的。此人名叫杜秋娘，是当时名满长安的江南名妓，流落到李琦府中做歌妓。在一次宴会中，杜秋娘出场，舞动了一曲曼妙绝伦的舞蹈，并动情地吟唱："劝君莫惜金缕衣，劝君惜取少年时。有花堪折直须折，莫待无花空折枝。"这便是著名的《金缕衣》，杜秋娘因了这首诗被李琦纳为侍妾改变了自己的人生。

老夫少妻的甜蜜生活没过多久便因李琦的造反而结束，杜秋娘被收入宫中做宫奴，一次无意的《金缕衣》哼唱被唐宪宗发现从此便爱得一发不可收拾，自此改名为杜仲阳，宪宗昵称她为秋妃。可惜没落的唐帝国的皇帝是短命的，宪宗在四十岁时被宦官陈弘志弑杀，继位的唐穆宗李恒又垂涎于杜秋娘的美色，借口让她做自己儿子李凑的保姆乘机占有她，穆宗在三十岁时被杀后继位的就是残暴无比的李湛唐敬宗，杜牧写《阿房宫赋》就是为了告诫这位皇帝的，可惜这位皇帝也不幸在十七岁时被宦官杀死，之后拥立敬宗弟李昂做皇帝，是为文宗，文宗长大后决心要铲除宦官势力，这时秋娘培养大的李凑也加入这一队伍，可惜事情被宦官知晓，李凑被贬为庶民，秋娘因是保姆被削籍为民，放归故乡。

杜秋娘的一生是与帝王紧紧联系在一起的。杜秋娘的一生正像一朵花一样，有过绽放枝头姹紫嫣红的美丽和浪漫时节，也有过芳魂委地零落成泥的苍凉和失落境地，宠辱她都经历了，岁月让她的人生履历变得厚重和充满了韵味。

人生往往这样，鲜花盛开的时候无心观赏，一旦败落了，忽然感觉什么东西永远逝去了，不再回来，心中便生了许多的唏嘘感叹。其实何必呢，有花堪折直须折，那样才能无怨无悔，不致辜负年少时。

读渡边淳一《紫阳花日记》

小小李随手递给我一本小说好让我放假消遣时光用，结果没曾想我也像她一样用了一天的时间便将这本几十万字的小说给看完了，收获多多。

其一：我也可以和小吴与小小李老师一样，日读万言了，是很大的进步，甚喜！

其二：这本书依旧延续了日本小说擅长分析心理的优势，对人性的开掘达到了真实而令人深思地步。

文章以日本一个中产阶级家庭为背景，描写了一家私立医院的经营者省吾和妻子志麻子之间围绕婚外恋而进行的心理历变的真实描写与分析，进而对现代社会家庭中的夫妻关系进行了理性的思考与审视。其中的观点倒是和我们社会一贯主张的主体宣传模式不尽相同。

妻子志麻子是一个内心敏感而又自尊的贤内助，相夫教子，明知丈夫有了外遇却依旧关爱着丈夫的日常生活，并且通过智慧的手段巧妙地缓和了和丈夫的尴尬处境，通过日记让丈夫了解了自己的真实想法进而达到与丈夫交心的目的，增强了双方的谅解达成度。志麻子是一个智慧的家庭妇女，能够掌握一切、把握大局。

丈夫省吾是一个事业有成，生活安逸却不安分的男人。当妻子知道他外面有情人而痛苦不堪时，他依然不改自己多情的本性继续与诗炽保持恋情。对家庭、对儿女、对妻子没有丝毫的责任意识，只知道自己的感受很少顾及他人想法，应该说是一个自私无比的人，但也因此是一个真实的人。

文章的结尾对婚姻的观点倒是与我们不相同：夫妻双方各自给对方必要的私人空间，各人保留自己的私人秘密，用宽容维持着现有家庭的和谐，即使是假意的也必须这样做，这样能在社会框架体系中保证着家庭生活的幸福与美满。这与我们一直宣传的忠贞不贰的思想实在有太多的不同。

不过对于爱情与婚姻可资借鉴的东西倒是良多，由于真实，便可让我们身临其境地站在对方的观点看问题，了解男性的心理，也有助于家庭矛盾的化解。

读《苏东坡传》

学校成为考场全校放假四天，这对我们而言，无疑是意外的大长假，即使是在十一长假期间也没休息过四天啊，可以趁机"休养生息"了，也可趁机读读书了。

上学期上公开课选的是苏轼的两首词，为此曾经借助网络将苏轼狠狠地恶补了一下，唯一遗憾的是没有将林语堂的《苏东坡传》找来一看，这次专门找到这本书打算认真研读一番。

刚看没一会儿，我就被林语堂独特的话语叙述方式打动了。首先，他不像国内一些传记类作品喜欢将人物无限放大进行描述，而是用一种冷静的笔触、客观的视角将苏东坡放在世界文学的范畴内进行比较，让人产生一种很真实的感受，好像苏东坡就像在自己身边生活过的人一样可亲而可信。比如：

> 像苏东坡这样的人，生活中竟有如此的遭遇，他之成为文人窃窃私语的话柄，尊重景仰的话题，尤其是在去世之后，乃是自然之事。若与西文相似之人比较，李白是一个文坛上的流星，在刹那之间壮观惊人的闪耀之后，而自行燃烧消灭，正与雪莱、拜伦相近。杜甫则酷似弥尔顿，既是虔敬的哲人，又是仁厚的长者，学富而文工，以古朴之笔墨，写丰厚之情思。苏东坡则始终富有青春活力，以人物论，颇像英国的小说家萨克雷，在政坛上的活动与诗名，则像法国的雨果，他具有的动人的特点，又仿佛英国的约翰生。不知为什么，我们对约翰生的中风，现在还觉得不安，而对弥尔顿的失明则不然。倘若弥尔顿同时是像英国画家根兹博罗，也同时像以诗歌批评英国时事的蒲普，而且也像英国饱受折磨的讽刺文学家绥福特，而没他日渐增强的尖酸，那我们便找到一个像苏东坡的英国人了。苏东坡虽然饱经忧患拂逆，他的人性更趋温和厚道并没有变成尖酸刻薄。今天我们之所以喜爱苏东坡，也是因为他饱受了人生之苦的缘故。

其次，喜欢这本书还因为对中国宋朝的政治视角与之前所看到的常见视角是不一样的。比如对王安石变法的看法与我之前所认知的看法是有很大出入的。林语堂认为王安石推行的变法从某种程度上而言是宋朝国力衰弱的开始。他说："宋朝国力之削弱，始自实行新法以防'私人资本之剥削'，借此以谋'人民'之利益。而由一个狂妄自信的大臣任其事。对国运为害之烈，再没有如庸妄之辈大权在握，独断独行时之甚的了。"这个说法正确与否姑不评价，但至少给我们一个全面的视角看待问题的态度是可取的。

还有，喜欢这本书是因为作者对苏东坡的真实描述。我们见多了对他的讴歌式描述，很少见到如此真实的叙述方式，他的真、他的错、他的大度、他的小气均有客观描写，让我们更真实地走近了一代大师，反而更增添了几分亲切感。比如，苏东坡为陕西百姓求雨多次祷告，向神明递状子；苏东坡在凤翔任职期间与同事子陈太守不和，还为此在《凌虚台记》中向陈太守放冷箭借机报复，虽不光彩但却真实可亲。

读《苏东坡传》，其实也读出了林语堂的滋味。

王安石其人其事

在我们的印象中，王安石是一个锐意改革的伟大政治家与文字家，关于他的其他方面则知之甚少，不妨从林语堂的描述中补充一二。

一、王安石是一个生活极度邋遢衣着不整的人

很难想象一个伟大的政治家与文学家竟然能和这些词语联系起来，不过想到爱因斯坦倒也不难理解了，伟大之人必有不凡之处吧，这样解释倒能说得过去。话说老苏对王安石不感冒，曾在《辨奸论》中这样刻画老王同事："衣臣虏之衣，食犬彘之食。"又说他"囚首丧面而谈诗书"，可见，王安石是以衣裳肮脏、须发纷乱、仪表邋遢此等恶习为众所周知的。

有一次他与朋友去澡堂洗澡，朋友们偷偷将他的长袍换成一件干净的长袍想以此检验他能否发现，结果王安石像往常一样穿上新袍竟是没发现，也许在他头脑中只要有一件衣裳即可了。另一次有朋友告诉王安石的胖太太说王安石喜欢吃鹿肉丝，胖太太很是意外，对于一个从不讲究吃穿的人很难说有他偏爱

的食物，后来经仔细询问，原来那盘菜放在王安石的正前方，于是胖太太说明天不妨再换一盘菜放在他的正前方。结果不出所料，王安石又把正前方的那盘菜吃了个精光。

二、王安石屡次谢绝朝廷的提升，如果说他只为沽名钓誉是不可信的

因为王安石从二十一岁中进士，到他四十六岁得势，在他壮年最活跃的二十五年里，他一直谢绝任命，只在一个偏远的省份当太守。他政绩斐然，行政才能之优，堪称能吏。他建堤筑坝，改革学校，创农民贷款法，把他的新社会理想在一方之地实施了多年，政绩确实不错，也深得百姓爱戴。在经济财政方面的确是一位不可多得的人才，从这个角度来看他谢绝朝廷的提升，说是为沽名钓誉显然是很难说通的。只能说他最可能是个韬光养晦的奇人罢。

仅一人观点而已。

读一本好书《岁月摇花》

看完唐贾军的《岁月摇花》，我猛然想到一句已被用滥的名句："书籍是人类进步的阶梯。"我们是看着书慢慢长大、慢慢成熟，当然也会这样慢慢老去的。

每一本书，必有可读之处。我一直这样认为，正如鲁迅对看《红楼梦》的不同类型的人所做的概括一样，关键是读书者自己的心态。

这本书牵动了人内心深处对感情一丝温柔的回忆，引发了人对爱情的理智审视：爱情来临之时是感性而冲动的，只有经过了岁月的积淀后才让人品出其中滋味，或甜蜜或酸涩。

小说情节主要是：三个年轻人为了爱情互相误解纠缠，每个人的心中都是乱麻一团。也许是命运弄人，也许有神灵指点，他们总是在不该相遇的地方相遇，在不该分手的时间谈分手。当他们鬼使神差地做出选择时，其结果最终导致有情人天各一方，并在寂寞和孤独中继续着猜疑和守望。

也许正是人物的不完美人生才深深地打动人。

从花开到花落，诠释了人生的过往纷纭。每个人从匍匐到行走，为了一个大写的人字忙碌一生。等到某一日，夕阳西下，暮鸦乱飞，迷住了眼前的景色时，蓦然回首，才知岁月匆匆，青春朝华不觉已成旧事。

一场花开花落，竟满目成芳。青春如花，凝眸处，芬芳不远。每个人都有一次青春，每个人都曾拥有一朵花开的机会。

读《半生缘》

不知怎的，没有网络的日子倒让自己可与书为友了，这是很久不做的事情了，这一读又有点儿上瘾了，越发感受到文字的巨大魅力。

再读《半生缘》正合了"好书不厌百回读"这句话。人近中年和年少相比，读书更多的是一种人生况味和体验，这样就对张爱玲更加亲近一层。有人说她是一个奇女子，一个旷世奇才，总觉得有点儿过，但在她文字的浸润下我倒慢慢地赞同这个观点了。她写一段故事，近乎风轻云淡，寥寥数笔，将世态市井便活画出来，仿佛鲁迅笔下的阿Q似的，让人读了总能找到自己的影子，或者是某个生活的瞬间。她绝不刻意制造令人一眼便能揭穿的肥皂剧情节，而是将生活巧妙地艺术化，并且一点点铺展在我们眼前，用匠心于无形，不禁让人击节！

鲁迅说悲剧是将人生有价值的东西毁灭给人看，让看的人撕心揪心，只是不同的作者毁灭的程度不同。如果说鲁迅是严肃而近乎悲壮地展现悲剧，那么张爱玲应该属于温婉而柔情地抒写悲剧，揪心程度应该不相上下，不分伯仲的！《半生缘》的杀伤力应该属于后者。

《半生缘》告诉了我们世事轮回，人世间阴差阳错的事情成就了世间千奇百怪、盘根错节的众生相，我们不是曼桢和世钧，就是翠芝和叔惠。

再读《诗意语文》

不读书已经很长时间，感觉自己的思维已经干枯了，如今迫于一种压力我又重新拿起了书本，重新读一读《诗意语文》，重新品一品王崧舟的教育理念。有一种很突出的感觉，好书不厌百回读，再一次读他的文章，感觉似乎更清楚了，有一种不吐不快的心情，于是姑且记之。

一、关于什么是诗意语文的问题

王老师说语文充满了劳绩，但有劳绩总好过没有劳绩，与其劳绩地生活，不如诗意地生活。在我看来，这是一种主动求知的探索过程，作为一名教师，与其痛苦地抱怨生活，不如想法轻松地过活，这需要教师自我的主动提升，终身学习有时是为人师的自我内在需求。语文教学理应如此，应该在课堂中充满了生活意味，充满了生活情趣。

二、诗意课堂的解读

王老师的诗意课堂可以简单地概括为"造像—绘境—入情"三个主要环节，其实就是从文字中挖掘出可以生发的东西来共同品读、共同思考。我很佩服他对文字的敏锐程度，何其芳写周总理办公室的一段文字经他挖掘后变得如此厚重而深沉，这对我的启发很大。语文老师应当多从文字本身入手，去品读文字背后立体而深广的内容，将文字这个漏斗器中的本身包含的声气、节奏和情感等内容充分地挖掘出来。

谁来做我的夏洛？我又来做谁的夏洛呢？

最早听到这本书时还是从常丽华老师那里知道的。她当时是在克拉玛依市首批骨干教师培训班上谈及的，我还记得她做的报告的题目是《晨诵，午读，暮省》，这个诗一样的名字形象地诠释了常老师醉心于师生共读、家长共读的读书构建心智的培养计划中。那时我就畅想：要做一个常老师要求下的家长，和我的孩子一起共读书。她有一句话让我记忆犹新："给我一个班，我就足够了！"她带着她的孩子们和家长们一起读《夏洛的网》，读《彼得·潘》，读《佩罗童话》，那种沉醉在其中的幸福感扑面而来，能做这样一名老师是多么幸福的事！在那么多来上课的老师中，就她和王崧舟给我的印象最深刻了。她所提倡的共读就是共同生活，就是创造共同生活的语言与密码。作为家长的我们，如果和孩子一起经历着童话中那些美妙无比的故事之后，我们就自然而然地拥有了可以轻松走进孩子心灵的词语。我们就可以和自己的孩子共同经历着成长中的一个个故事了。

儿子看完首先就是一个很大的进步，他对这个故事还不能完全理解，但至少这个故事是吸引他的，他一而再再而三地给我讲，给他爸讲。讲可爱的威尔伯，讲聪明的夏洛，讲威尔伯照顾夏洛的五百十四个孩子的有趣情节，讲小老鼠坎普尔特的特别爱好带来的谷仓的快乐生活。

作为家长我为夏洛无私的爱心所打动，更为故事中蕴含的生活哲理所折服。简单的语言中包含着让人深思的内容："你是谁的夏洛？你准备为他纺织一个什么样的神奇词语？"是"王牌"的，是"了不起"的，还是"谦卑"的？这句话本身就是一个密码，换成书中的直白语言就是：你是谁最重要的，最可信任的，能够帮助他走出困境的朋友？因为你的期许将影响你朋友的一生，让他拥有了一种潜在的美德与品质。这朋友的分量与质量让人汗颜与动容。

谁来做我的夏洛？我又来做谁的夏洛呢？

她的人生不团圆——读《小团圆》

我不是张爱玲铁杆的粉丝，但依然对这位离开读者已达十四年之久的作家留有最后的想象，期待着这本浓缩她毕生心血的巅峰杰作。张爱玲的本意是要把这本书原稿付之一炬的，并在遗嘱中提及此事，但事情并未能如她所愿。

起名"小团圆"不太像张爱玲的风格，也许她离开中国定居美国之后心里一直存在着某种隐秘的期待，希望和想见的人团聚。我猜想着此书的结局是不团圆的，期望终究是期望。赖雅走了，胡兰成离开了他，弟弟张子静也与她之间有隔阂。孤身一人生活在异国，写作终于成了世俗的赚钱工具，最终还是孑然一身的她只好独自面对疾病和死亡。小说作品颇有悲剧色彩，也许给她的一生做了最好的注解。

到底是个性地生活了一辈子，张爱玲迥异于旁人地选择了自己的文字与世界，乃至伴侣。那份孤寒、清高、俯瞰滚滚红尘的精神和灵魂终究没有得到好的归宿。也许当她后悔的时候已经来不及了，她输给了时间，也输给了自己。《小团圆》是她最后的精神写照，这位热爱文字的女人，最终还是选择以文字刻画自己最后的人生素材。

团圆对她来说是一种奢侈的梦想，最后只能将它构筑在文字之上了。

读《学生第一》

读一本书往往是从喜欢一个人开始的，《学生第一》是李希贵校长最新出版的一本书，是他自任北京十一学校校长以来所有管理智慧的结晶。作为一名老师，对他的敬仰是从去年十月举办的"新学校行动研究"中他的讲座开始的。之后我买来他的书，对他做更进一步的了解。书中开放的教育思想、民主的教育理念、科学的教育原则让人如入大观园，时时都有欣喜，处处皆是风景。

首先是书的装帧，最吸引我的是书的扉页：谨以此书献给我亲爱的同事们！在这行大字的周围，是十一学校所有教师的姓名。希贵校长自己也说：不要忘记标注姓名。那种被尊重的感觉常常在一个简单的标注中油然而生。书中每项学生的活动设计或筹划全部清清楚楚地标注着每一位参与同学的姓名。我觉得生活在十一学校的学生，一定会有一种家的感觉。校园里处处皆有我之色彩、我之印迹，怎能不让学生产生归属感呢？我们在那里开会的时候，下午有一个班刚好郊游回来，同学们晒得红红的脸上写满了兴奋的表情。我听着一位同学正给家长打电话，报告自己挖的红薯的重量。孩子们一个个背着一兜红薯三三两两往家走着，说着笑着，开心洋溢在脸上。

当然最吸引我的还是他书中随处可见的管理智慧与智慧管理下的缤纷校园。

开学护照。将学生进入校园的开学典礼变成学生与老师与同学家长相互交往的平台，每个学生都可积攒每个学期不同的护照，将开学典礼这一校园常规事件变成人人皆可参与的好玩的活动。

校园机会榜。将学校一学期的活动及规划制作成校园各类机会榜，放心大胆地交给学生去承担去筹划，给学生搭建自我展示的平台。

校园吉尼斯。给每一位同学的特长以展示的舞台。魔方传奇手、定时投篮王，等等，只有你想不到的，没有十一学校学生做不到的。

学生出版社、学生和老师共编读本。让学生亲身参与编制的全过程，充分尊重了学生学习的权利，使出版物和自编读本有了更积极的受众群体。

校长有约共进午餐。给优秀学生们一个激励机制，与校长共进午餐，谈想法说意见，让学生近距离了解学校，了解校长，使学校教育更有针对性和实效性。

校园泼水节。将幸运之水带给身边的每一位同学，每一位老师。

等等。

好一派艳丽风光，让人茅塞顿开！好书值得一看！

读《学生第一》续

昨天在教研会上大家一人推荐一本好书，我又一次把《学生第一》这本书推荐给了同组的老师们。

读完这一本书，最深的印象是在李希贵校长充满智慧的思想下那极具人文精神的校园文化氛围，令人禁不住顿生向往之情。就像贾老师说的一样，一名好校长成就一名校，当然十一学校本已就是名校，只不过是李校长把它打造成了名优学校里具有特色的学校罢了。

我一直在感慨这位从山东起家的校长，对学校研究得深入而细致，人说细节成就名校，用在他身上一点儿不为过。

他思想中有"永远学生发展为先"的管理精神。十一学校提供给在校学生以丰富多彩的学校生活。既然是学校生活，就应该时时处处有我的参与，一个没有学生参与的活动，其教育意义有几何？正因此，尊重学生群体的共性发展，更关注学生的个性需求，十一学校的学生们如果在课堂上已经完全掌握了相应的知识后，可以提出申请到学校设立的学生自主研修学院去安排自己的学习任务，每到一定时期回班参加相应考试，学生自主研修学院还设有专门的导师进行个人学习计划的指导和学业水平的帮助。

对一些学有专长学有特长的学生设立现代书院——枣林书院，让一群有着特殊爱好或者个性张扬的学生找到更适合自己发展的学校生活样式。

十一学校充分利用本校的优质校友资源，创立校友奖学金，建设学生成功案例库，请校友回校当导师，利用学校本身的优质教育资源，激励学生成长，激发学生进行自我教育，培养学生的责任感、使命感。

十一学校对教师的关怀无微不至。

在工作上，通过设立"月度人物"发现身边无私奉献的优秀教师，借此引领学校核心价值观，挖掘能体现学校精神的校园文化内涵；对表现突出的青年教师，则设立"青年才俊"，发现青年老师身上的闪光点，在教师成长的路上给予更多的关注与支持；对每一位新来的教师，每年都会举行"迎新酒会"，酒会的一个重要环节就是要寻找新来老师的闪光点，让新老师对学校有家的归属感；对退休教师，则赠送教师个人《退休纪念册》，里面用心地记下每位退休教师在校的生活片段，给予老教师以真诚的敬意！

在生活上，每年评选优秀贺卡贺词，让教师职业充满更多的价值与温情，每月根据具体问题设置"金点子"及时解决工作或生活中的困难，表彰教职工的优秀子女，招聘低年级段教师专门管理低学段教师子女放学后无人照看的实际困难。

看完此书，总觉得有很多想法想付诸实施，更觉得是一本教师指导手册，给自己的工作以更多的启示。

好书！

《你若安好便是晴天》

偶然在书架上看到了这个名字便喜欢上了这本书，再一看内容是写林徽因的，更是当即买下。淡淡的感伤，炽热的深情，生活的哲思和旷世奇女林徽因水乳交融为一体，不知是被林徽因本身所吸引还是被作者白落梅的文笔所吸引，在一个夏日的午后，带着些慵懒躺在床上尽情领略读书带来的精神愉悦，其中幸福自不待言。

林徽因、梁思成、徐志摩、金岳霖之间的故事世人皆知，看这本书本不是为了了解他们的是非恩怨，倒是很喜欢作者白落梅将自己巧妙地穿插于期间，任意评说、自由驰骋的态度；不为写人而写，为自己而写的不羁风格。世间皆由我评论，历史自由我言说，倒也别有一番风味！

人生有太多无奈，不是所有的真心都会有人珍惜，不是所有的爱都可以得到祝福，不是所有的故事都会有个圆满的结局。每一天，我们都在邂逅；每一天，都要会有人遭遇离别；每一天，都在酿造不同的悲欢故事。

每个人都是带着使命来到人间的，无论他多么平凡渺小，多么的微不足道，总有一个角落会将他搁置，总有一个人需要他的存在。

人的一生要经历太多的生离死别，那些突如其来的离别往往将人伤得措手不及。人生何处不相逢，但有些转身，真的就是一生，从此后会无期，永不相见。

活在当下，做每一件自己想做的事，去每一座和自己有缘的城市旧，看每一道动人心肠的风景，珍惜每一个擦肩的路人。纵算历经颠沛，尝尽苦楚，也无怨悔。

人生聚散无常，起落不定，但是走过去了，一切便已从容。

越孤独越卓绝　越执着越庄严——《河的第三条岸》有感

初读《河的第三条岸》时是2008年广东高考试卷上的一道阅读题，看得我一头雾水，内容基本读不懂，后面的练习也在我的茫然中苍白无力地讲解完成，我只能欣慰地告诉同学们这种类型的小说阅读我们新疆卷是不考的，此后关于这篇文章偶尔还会时不时地脑海中浮现一下。我的感觉是这篇文章很难，似乎有些想说又未能表达出的东西。

没想到，小路同学的公开展示课竟然选的是这一篇文章，好有胆识的一个老师！当他打电话和我探讨时，我再一次细读了文本。

再读才发现，这是一篇得经得起时间打磨值得慢慢品味的一篇文章，也许是之前已经知道，所以这一次再细看，倒看出了一点儿自己的感觉和体悟。真真应了"好文不厌百回读，熟读深思子自知"这句话！

文本中原来模糊的身影渐渐有了明确的具象，原本混沌的文章渐渐有了清晰的结构。

文章的主人公是父亲，父亲在现实社会中是一个尽职、本分、坦白、不多言的人；父亲和母亲的夫妻感情真诚而平淡，父亲与子女的感情真挚而隔膜：妻子不理解丈夫，子女们不懂得父亲；父亲与周围人的关系平凡而普通，没有更愉快也没有更烦恼——父亲在现实社会中是一个普通得不能再普通的芸芸众生之一，也是一个高度概括化了的我们每一个自己，即在生活中平静活着，庸庸碌碌、随波逐流。

父亲终于做出了一个惊人的决定，独自划着小船到离家不到一英里的一条又宽又深水流平静一眼望不到对岸的河里去漂流，没带食物，没带衣物，没有母亲的理解独自走了，决绝地走了，从此不再回头。

父亲的离去带给家人无尽的痛楚，以母亲为代表的亲人试图通过外在种种方式挽回父亲：在河滩燃起黄火对天祈祷，祈求神明给予父亲回归的心路；请求牧师身着法衣以责任和义务试图感化父亲；请求士兵用武力威吓父亲；姐姐举起新生儿希望父亲回归；凡此种种都丝毫不能挽回父亲漂流的心。亲情力量越强大，社会隔膜就越强大，父亲孤独漂流的身影就越苍凉，父亲卓绝的漂流心态自然就越卓绝。在与环境的抗争中父亲显示出他独具个性的锋芒。

就内在力量而言，父亲的离去给他自己也带来了无尽的痛楚与折磨：父亲需要面对的是白天黑夜、风霜雪雨、酷暑严寒、激流险滩等严酷自然；日复一日、年复一年，像一条弃船，孤独地漫无目的地在河上漂浮，任生命在废弃和空寂中流逝，耗费身体、消耗体力、虚掷光阴。在对父亲的探寻中，我便成了另一个父亲，一个在现世与理想中左右徘徊的痛苦抉择者。如果说与外在环境的抗争能显出父亲的卓绝的姿态，与自我内心的角力又何尝不是一种更艰难的抉择呢？追逐心灵、认识自己本来就是一个痛苦的过程，父亲的自我斗争得越激烈，越能让人对生命本原产生敬畏；父亲的自我斗争越执着，父亲自我放逐、自我漂流的精神便越庄严。

越孤独便越卓绝，越执着便越庄严。这便是父亲告诉我们的人生意义和普世价值。

我们每个人在社会我和内心我的双重矛盾中挣扎着、生存着，每个人的内心都有如父亲一样渴望放逐自我漂流自己的诉求，但每个人又囿于现实的种种不能搁舍，于是就产生了诸多烦恼与忧愁，郁结在心便为一种情节，欲罢不能，这便是现代人的苦楚。无望地等待着戈多，明知戈多不会来却只能无望地等待着。而这篇小说恰恰通过具象化的故事将我们内心无处搁置的困惑形象地表达了出来，让我们有了种久违的痛快之感，就像涮火锅时大汗淋漓时的畅快心情一般。这篇文章让我们如此清晰如此近距离地地面对着真实的自己，痛快之余间杂着残酷，一阵爽朗之后带来的是一阵心悸。而作者正如那高明的解剖家，用循循善诱的言语尖刀，一点一点将我们内心深处最隐秘最柔软的拉开来，剖向世人、剖于大庭广众之中，于深刻中寄寓哲理，发人深省，启人心智！

读小说让我们更好地认识了自己。

这是不是路老师选择这篇文章进行展示的最终缘由呢？

蛙

The Nobel Prize in Literature 2012 was awarded to Mo Yan "who with hallucinatory realism merges folk tales, history and the contemporary". 这是莫言获诺奖的颁奖辞，即"将魔幻现实主义与民间故事、历史与当代社会融合在一起"，其精湛的手法自不待言，但是最打动我的还是人，看完总觉得人是这部小说里最看重的核心内容，手法只是一种表现方式。这部小说在获诺奖之前已经获得了第八届茅盾文学奖。可见，好的东西在哪里都会熠熠生辉！

姑姑万心是小说里的主人公，一个横贯山东高密东北乡的乡村女妇科医生，从她手上不知接生了多少新的生命，同时在她果决而毅然的计划生育态度下不知断送了多少未出生的生命。一个之前被人奉为送子娘娘的姑姑到了后来成了人人喊打的直至晚年忏悔的人，个中辛酸，总有种世态弄人的感伤！是"姑姑"错了吗？好像是又好像不是，到底哪里出了问题？这个是作者留给我们每个人的思考，留给这个社会的反思。

除了"姑姑"，小说中最打动我的还有"我"的妻子王仁美，一个努力生儿子为夫家传宗接代并最终付出了生命的代价。她是一个对"我"付出全心爱意，大大咧咧，能干果敢的乡村妇女，丈夫对她并不理解、爱意有限，可这并不妨碍她对育人的执着态度，她做人流时那最后的一瞥，似乎才引来了丈夫对她的留恋和感动，又让人对她禁不住顿生唏嘘之情。

莫言在小说中用几近残酷的笔触详细描写了王仁美和王胆的死，给青年"姑姑"塑造了果断麻利、铁面无私的形象，同时也试图诠释人性在巨大的政治压力下被扭曲的一面。"姑姑"年轻时的豪言壮语与年老时的唯唯诺诺形成了鲜明的对比，在变化中阐释了生命的坚韧与坚强：生命的坚强与脆弱会因环境而变，因此人性的诸多因素也并非一成不变。

对人的执着，对生命的执着是文中浓墨重彩的部分，也是计划生育中最大的伤痛，伤不起！"姑姑"同事"小狮子"年轻时也曾是计划生育的坚决支持者和执行者，但嫁给"我"之后，始终受着膝下无子的煎熬；在巨大的思想压力下她接受了牛蛙公司的"代孕服务"，并成功得子。在形势的巨变下，"小狮子"从计划生育国策的执行者摇身一变为"违抗者"，其间经历了来自内部和外部的巨大压力。每个人物都让人印象如此深刻。

另外，整部小说的寓意也非常明显，以"蛙"为名，"蛙"之神形皆有生殖意，"蛙"可同"娃"和"娲"，"娲"是古之神女，化万物者，书名是整部小说的主旨和浓缩。

相比莫言的其他小说，《蛙》对人性的剖析与批判更为深刻，对社会的剖析也更一针见血，让人看得醅畅淋漓！

好一个机智聪慧的红孩儿

《孙悟空大战红孩儿》本意是要写孙悟空智取红孩儿的过程，但我却从文本中看到了一个机智聪慧的红孩儿，一个智慧不输于孙悟空的红孩儿。也许正因有了聪慧绝顶的红孩儿的出现才更能体现孙悟空的本领高强。话虽说如此，不过，红孩儿后来并不是被孙悟空打败的，而是被观音收走了。从这个角度讲，孙悟空未必是红孩儿的对手。这便成了我解读文本的切入点：在大战一场戏中，孙悟空与红孩儿斗智斗勇的情节分析。

孙悟空有自己作为保护人惯有的机灵与警觉，但红孩儿也非等闲之辈，他迅速发现了他的猎物中有个法力高强的，要先将他除去才可得逞。再者，他如果倚势而取或莫能近，只能智取，以善诱之。从这一情节中可以看出红孩儿善于审时度势，理性分析问题并能找到最有效的处理方式。

在孙悟空施法将师傅转在山前头之后，红孩儿的计策并未成逞，他并未放弃，又一次将自己打造成一个身世凄苦、打动人心的弱者形象，拨动了人们心中常有的同情弱者的情绪，成功地打动了唐僧的心，可见，善于打心理战已经是红孩儿高于孙悟空的一招了。

在孙悟空讨要师傅一节中，红孩儿并没有受孙悟空亲情的打动，毫不留情地打击家门口的敌人，并用三昧真火击退了孙悟空的第一次进攻。

选文通篇都塑造了一个机智聪慧、头脑清晰、处事果决的一个英雄少年的形象！

这一解读可以用见仁见智来概括。

经典重读——《城南旧事》

字如其人文如其人，读着《城南旧事》，我就在心中无数次地描摹林海音的模样。她应该如林徽因那般温婉，或者如谢冰心那般温情，或者如张幼仪般宽容，总之不会如张爱玲般的冷峻，或萧红般的悲怆。也不知是喜欢上了作者还是喜欢上了作者的文字中勾勒的鲜活人物，每每读起林海音的文字，作者的身影时不时会闪现在我的眼前，让我浮想联翩。

淡淡的文字，轻轻的笔触，微动的情感：便出现了秀贞那痴情的美丽双眸和双眸下对爱的执着与坚贞，让人动容凄恻；爸爸与兰姨娘那种欲说又止的情感在"我"眼中变得如此真切而机智，小孩用自己的天真和真诚维系着家的温存；宋妈如此勤劳质朴却遇人不淑，多舛的命运让人唏嘘；爸爸的花在"我"六年级如愿登上主席台时谢了，如水一般的生命逝去，也印证了"我"成长的历程……个中人物，在自然的生活里、自然地生活中，走着自己的轨迹，偶尔有一次的交会便催生着生命中多种可能，不必惊喜不必忧伤，生命本该如此——作者不像智者一般以凝重的表情向我们宣讲着生命的意义，而是以淡淡的语气不经意地将生活的哲理形象地演绎出来，表情恬静而淡然，增加了一分邻家女子的清秀。

2014年以来的读书笔记

我们仨

"我们仨"从某种程度上概括了20世纪70年代到近期中国大多数家庭的全部——爸爸、妈妈和孩子的三角形组合方式，最稳定三角形如果缺失了任何一个都是不完美的。生活日日如此、年年如此的我们仨，如果有一天缺失了一个，会是怎样的一种心痛呢？读杨绛的《我们仨》，让人倍加珍惜自己的亲人和爱人。

杨绛和最爱的钱钟书一生可谓大起大落，但在杨绛的笔下和心中平静如秋水，只要有钟书和圆圆，再难的生活再痛的人生也是幸福和快乐的：家徒四壁，什物靠朋友接济；屋仄夜寒，二人披衣苦捱；生活艰辛，唯以读书共乐；功利仕途，视若神马；彼此相携，生死契阔。二人的爱情相知相谐，二人的亲情相容相慰，在如今这个情感保质期失效的年代，杨绛朴素的文字中透露出一种浓浓的亲情意识。

有一晚，我做了一个梦，我和钟书一同散步，说说笑笑，走到了不知什么地方。太阳已经下山，黄昏薄暮，苍苍茫茫中，忽然钟书不见了。我四顾寻找，不见他的影踪。我喊他，没人应。只我一人，站在荒郊旷野里，钟书不知到哪里去了。我大声呼喊，连名带姓地喊。喊声落在旷野里，好像给吞吃了似的，没留下一点儿依稀仿佛的音响。彻底的寂静，给沉沉夜色增添了分量，也加深了我的孤凄。往前看上去，是一层深似一层的昏暗。我脚下是一条沙土路，旁边有林木，有潺潺流水，看不清楚溪流有多么宽广，向后看去，好像是连片的屋宇房舍，是有人烟的去处，但不见灯火，想必相离很远了。钟书自顾自先回家了吗？我也得回家呀。我正待寻觅归路，忽见一个老人拉着一辆空的黄包车，忙拦住。他倒也停了车。可是我怎么也说不出要到哪里去，猛然中忽然醒了。钟书在我旁边的床上睡得正酣呢。

这段带有寓言式的文字道出了每个人内心对亲人的一种惶惧之情，冥冥中似有上苍的有意安排，每个人都在造化的摆弄中动弹不得，只能珍惜当下事、身边人。只有经过才能体味人生的悲欢与离合，杨绛的笔下似有纳兰的味道："谁念西风独自凉，萧萧黄叶闭疏窗，沉思往事立残阳。被酒莫惊春睡重，赌书消得泼茶香，当时只道是寻常。"当初与钟书与圆圆的琐琐碎碎的"石子"生活，如片段珠玑，粒粒珍贵，人生莫不如此，令人感慨万千！

杨绛此生最得意之作绝不是花了数年译完的《堂·吉诃德》，而是生了个伶俐乖巧、懂事体贴、博学多识的圆圆。圆圆一举手一投足带给一个母亲的快乐让已近期颐的杨先生成为晚年生活的鸡汤一遍遍温热不已。圆圆不幸早逝让一个母亲寸断肝肠："我的手撑在树上，我的头枕在手上，胸中热泪直往上涌，直涌到喉头。我使劲咽住，但是我使的劲儿太大，满腔热泪把胸口挣裂了。只听得嘶嗒一声，地下石片上掉落下一堆血肉模糊的东西。迎面的寒风，直往我胸口的窟窿里灌。我痛不可忍忙蹲下把那血肉模糊的东西揉成一团往胸口里塞；幸亏血很多，把滓杂污物都洗干净了。我一手抓紧裂口，另一手压在上面护着，觉得恶心头晕，生怕倒在驿道上，踉踉跄跄，奔回客栈，跨进门，店家正要上闩。"人生最痛苦的事莫过于白发送黑发，从此，我们仨的结构崩塌了。

1997年早春，阿瑗去世。1998年岁末，钟书去世。我们仨就此失散了。就这么轻易地失散了。"世间好物不坚牢，彩云易散琉璃脆。"往日当作"我们家"的寓所，只是旅途上的客栈而已。家在哪里，我不知道。我还在寻觅归途。

君问归期未有期，巴山夜雨涨秋池。何当共剪西窗烛，却话巴山夜雨时。

活着

因为和学生约好一同读书，让我不得不抓紧一切时间来读书，这样不觉得两天又读完了一本余华的《活着》。当我给王盼和刘盟说时，他俩都不相信只说我时间多，我无须与他俩多说，觉得只要定下来的事情就完全可以做到，关键是你想不想做，和孩子们的约定让我没有了推脱的借口，于是坚持将手机与PAD放在一边，读书的时间真的也就有了。每每读完一本书，总是与书中的人物在纠缠、在关切、在流泪，读完这本亦然，我被文字下的人物深深打动了。

有庆：徐老汉的儿子，生于家道破落之时没有过上一天的好日子，对于父亲一直是恐惧多于亲切。父亲为了要让儿子读书狠心将一直带大自己的姐姐送人了，有庆坚定地说着"要姐姐"，在毒打之后不得已才被迫去上学。没有心理的描写只有动作的描述，姐弟深情让人动容。有庆在家里最重要的任务是给自己的小羊割草，每天要在早晨上学前去割草然后快速跑去学校，中午放学快速跑回来继续割草喂羊。奔跑成了有庆人生最亮丽的一笔。为了省鞋子，有庆天天提着鞋子奔跑着，即使寒冬腊月依然光着脚奔跑在去学校的雪地上，日日如此，终于在学校运动会上成就了自己一生最值得骄傲的暖色；也是因为奔跑，有庆着急着为人献血，结果血被抽干死在了冰冷的医院里。

凤霞：徐老汉的女儿，在家道破落之后因一场病而失聪，每天无声无息地跟着爹的后面干着无休无止的繁重的体力活，却开心地为家里默默奉献着一切。即使送人也无声无息，在亲情的折磨下偷偷回来看家人，终于被父亲又一次留在了家中，成了家中重要的劳动力。在有庆死后成为家里温情的纽带，后嫁给偏头的二喜过了几年令人羡慕的夫妻恩爱生活，但却因生孩子大出血而死在了冰冷的医院里。

家珍：徐老汉的老婆，一个城里的富家小姐，因丈夫的不争气将家产挥霍一空，却依然坚守在贫困的家里，成为家中最温馨的人物。一直是家里的顶梁柱，结果却因贫困与饥饿得病，失去了劳动能力，却执着地干着能干的活，多次徘徊在死亡的边缘，却奇迹般地又活下来，在经历了丧子失女的打击之后，生命的最后一滴油耗尽而死去。

二喜：徐老汉的女婿，一个偏头的出卖体力的汉子，在凤霞死后隐忍着带着苦命的苦根活着，直到被挤扁而死去。

苦根：凤霞的儿子，一个一出生便失去了母亲的苦命孩子，在双亲死后跟着外公相依为命，却因饥饿过度饱食豆子而胀死。

徐老汉：一个年轻时浪荡不羁将家产败光的不合格儿子、不称职丈夫，气死了父亲才浪子回头。在经历了拉壮丁，在战场上九死一生后，回到了自己的家中，亲眼看着自己的亲人一个个地死去，徘徊在生活的最底层，经历着人生的大悲与大痛，带着平静的心态活着。

人生的悲剧接踵而来，令人无暇喘息，作者在动荡的历史背景下以冷淡的笔调编织了一幅人生冷暖的挂毯。正如作者所说，一首美国民歌《老黑奴》写了一位老黑奴经历了一生的苦难，家人都先他而去，他却依然友好地对待这个世界，没有一句抱怨的话。作者写这部作品，也是想表达人经历了种种苦难之后形成了对苦难的承受力，没有丧失对世界乐观的态度，而读者也明白了人是为活着而活着，而不是为了活着之外的任何事物而活着。

陆犯焉识

人的休闲方式可以是热闹喧嚣的，可以静心恬适的，读书当然属于后者。假期的某一晚的深夜看完了电影《归来》，当陆焉识每天陪着已失忆的婉瑜举着写有自己名字的牌子准时守候在火车站出口处等待着自己时，我被深深地震撼了。电影里两位戏骨应该说表演还是精湛的，但怎么都比不上文字带给人的冲击力。我记得我在那一天的深夜长久地失眠了，于是我起身上网收搜关于《归来》的更多内容。作者严歌苓的名字清晰地出现在了我的生活中，只有看过了才能深刻地记着一个人，对作者更是如此。

转眼的开学让我读书的热情在忙碌中变得遥不可及。一次朋友小聚时我无意在她家的书架上看到了《陆犯焉识》，于是兴奋地问她借了回来如获至宝。每每在繁杂忙碌中有点儿空闲我便翻翻这本书。如果不是要求学生们十一长假看这本书，我可能还不能集中所有精力去读这本书。结果读着读着我便沉浸其中，所有的家务和事务被我权且抛到了一边，一鼓作气用了两天将这本书看完，让我这两天的假期变得充盈而温润。杨绛说读书是为了让自己成为一个有情趣有温度的人，我在这本书中找到了这种温热的感觉。

一个人一辈子爱着一个人是多么让人纠心的事情，尤其是这种爱在社会的挤压下变得扭曲也在所不惜，这需要多大的爱情定力，只有婉瑜心中知晓。爱情在看似无聊的生活中，变得小心而惴惴。与恩娘同时生活的三人世界让夫妻之爱变得异化，每每夫妻的欢爱因有了偷情的感觉而变得有趣。在两个女人爱着一个男人的关系中，婉瑜永远是被边缘化的那一个，即使她本应是主角。即便这样，即使焉识对她冷漠敷衍，即使焉识在美国浪荡，在重庆偷欢，即使长达二十年的分离，也没能消磨婉瑜心中对焉识近乎崇拜的爱。在岁月的无情压榨里，她已经变得不认识面前的焉识了，却依然还在内心深处深深爱着心里的那个焉识，这种压抑得近乎苛刻的爱让人动情。

那个被婉瑜一生魂牵梦萦的陆焉识在与婉瑜的生活中并没有认真对待与爱护婉瑜。只是在二十年夫妻分离的囚徒生涯中慢慢悟出自己对婉瑜那种微妙的爱情，用自己的后半生弥补着对婉瑜疯狂的爱恋。不惜牺牲生命的逃狱举动即是对婉瑜一次最浪漫的告白。也因了爱，让他主动远离婉瑜，在特赦释放的日子里每天陪伴着婉瑜，用他的沉默与行动表达着对婉瑜最深挚的爱。

相信爱情是作者通过婉瑜和焉识想告诉我们的。

被书中打动的另一个内容便是主人公陆焉识的人生际遇了。一个美国名牌的博士高才生，一个高校的博学教授，一个出口诙谐、妙笔生花的清高文人，一个浪荡不羁以自由为业的富家公子，在生命最华美的二十多年的时间里囚禁在西北边陲那个渺无人烟的高墙里，日日与被生活压扁而冷漠且兽性十足的囚犯同吃同睡，没有了文化，没有了人性，没有了温情，成为一个肤色暗沉、沟壑纵横、满嘴坏牙、便秘梗阻、唯唯诺诺、结结巴巴的老囚徒，总让人想到人生如戏，导演可怖。在这样的戏剧人生里人的坚守到底有何意义？陆焉识总让我想起网络上一个因错当杀人犯而误判二十年的那个河南老人，当他拿着政府的抚恤金回到村子时发现物是人非，一脸对生活与生命的茫然，如果要痛哭应该面向哪一个呢？焉识即使回到了上海，在给孩子补习英文时依然不改对自我的坚守，这种坚守让儿子对他愤怒，对他个人无益，但他还是抱着婉瑜的骨灰回到曾经囚禁他二十年的那片西北荒漠去找寻自由了。人活着是为了尊重自己，也许可以这样理解罢！

看完这本书，让人沉重得心痛，也让人痛快得酣畅！

孟小冬

我也是因为看了电影才知道这世上还有个叫孟小冬的女子，也因为电影《梅兰芳》里对孟小冬含混的解说让我对她有了进一步了解的热情，也因为看了孟小冬让我对梅兰芳有了新的认识。

孟小冬出身梨园世家，十一岁便正式登台演出，十七岁已名满京城，十九岁与梅兰芳结合，四年后两人黯然收场。孟小冬后隐居天津，五年后才再次出山，不定期地演出，后拜余叔岩为师五年，四十二岁嫁与杜月笙，六十九岁在台北去世。

一个女人不算长的人生里，她本最倚重的婚姻与她开了个玩笑，让她年纪轻轻便已历经沧桑，后来嫁得杜大老板也不过是爱妾身份，与她为人妻的愿望相距甚远。她始终还是在依靠自己，打拼于男人的世界里。可以想见她内心的坚定，这也正印了她巾帼反带须眉的霸气与决断，不愧为"梨园冬皇"的中国第一女老生。

她因爱慕梅兰芳而与梅结合，但梅阴柔犹豫的性格让他对两人的爱情多了份自私的想法。这也让孟小冬在梅家的身份变得飘忽不定，安家立命得不到满足让爱情变得如浮萍。终于孟小冬为婆母吊孝被拒便成为梅孟两人异路的导火索，孟小冬连续三天在报纸上登报断绝二人关系："冬自叹身世苦恼，复遭打击，遂毅然与兰芳脱离家庭关系。是我负人？抑人负我？世间自有公认，不待冬之赘言。"爱情中到底是谁负谁已自难清断，但这份启事中可以看见一个悲伤至极的女子的身影，为爱负重而受伤不已的身影，一个在爱情中被遗弃的凄苦身影。事后隐居天津，多年不登台，可见情伤下那颗破碎的心。

另一厢，梅兰芳在业界地位无须多言，在家庭生活方面亦无大过错。三妻四妾于他再正常不过，他爱王明华，他爱刘喜奎，他爱福芝芳，他也爱孟小冬。他做着他那个时代认为公允的事情。只是不管是王明华也好，福芝芳也好，孟小冬也罢，都需要的是完整的家庭生活之爱。这样看来，梅并不是一个合格的丈夫，至多是一个多情的情人罢了，他也应该从圣坛自觉地走下来，让人们重新认识。

不得不说一下的还有德籍华裔作家花映红，致力于国粹文化和四合院人文故事的保护与传承，她精心主持的轿黄府（孟小冬私宅）的重建修整，充分展示了一代中国京剧女皇的古典院落神采之美。从这个角度而言，是需要称赞一番的。

坠落人间的天使——赫本

也许刚看完《孟小冬》的作者那十三分的热情写法，这本写赫本的传记笔法显得冷静了许多，也客观了许多。让我不禁对传记作者有点儿想法，如果是喜欢这个传主，有人可以用自己的文笔吸引读者，如白落梅；有人可以用自己的激情去感染读者，如花映红；有人可以用冷静的视角去呈现传主，如这本书的作者。我不喜欢因激情而去感染读者的写法，有点儿太先入为主，总是抢着为主人公说话，让读者少了自己辨识的机会。相比而言，反倒是冷静客观的语言风格更让我欣赏。将一个人尽量不动声色地摆在你的面前，让读者自己去咂摸、去品味，这本赫本的传记正是这种风格。

之前曾看过微信上一则写赫本与格里高利·派克的文章，将二人感情做了极度的夸张，好像格里高利·派克一生只深爱着赫本一人一样，就如金岳霖一生只痴情林徽因一人一般，有点儿失了生活的本真。这本书将赫本的一生作了完整的叙述。

奥黛丽·赫本，奥斯卡影后，世人敬仰她为"人间天使"。她的父亲是英国银行家，母亲是荷兰贵族后裔。虽说有着良好的家世，但因战争伴随了她的童年与少年时代，所以她的一生是敏感、忧郁、极度不安。战争生活带来的安全感极度缺失体现在她人生的每一个阶段，这让她的一生不因她的成就而幸福更多。她一生没有停止对爱情的追求，一个个男人从她的生命里走过，梅尔、多蒂及那些与她传出种种绯闻的男星们，但依然没有让她得到现世安稳的幸福。只有对自己两个儿子的关爱才是她生命里唯一不变的主题。她晚年致力于联合国儿童基金会亲善大使的工作，她用自己的影响力举行各种音乐会及募捐慰问活动，给贫穷地区的儿童带去食物与温暖，足迹遍及亚非拉许多国家。这些让她作为一个演员的身份而提升了许多。尤其令人感动的是，1992年底，她以重病之躯仍赴索马里探望因饥饿而面临死亡的儿童，后被授予"总统自由勋章"，而她于1993年1月20日去世。看完这本书让我对赫本有了一个更理性的认识，不再只羡慕她美丽的外表了。她只是作为一个普通的人以她的爱心与对待世界的方式生活在我们的周围，让人对她的看法更平实更中肯了许多。1999年，她被美国电影学会选为百年来最伟大的女演员。有评论说：赫本的爱心与人格，犹如她影片一样灿烂人间。

人性的丑陋、贫穷的可怕——贾平凹《古堡》有感

一直想真正了解贾平凹这个作家，于是在2017年年末开始了《废都》的听书生活，可能是我本人对生活阳光面的积极渴望心态在作怪，我听《废都》总有种不舒服的感觉，一来是因为其间过于细腻的性爱描写，二来是太过于真实的人情刻画，让我对这本书喜欢不上来。好容易听完和看完了，并没有特别的感觉，有不过尔尔之感。

但是好奇心让我再打开了他的一部小说《古堡》。这本篇幅远远比不上《废都》，但我还是被里面人物和人物周遭的生活深深地打动了。

两篇小说有相似的笔法和叙述风格，只是静静地在叙述着人物的命运，没有过多的作者评价，让读者在人物自身的行动中感慨忧乐。在作者笔下，文中的人物被一只无形的大手调控着而不自知，《废都》中的庄之蝶在西京因周永的一篇小说卷进了与景雪荫的官司中，《古堡》中的老大在带着全村挖锑矿的致富路上坎坷波折，每个人都在自己的思想意识下生活，却让读者看出了不同的人生况味。

我对《古堡》中勾画的社会样态感触颇多。古堡处商鞅之后的中原地区，贫瘠落后，思想狭隘。老大在村里属于有头脑先富起来的青年，爱家爱村，为富有仁，希望用自己的双手改变村里落后的状态。他不止于自家致富，还带着说东道西的村人一起挖矿，他的一腔热心却得不到村人的理解。村附近不时出现的麝成为村人判断事物的指向标，自私懒惰的村民对老大的宽容视而不见，

对老大因轻信失财却步步紧逼。每个人都被自己的内心与猜忌所裹挟,容不得失败,只能坐享成果,绝不共担风险,人性自私的本质刻画得淋漓尽致。外面的人和当官的人成为改变思路的唯一方法,自我全然离场,人如躯壳。这才是农村落后贫困的根源,这总让我想起路遥写的《平凡的世界》一样的贫穷,一样的落后,一样的努力改变,一样的挫败,但绝对不一样的结局。《平凡的世界》的孙少安、孙少平过上了让人们满意的生活,《古堡》中老大被判刑三年,小梅、云云和光大再次陷入生活的迷惘与心灵的贫瘠。一个写意一个写实,不比较就没有伤害。这才发现了贾平凹的功力,优秀的作家让人阅尽人生百态,洞察世事沧桑。不出门便可知天下事和人性美丑善恶,读完古堡就给我这种感觉。全书充满着隐喻,整个村庄如同封闭的古堡一般,唯有冲出破除才有希望。

暖意习习——东野圭吾《解忧杂货店》有感

前些天从校园回家,刚好碰到同年级的胡老师和大学放假来看望她的一位女生。我一看那个女生还有印象,我也教过她一个学期的分类课。她说我一定不认识她了,我说我认得你,只是你的名字我不记得了,你曾经向我推荐过当时最喜欢的一本小说《解忧杂货店》。看到你当时看完后兴奋的样子,激发了我对此书的兴趣。关键是这个名字在2013年时听起来是那么的鲜活和生动,于是我记住了,后来不知何故,我始终还是未曾看,包括后来我自己教的学生在课堂上推荐时,我也并没有看过。说起来都汗颜,不过,孩子们不断读书推荐书的行动最终还是激发了我近三年来不断听书看书的行动。我喜欢在干家务时听着喜马拉雅上自己喜欢的小说、散文或传记,不觉间也听完了不少的书。有时嫌慢,就买来书直接读完,所以我的读书生活应该以听读为主,这个学生给我的推荐也一直是我的一个结,这次在听完贾平凹的《古堡》之后,我开始走近《解忧杂货店》。

这本书一开始我并没有听得太明白,只好上网看小说,搞清楚了原委后才接着听下去。作者用玄幻的方式将一个名叫浪矢杂货店的旧铺子作为一个能穿越时光的机器,有三个生活窘迫的年轻人误入其间,却发现了这个店铺不为人知的秘密，替人解忧，并且能回到过去。

共有五个故事串连起来，一个叫玉兔的女子纠结在参加东京奥运会训练和陪伴时日所剩无多的恋人的矛盾之间；一个叫克郎的有志于音乐的年轻人在三年时间未有明显发展，在坚守信仰与继承鱼店之间徘徊；一个与有妇之夫有私情的女子纠结在生不生下来自己的私生女的痛苦中；一个叫浩介的男孩子在家庭破败迷恋爵士音乐失望后在和家长一起潜逃时的迷茫；一个叫腾美的女孩子想报恩于养外婆并想通过做招待女生活的矛盾；当然还有解忧杂货店认真解答每一封来信的主人浪矢爷爷，他的认真与不苟让迷途的人找到了自己心中方向，他的回信也让浪矢爷爷自己的生活有了别一样的意义和价值。五个故事内在有机关联，浑然一体，没有割裂开来，足见作者的架构水平。我听完倒是对小说要反映的主旨颇有感触。

生活中烦恼无处不在，每个人都在与烦恼的斗争中不断更新自己，有时的斗争是自我解决，有时是借助于外力。而浪矢爷爷恰好做了这个和谐的外力，让有烦恼的人在倾诉中求到一解，给人阵阵暖意。来自心底的真挚与真诚是让人顿悟的最好方法，文中有段话我觉得很有意味："当事人的理解并不忠于帮助她的人的初衷，有时候甚至是相反的。这大概也是心理学上一个通常的原理。"是的，每个人最终还是忠于自己的内心的，但解忧的过程是充满温情的。

充满温情的结局是三个年轻人的自我救赎，试以一段原文体现：

如果把来找我咨询的人比喻成迷途的羔羊，通常他们手上都有地图，却没有去看，或是不知道自己目前的位置。但我相信你不属于这两种情况。你的地图是一张白纸，所以即使想决定目的地，也不知道路在哪里……换个角度来看，正因为是一张白纸，才可以随心所欲地描绘地图。一切全在你自己。我衷心祈祷你可以相信自己，无悔地燃烧自己的人生。

这段话是如此的鸡汤，却又如此的动人。最终三个曾是小偷的年轻人也从解忧杂货店获得了人生的答案。

暖意习习，是我听完后最直观的感受。

一个女人的史诗

一般听完一部小说我都会有特别突出的形容词浮现在脑海中，但是听完严歌苓的《一个女人的史诗》，我觉得没有什么比这本书的名字更能代表我的感受了。一个女人的史诗，落点足够小，生发足够大。小说里面一群普通女人的命运随着时代沉浮起落，写就了一部生命的史诗。

田苏菲，小说中的灵魂人物，十六岁岁因畏惧强势母亲追问一件绿色毛衣下落无法找到托词时，惶然和同学伍善珍结伴参加革命，弃家而去。走时混沌，革命时也惘然。她一扫一般革命者的浩然正气，显得小里小气，极尽女人本真特色，真实而热烈地在革命队伍中成长。终于在生命最灿烂的时候找到了自己一见倾心的男人，热烈地追求，即使与对方的爱不对等也不妨碍她用尽一生去拼命地守卫着这份爱情，直至这个男人的消失……

这是一个成长中的女性，刚开始时的简单、热情、没有心脑，恰恰是她内心纯净的表现。她的单纯带给她工作上的成功，而她内骨子里的果敢让她大胆追求自己的爱情而拒绝权势的诱惑。拒绝都汉的爱慕，与欧阳蔓的结合，总是坦坦荡荡，光明正大。即使因为未婚先孕受到处分也不能掩饰她因爱而幸福无比的真挚的内心。

随着时代的变迁，她慢慢在岁月的淘洗下审视自己的爱情，在捍卫爱情的生活中变得坚韧、坚强，欧阳蔓每天的批斗生活有小菲细心的鸡蛋补充体力，欧阳蔓在批斗会上的不堪有小菲充满爱意的解围，每个月省出的费用，换成鸡蛋，作为一月一次探望在农场改造的欧阳蔓的补品。谁说爱情不能在文化意识不对等的两人中产生？患难中的不离不弃，已经让欧阳蔓和小菲这对冤家产生了浓烈的爱情，只是当事人自己不尽了然罢了。一个女人用一生坚守和渴望的爱情就这样悄然而生，后又悄然而逝。一个女人为之一生坚守的情感似乎始终得不到尽如人意的表白，说不清是悲剧亦道不尽是正剧。

与欧阳蔓不对等的学识门第结合，就意味着两人的结合是一个长期的磨合过程。结婚其实是一个人对另一个人的妥协，是一个家族与另一个家族的斗争相融的过程。婚后种种不能合拍的生活恰恰反映了两人隔膜的厚重，这也是时代造成的一种现象。面对这样的家庭，小菲完全下意识地改变自己，不断的调适着自己，只为心中对欧阳萸那腔赤诚的爱。她为他成为锅炉工也在所不惜，她为他背负巨债也快乐无比，她为他将自己饿得几成纸片人也神气十足，欧阳萸仿佛成了她生活快乐的所有源泉。这种爱，爱得近乎痴狂，近乎疯傻，如此真挚的性情也只有在小菲身上淋漓尽致地体现出来。一个女人一生的际遇随着一个男人的社会沉浮而起起落落，唯一不变的是这样一种近乎信念的爱情，所以，一个女人的史诗，就如同在说一个女人因爱而改变自己、重塑自我的发展史。因为一个男人而坚强、成熟、果敢、决绝，在与男人相伴的爱情生活中成就了自己平凡又不非凡的一生。

她不伟大也不高远，她就在我们身边，为着丈夫的变心而痛苦不已，为着女儿的青春负气而伤心不止，为着家庭的重负而泼辣十足，为了男人的心恰也得意良久。她有着所有女人身上共通的特质，不曾远离我们，让我们从她身上真切地看到了自己，看到了生活的不易，也看到了生活的甘甜。苦乐相生让我们淡然面对生命中一切的过往，无问东西。

当然里面的女性很有特点，小菲的妈妈，一生一辈子要强，为了女儿一家可以低头屈膝，自有另一代人的风貌，还有小菲妈妈的妈妈，一个地主婆的曲折一生，则是另一个女人的生长史，三个女人共同诠释着生活的巨变，人世的沧桑，时代的更替，世事的无常，命运的偶合。也恰恰是这些，共同汇成了时代的洪流，裹挟着我们身不由己，又身能自己。

我在兴奋中听了并快速读完了《一个女人的史诗》，且快速打开了严歌苓的另一部小说《妈阁是一座城》，期待我又一次奇异之旅。

小姨多鹤带给人的震撼

看完《妈阁是座城》后并没有这么让我触动，我用了两天多一点儿的时间连听带看地将《小姨多鹤》看完了，久久不能平静，打开了在家久已不用的电脑，想写下一些自己对于两人女人和一个男人的看法。

竹内多鹤是在中国东三省开拓团里普通的日本女子。1945年日本战败，整个代浪村村民要集体自杀报国，留下渴望求生的多鹤。在全村人集体大逃亡中她被用口袋装着论斤卖给了黑龙江一个铁道站长家当作生育的机器。他的男人二孩只把她当作生育的工具，这样她便与张二孩后来也叫张俭的男人及男人自己钟情的媳妇朱小环三人开始了畸形的家庭生活。

为了逃避众人对他们质疑的目光，他们仨人从家乡避到马鞍山再南逃长江边上南方的一个小城，只为了认真为张家传宗接代。在这样的日子中三人结成了微妙的关系。

多鹤在与张二孩之初的夫妻之实只为传递香火，张二孩带着对日本人的痛恨泄愤似的在畸形地维系着与多鹤的夫妻生活。在南方一个午后，不经意的邂逅让他第一次认真地爱上了这个身份很微妙的日本女人，从此开始了一段在两人日后回味一生的爱情生活。每一次幽会的惊喜都成了日后维系生存的依靠，多鹤在这个家里的影子式存在让整体家庭变得与众不同，她的执着又在时间的延续下改变着这个家里的每一个人。她的一生都在努力为家庭里的孩子们和大人们工作着，默默坚守着。

张俭沉默中认真维护着这个奇异的家庭，直到两个工友小石和小彭的出现让这个家庭的生活有了变化。两人对多鹤的多情，让他们发现了这个家庭的不同之处。小石的死似乎是意外又似乎是有意，让整个家庭的关系变得更加微妙。连这个家庭里的三个孩子也受着奇异家庭的影响，女儿对自己的家庭成分刻意隐瞒，最后被发现而被滑翔学校开除；大儿子也和家庭划清界限。整个家庭因了多鹤的存在而始终带着一种巨大的灾难感，如一块巨石压得人喘不过气，人物都是灰蒙蒙的。

文中最让我欣赏的是朱小环这个张家的掌门人。她年轻怀孕时遭日本鬼子追赶而从牛背上跌下流产并且终身不能生育。她因张二孩家买了要生儿子的多鹤而一气回娘家，但当丈夫和婆婆来接她时，她刀子嘴里透着对丈夫的深深爱意。在丈夫与多鹤生了女儿时她坚持了三个月没看孩子，结果一看便真心爱上了孩子，当作自己的心肝来疼来爱；她在丈夫和孩子们受到不平待遇里，总是能泼辣地站在最前沿，替家里的每一人出气；她在丈夫与多鹤真心相爱被人捉奸时，大方跳出来为丈夫解围，内心却是无比疼痛；一直懒散惯了的她，在丈夫被判死缓后靠着小偷小摸和广结人缘，让这个濒于崩溃的家能维系下去；她在与多鹤的争吵斗嘴中建立了深挚的亲情；她在多鹤回到日本后，在女儿和大儿子的绝情下孤独地与大黑子相依生活的晚景，都让人嘘唏不已。

在这样一个家庭里，人性的善与恶都体现出了最本真的样态。多鹤为了维持家庭所需任劳任怨地努力工作，为了自己心中的那份对亲人的爱，几十年如一日无悔地劳作。小环为了家里每一次危机出现时机智化解，为了家里每一个孩子的真心照顾。张俭为了家庭的安全而默默无言地工作，为了多鹤的安全而做的惊人举动。这三个人组成了最和谐的爱与最真挚的亲情；大儿子张铁的善变与势利又让人看到了人心的极度凉薄；小环最后与黑子孤独相伴的凄婉，让每一种人性回现在你的眼前，让你欲说还休欲罢不能，真的爱与假的意水乳交融在一体，分不清你我，分不出彼此！人生本就是这样一本很难分得清的账簿，你对我的意，我对你的情，永远不可能均等，有付出的就有索取的，有善意的就有委蛇的，真真假假，让人不得不感叹：人生永难如人意！

一个冤孽的成长史——听《杜月笙传》有感

在喜马拉雅上听书已成为我的常态生活，随便浏览兴致使然，无意间看到了《杜月笙传》，对他和孟小冬的关系颇有兴趣，于是便下载下来顺便一听。结果这个听书内容要收费，只让听10集，后面要收费，对于我不爱掏钱的个性，我便打算上网一搜了，不过听完了10集还是有点儿想法的。

家境贫穷到一无所有的杜月笙，从小就有着改头换面的意志，只是环境让他沉溺在赌博中不能自已。即使自我忏悔，但发财的梦想让他一次次流连赌场，这像极了《妈阁是一座城》里的梅晓鸥等将赌博视为生命的人。人在环境的发酵下自然成为环境的产物，所以当杜月笙将从人手中收来的钱全部赌光后只能狼狈逃窜，沿街抢食以解口腹之饥。可以说，少年杜月笙的成长史写尽了底层人的窘迫生活。每个人都在自己的环境下努力挣生活，不关品德、无关境界。

造化弄人更让我们反思环境营造是每一公民的社会良知。我们已知大势已去，却不知未来已来，这句话让我们当老师的当头棒喝。学生十二年如一日地在校园生活，如果是唯分数是论的生活，可能便只有分数的高下了，如果是生长的环境，容错的环境，那么学生便在此生活立命了。

生活的重压并没有将杜月笙压倒，他碰到了生命中的贵人。他的水果摊老板如此善意待他，即使偷了他的钱也只字不提，不计前嫌，让他愧意顿生，重拾做人的信心。

得到引荐能在黄金荣的手下当差是他生命的转折点。他经历生活的波折变得谨言慎行，这才有机会与何贵生走近，他能衣不解带地伺候何贵生，可以看出他逢迎投合的性格。他拿着一支手枪坐着黄包车漫无目的地搜寻偷红土的小偷，从法租界到英租界的推想，让人看到了他机智过人的一面。他在当时境况下巧妙左右局面，又让人看到他擅控大局的特点，可以说多样的丰富经历让杜月笙一步步成熟起来的。

真实的描写中透露出生命的坚韧
——听李娟的《我的阿勒泰》有感

这次的乌鲁木齐的二模试卷又一次选择了我们新疆的文化名人李娟的一篇散文。我记得前几年也选了她的一篇文章作为考试内容，可能因为新疆出去的作家不多，除了刘亮程就是李娟了吧。作为一个新疆的语文老师没读过的她的文章真的有点儿汗颜，于是马上行动起来，下载了她的一系列的散文在这几天加紧学习。

一听竟然深深地被打动了，我感受到了一种前所未有的真实而真切的生活，也从这种真实的生活中感到了生命的坚韧与伟大。

我在周五走路去开会的路上，小伙子胡安西让我认识了一个从小在牧场长大的孩子。孤独地一个人与羊圈为伍，开创他的游戏空间。从小便自然形成了为家里扎冰干活的劳动习惯，坚韧而乐观，善良而单纯。一个草原上最真实的生命自然呈现在你的面前，与熙攘人群中的人们如此不同，让人一下就记住了生命最初始的样子，优美而唯美。

我在整理厨房时，听着外婆不远万里来到新疆，经历坎坷依然坚韧地奔波在生活中，会为了"我"不吃早餐摸到学校，一间间地找到"我"，送来爱心早餐；会不提及外公败家带来的艰辛，只是努力为生活挣扎，宽容地对待已经过世了几十年的人；会因为回到四川故乡而和乡民开怀大笑，一展亲近故园的深情，然后寂寞地躺在了距家乡万里之遥的戈壁滩上长眠。一个平凡、朴素的生命在我们身边如此繁多，却这样深深打动着我的心。

我在下班回家的路上，听着哈萨克牧民纳德亚一家在春季的牧场辗转，在去哈国的路途中受挫；听着寂寞的草原上一个家庭居住在一地的深沉寂寞，让一个陌生的人如此有兴趣地看"我"拉面，看来了一家河南移民带来邻居的欢喜之情，看"我"从乌鲁木齐为家里每个人带回礼物的欢欣，看"我"的母亲自从去了台湾之后的话语变化与自豪。一切都那么真实而真切，却又让我感受到了生命的坚韧与伟大。

知行合一的王阳明

如果不是到北京培训，我对王阳明或朱熹等宋代的理学家们颇不感兴趣，但是去北京参加双名领航工程后，我全然转变了看法，于是回家第一天就开始在喜马拉雅上收听《知行合一：王阳明》，听到这一周，已经快十天了，六十一集我已听完五十集，已经从年轻思路灵活的王守仁听到了闭眼谢世的王阳明，让我初步感受到了一个一心向良知的心学大家为国为民耗尽自己最后一丝气力的故事，很有想法，每每在回家途中想回家立就，但又懒于执笔，一直未能成文。

一天，天晴风狂，我在办公室小憩片刻后有了要写一写王阳明的想法。

在蛮荒的龙场，王阳明悟出了"圣人之道，吾性自足"，即人人皆有良知。物格知致，"格"就是"正"的意思，正其不正，便归于正。心以外没有"物"。浅近而言，人能"为善去恶"就是"格物功夫"。"物格"而后"知致"，"知"是心的本体，心自然会"知"。见父知孝；见兄知弟；见孺子入井，自然知恻隐；这便是"良知"，不假外求。倘若"良知"勃发，就没有了私意障碍，就可以充足他的恻隐之心，恻隐之心充足到极点，就是"仁"了。圣人之道，从我们自己的心中求取，完全满足。归纳为八个字则是"吾性自足，不假外求"。用王阳明的解释就是，人人心中都有良知，良知无所不能，能解决一切问题，不需要任何外来帮助。

这一段话说起来容易，做起来并非易事，但是从王阳明实际的工作中确实让人看到了巨大的威力：凭借知行合一的强大力量，王阳明率文吏弱卒，荡平了江西数十年巨寇。凭借知行合一的强大力量，王阳明以几封书信，一场火攻，三十五天内平定了宁王之乱。凭借知行合一的强大力量，王阳明从根本上扫清了困扰明政府多年的广西部族匪患。这几件事用简单的语言概括并非是事情本身简单，事实上，在实际过程中充满了王阳明智慧的斗争策略和一心向民的良知力量，才让他在这三件大事上显示了非同常人的力量。

让我感慨万千的还有，王阳明生在那样一个政治不昌明的时代，能够隐忍为民，遵从自己的良知，静心讲学，传道播学。即使是在匪患猖狂的战争日子里也不改他教育家的本色，总是不动声色，这种强大的内心定力是他非同常人最大的地方。即使是在平定宁王叛乱，在皇帝朱厚兆百般厚颜无耻行径之时，还想着江西的百姓安宁自迎皇帝。在朝廷各种权利倾轧中得不到应有的地位亦无动于衷，只想一心传播他的良知，让更多的人用良知改善社会，这种境界与格局也只能是圣人才有的。

"我心光明，亦足何言？"的遗言，让人动容，确是如此，一生光明行事，磊落做人，遵从良知，教化百姓，敦睦一方，守土尽责，这样的一位心学家，让人敬仰。

知易行难的王阳明

很想将王阳明的心学再细细品味一番，所以当听完《知行合一：王阳明》后，我只是大概知道了一个轮廓，于是又下载《知难行易王阳明》和郦波教授播讲的王阳明，希望能对王阳明和他的心学再理解得透彻一些。

第一遍听完，只是有模糊的认识，我是一个文字感觉强、听觉能力弱的人。或许是因为在听的时候心思不够专注，所以对王阳明的理解是片段式的，希望再听一遍时能对他的哲学思想理解得更清楚些。

不过，我发现在听书的时候，我对叙事性的情节记得比较牢，对思想性的内容听完就忘记了，所以到目前为止，只能零星地记着一些片段，对他的身世倒是有了一个完整的印象。

王阳明从小就显得与众不同：出身书香世家，祖上是王羲之一宗，祖父王伦、父亲王显都以读书为高，父亲还是状元郎。在这样的家族里出生，他一出生就带着祥瑞之气，比如他的祖母梦里的彩云送子。他五岁前不会说话，一改王云的名字之后就能将祖父在书房里读过的书全部复述下来。至于这些桥段的真假已不重要，但可以说明他的确是一个从小禀赋异常的孩子。

他的不同体现在与老师的对话中。当他询问老师何为天下第一等事时，老师想当然地以为是读书入仕体现个人理想价值，而小王阳明则说天下第一等事为读书做圣贤。这种抱负很有周恩来为中华崛起而读书的气魄。

他的不同体现在从小对象棋和军事着迷。他只身一人去找也先族，在也先族部落里生活了一段时间。他和同时代一心只读书的人志向显得尤为不同。

他的不同还体现在去江西和朱姓女子结婚时竟然和和尚谈道忘记了良辰吉时。

这些少年时就显示的不同表明他是一个真性情的人，这为他日后的所作所为提供了必要的物质和精神支持。

红楼一梦断人肠——听《红楼梦》有感

某一日，有了一个宏伟的计划——把四大名著认真地听或读一遍，首先选的是《红楼梦》，这是我断断续续从未认真读完的长篇巨著。只是对电视剧印象太深，又加之我是一个只喜欢快乐结局不喜悲剧的人，所以碰到"忽喇喇似大厦倾"的凄楚不忍卒读。如今因为年龄的变化，事事宽和通融了些，也能平和地看待悲剧了，所以才能用时两个月将《红楼梦》听完了，时间虽久，但确都是利用间隙时间一点点累积起来的，比如打扫家里卫生时，下班走路回家时，外出锻炼身体时，在浙师大学习时，在宾馆一人独处时，等等，所以还是颇有成就感的，让我自感 是一个善于珍惜时间之人。

我听书总有一个特点，先听然后入境，便急切地去买书来看或上网在线阅读。因为听得虽说有趣，毕竟太慢，不如直接阅读来得快，来得更有文字的厚重感，这次《红楼梦》也是如此。到最后，我捧起家中的四本名著合订本，急切地看完，像是要给自己的阅读行动一个完满的结局一样。这是文字造境、打动人心最真实的感受吧。

其间多次想写点对《红楼梦》的感想，可我没有之前那么勤快了，只是一想并未动笔。某夜看完之后很有胜利者的感觉，必须要写下一点儿想法了。

《红楼梦》的第一个人我想说的是王熙凤，如果只看文字内容不考虑各种评价，我眼中的王是一个善于持家、精于算计、争强好胜的聪明俊俏媳妇，一个严守礼教，侍候公婆长者，嘴甜牙俐，讨人喜欢，善于周旋的一个年轻女子。放在当代的社会，就是一个职场上货真价实的白富美，很可能是企业的老总或CEO。一个女人能将个人价值充分展现出来，是需要多方面智慧的，王熙凤充分地展示了自己在这一方面的才华。不过，作为女人，她也有面对婚姻狠毒的一面。比如在贾琏纳尤二姐为妾一事上，她的工于心计，置人于死地的恶毒又让人不寒而栗。但她在对待自己的家庭和家庭上的事事规划、处处操心更让人看到了她作为"大管家"的不易。我想《红楼梦》让人动心的主要原因是将人完全写活了，你意识不到文字的虚构，完全被里面人物的命运所打动，为之着迷为之沉醉。

我喜欢王熙凤是因为她很接地气，真实地体现了一个女人的不易。反而我一点儿不喜欢贾宝玉，一个痴情种，只和女儿家厮混，为女儿家情迷，全然不能承担家庭赋予的责任。在贾府遇到抄家人死大事之时，他总是在精神上不在场，不能给人以依靠。所以就让我由衷地同情薛宝钗，她将是又一个王熙凤。当男人不强时，女人必然从幕后走向前台。宝玉只是精神上与黛玉相合，全然不妨碍他在现实中的花心，心疼金钏不舍晴雯，小红、五儿都是他喜欢的，旁边还有袭人，我看完之后觉得他很滥情，实在看不出他的反抗性，最后从考场遁世而去，也只是将身形避世而走。所以，我对宝玉实在没有太多欣赏之意。我对黛玉的感觉和宝玉一般，无衣食之忧的千金小姐在闺中兀自感伤，像个有抑郁症的患者，能够完全操控自己的生与死。当然，文中神瑛侍者与绛珠仙草灌溉之报恩前缘可能决定了两人在文中的情愫，不过作为一个现实主义者，我不认同这样的两个人。

我欣赏的另一个人是贾母，一个洞明世事、经察风雨、随遇而安的老太太，富贵时能安享太平，辛苦处能团结族人，遇到元妃之死、黛玉之死能想明白，不钻牛角尖，让自己的心里能始终宁静，是一个很会自处的人，这是我欣赏她的原因。

在浙师大时和导师们曾说过《红楼梦》，蔡导说他一点儿看不下去《红楼梦》，全是家庭琐事，其实我这次听完也是这种感觉，很庞杂很细致，有点儿无聊。不过细想想，从文字的写作来看，正是善于观察生活、体悟生活，才能将活生生的现实一点点搬到文本中，让人沉醉其中，欲罢不能。所以，虽然我有不同的阅读体会，但不妨碍这部巨著熠熠的光辉。

红楼一梦，梦里不知身是客，一夕贪欢，醒来皆成空，为谁辛苦为谁忙，红楼一梦断人肠，是为《红楼梦》的一点儿感想。

鲁达其人其事——读《水浒传》有感

鲁达，法号智深，是《水浒传》中出场较早的人物。我目前只看到他和林冲结交，已经很有一点儿想法了，不妨写下来。

鲁达的出场是和史进的相会，一出场便是个粗壮爽朗的汉子，头裹芝麻罗万字顶头巾，脑后两个太原府纽丝金环，上穿一领鹦哥绿纻丝战袍，腰系一条文武双股鸦青绦，足穿一双鹰爪皮四缝乾黄靴。生得面圆耳大，鼻直口方，肋边一部貉�胡须。身长七尺，腰阔十围。只看穿着，绿黄金的颜色搭配便是醒目，属于中上阶层人士，生活无忧；再看相貌方方直直，棱棱角角，一种性格不羁的感觉；面圆耳大，长相粗大，性格上已给人粗悍之感。

再看他与人的交往，只因知道史进是九纹龙，便相邀一起吃酒，豪爽可见一斑。碰到史进的师傅江湖卖药的李吉，不等李吉向围观群众讨钱便将人一并喝走，做事鲁莽不考虑他人感受，是个直来直去的汉子。

和史进在酒馆喝酒，听得女子啼哭，便仗义相助金姓老人和他的女儿逃离郑关西的辖制；粗中有细地缠住店小二不能去给郑官西告状；他直接找郑关西理论，然后三拳打死郑关西，力大无比，功夫了得，不得已踏上逃亡的路途；因不识字直奔追捕自己的告示前，幸好金姓老汉一把抓走才逃过一劫。助人者人自助之，鲁达救了金姓老汉，又得老汉相救，人生因果自不待言。老汉的女儿做了赵员外的外房，受赵员外之荐到了五台山文殊院剃度为僧，只为生存需要并非心念缘起；在五台山的鲁智深并不消停，两次喝酒大闹五台山，让人人自危无法相处；只得再次遣返至东京大相国寺做职事僧，结果途经桃花村，为救刘太公的女儿不与山匪周通为妻；他的处理方式很简单，"打"字当头，自然又惹出与李吉、周通的相识；因看不得他俩的小气，乘两人下山抢劫之时，将山上的财物打包走路；之后又大怒烧了瓦罐寺，来到东京也不过又是通过拳脚打通人脉。

情节环环相扣，倒是饶有趣味，只是对鲁达其人，真心不敢恭维。我想他只因一女子啼哭扰了他和史进喝酒的兴趣便是不乐，结果直接帮助金姓老汉与女儿逃跑，只三拳就打死的郑关西。这个过程中他的鲁莽多于他的仗义，难道这件事没有第二种、第三种解决方案？文中表现绿林好汉的生活与我们目前的生活实在相差太远，让人对他不禁惋惜。

打死人要偿命让他从此逃命天涯，自己原先的生活境况全然改变。我在想，当金姓老汉的女婿推荐他到五台山剃度出家为僧，他可曾有一瞬想到自己做事过程中的理智问题。既然出家纯为活命头脑中全无半点佛性，于是他在五台山不得安生，途经桃花村瓦罐寺也是事端不断，这样的一个人在乱世靠逃亡自处，如果在安稳的现世，他又会是怎样的不得人心、无法稳妥相处呢？

可能也正是因为他和我们经常标榜的人大不相同，才让我对他有了更多的想法，也更看出文章的精湛，让人沉浸其中，与人相沉浮相喜忧。

朴实的尘世生活之景——读水浒杂感

我似乎又回到了重写文章的动力中去，这几天刚刚开始听《水浒传》也让我有了及时记下自己想法的冲动。水浒中描绘的生活与我相去甚远，生活理念也差之巨大，所以只能是以欣赏的态度去看待另一种生活。这几日在听鲁智深和林冲的部分，突然对里面的小人物产生了浓厚兴趣，对这些小人物们组成的市井生活也着实有了一些想法。

其一，受恩报恩的人情交往。鲁达本是提辖官，只因无意中帮助了金姓老汉和他女儿逃离郑关西的节制而惹了官司，在逃亡途中又受了金姓老汉的帮助去五台山剃度出家。林冲在被刺配沧州东王庙时偶遇曾经救助并接济的店小二，于是店小二报恩回馈林冲。受之以恩必以恩情相报是文中描绘的一种人际交往关系。反观现在，受之别人之恩，有人回馈有人未必回馈，受之当然的人大有人在，让人警醒。

其二，强者受人尊敬的心理。鲁智深在东京大相国寺被一泼皮无赖讹诈羞辱不成，反痛打这一群泼皮无赖，倒拔垂杨柳以自己的能力受到了这一帮人真诚的尊敬；林冲在柴进府上被洪教头轻视，结果二人比试时棒打洪教头，洪教头落荒而走，林冲的精湛武艺赢得柴进的敬服；杨志在梁中书府中与两位正规的军中军官比试身手大胜而出，竟然可以从囚徒转而跃升军官，可见，人们对强者的崇敬心理。

其三，质朴的人情关系。杨志卖刀被大虫牛二胡拌蛮缠愤愤杀死牛二，让周围百姓做个证人一并见州尹府官，大家纷纷为杨志作证，并给他在牢里接济衣物，这种单纯的人情关系让人感慨万千。大家真诚地说真话，让所有的事情显得清晰而明确。现在的各种消息一出，让人半信半疑，不知是真是假，真假难辨已成人的第一感觉。

我读水浒，欣赏之余感慨良久。

水浒人物结局杂说

读水浒从未把结局认真读完，这次一则因为定了计划二则因为年事已长，所以倒也平静地读完了整部著作，对人物的结局不免叹惋一番。

很佩服浪子燕青的识时务而自走的睿智。话说宋江引一众人马回京封赏途中，燕青劝主人玉麒麟卢俊义辞官归隐，以终余年，但卢俊义却希望封妻荫子、衣锦还故乡。虽为主仆，但更可见燕青的远见与卓识。燕青以韩信立大功却斩首于未央宫前、彭越剁为肉酱、英布丝弦药酒的故事劝说卢俊义。可卢俊义却以韩信三齐擅称王教唆陈豨造反、彭越杀身亡家不朝高祖、英布九江受任却谋汉帝江山为由为自己解脱。受正统思想影响的卢俊义进京接受上皇赏膳，食水银而自坠淮河，至死可能都不明白自己罪过何在。燕青出走杭州自有自己的快意人生，卢俊义让人嘘唏的结局更能看出燕青审时度势的韬略。

好汉英雄能战死疆场当也是一番快意与洒脱。梁山一百单八将，竟然有五十八人战死于征剿方腊的大小战斗中，占比超过百分之五十，竟然有一半还多。死亡人数之众，可见方腊势力之强大，盘踞江南时间之长久，也看出整个社会之动荡不安之全貌，国将不国，家将不家。且不说方腊之正义与否，单说宋江在剿灭南军之时，如有自家兄弟被杀，必定报仇屠戮然后快意，血腥气十足，看了让人心惊，江湖义气远在正义之上的价值观着实让人不敢苟同。试想他日我若为草寇，一定又是另一个方腊矣！话且休住不提，只说这五十八位好汉的归宿，战死沙场，死得其所，至少让自己一生的草莽英雄形象光辉始终，虽不能说是善终，但还可算得体地退出舞台。

只说回京封赏的好汉中，呼保义宋江自始至终秉承"忠义"二字，希望朝廷招安封赏。可惜他忠心的朝廷昏愦无能，小人当道，奸人媚惑，"我本将心照明月，奈何明月照沟渠"，时运不济，命途多舛，能奈宋江何？于是被毒酒药死是他必然的结局，也是梁山一众好汉被奸灭的明证，让人忍不住掬一把同情泪！其后用处处托梦的浪漫手法安慰一众读者，更让人心中感叹不已。

被水浒中精彩的人物所感所迷所叹，恰是经典带给人的审美体验，如饮醴醪如啜佳酿，回味良久，不能自已。

举重若轻的《三国演义》的开场语

传统经典语言表现张力十足，一部《三国演义》，开笔便不同凡响。

《三国演义》的起势似乎缘于天道，作者用一句概括了天下大势分久必合合久必分是一种历史规律。汉末桓、灵二帝怠政，宦官专权，天降种种不祥，民间张角受南华老仙授《太平要术》，得真经号称"太平道人""大贤良师"聚众立旗，以黄巾起事，声势浩大，朝廷急募人才平叛乱。

在此情势之下，刘备出场。他不甚好读书，性宽和，寡言语，喜怒不形于色，素有大志，专好结交天下豪杰，生得身长七尺五寸，两耳垂肩，双手过膝，目能自顾其耳，面如冠玉，唇若涂脂；中山靖王之后，至他这一辈，已经家徒四壁，贩屦织席为业，家住涿县楼桑村。

此一段文字看来，刘备虽出身皇室之后但早已衰微，不过志气不减丝毫。他少年时代对着家乡的大桑树口出狂言："我为天子，当乘此车盖！"人小志大，不同凡人。稳健平和、爱和豪杰人士交往的性情注定了他一生会遇到许多同道中人。

刘焉发榜招军时，二十八岁的刘备还一事无成。见榜当日即碰张飞，身长八尺，豹头环眼，燕颔虎须，声若巨雷，势如奔马。家境小康，世有庄田，卖酒屠猪，专好结交天下豪杰。生活富足的张飞与贫寒的刘备因为共同的志趣相吸，恰又碰到一推车大汉欲去投军，身长九尺，髯长二尺；面如重枣，唇若涂脂；丹凤眼，卧蚕眉，相貌堂堂，威风凛凛，河东解良人，因杀仗势凌人豪强逃难江湖五六年，来投军应募，此人恰是关羽。如此桃园三结义的三位主角悉数登场，开鼎足之一角。

人生的际遇，在如此必然而偶然的情况下皆付笑谈中。

桃园三结义人物背景

	刘备	关羽	张飞
肖像	生得身长七尺五寸，两耳垂肩，双手过膝，目能自顾其耳，面如冠玉，唇若涂脂	身长九尺，髯长二尺；面如重枣，唇若涂脂；丹凤眼，卧蚕眉，相貌堂堂，威风凛凛	身长八尺，豹头环眼，燕颔虎须，声若巨雷，势如奔马
籍贯	涿县楼桑村	世居涿郡	河东解良人
家境	丧父事母至孝，家徒四壁，贩屦织席	卖酒屠猪，颇有庄田	因杀仗势凌人豪强逃难江湖五六年
志向	专好结交天下豪杰	专好结交天下豪杰	招军应募
其他	此儿非常人也		

沉浸在《草房子》的恬静中

统编教材中新入选了一篇曹文轩的《草房子》的节选，我看完起名为"伟大的孤独"，产生了强烈的通读全文的愿望。只因外出培训耽误一直未能如愿，回来后再听三国还是不能产生清晰的思路，于是果断改换听书内容，曹文轩的《草房子》正式上线。

很快，我便被《草房子》吸引了，开始在微信上读、在喜马拉雅上听的生活。我一直想清楚为什么我听三国总会分神而听《草房子》则聚精会神。在浙师听不进三国就在网上看《致我们清纯的小美好》，也是利用下课的空闲时间很快将小说读完了，有些小说让人沉浸其中，有些则有些困难，可能是文字的亲浅和生活的亲切有区别罢，反正我听三国一会儿就忘记了。

曹文轩的《草房子》总让我想起苏童的文风，浅显直白而充满了生活的睿智。说秃鹤便将一个从小饱受秃顶困扰的小男孩子陆鹤的形象活画出来。陆鹤有自己的解困方式又希望周围人悦纳自己的诉求。在别人嘲弄中，他在全校的会操表演中出尽洋相让集体蒙羞，受到众人的冷淡，他满足了自己的报复心却失去了集体生活的快乐；在一次油麻地的会演中，认真卖力表演的陆鹤终于得到了自己内心的诉求，满足了他重回生活群体的全部快乐。一个小孩子的天真、童趣、苦恼全部展现在读者眼前，油麻地一个个可爱的孩子活灵活现地在你的眼前，就如果在生活中遇见一般，真实而真切！

桑桑，油麻地小学校长桑乔的儿子，充满了新奇的幻想。他可以为了鸽子把家里的锅砸碎卖钱买鸽子，他可以为了给鸽子一个家把家里的碗柜拆了做成鸽子窝，他可以学别人打鱼把父母床上的蚊帐拆下做成渔网，他可以为了体验大夏天穿棉衣的感觉把母亲晾在院子里的棉服全部身上。他是一个头脑中充满了太多想法的天才孩子，也是一个慢慢懂得人事的孩子。当眉清目秀、能诗会字的小女孩纸月来到油麻地小学后，从未关注过衣服的桑桑问母亲要新衣服，从未认真洗过澡的桑桑把自己丢在深秋清冷的溪水里洗得干干净净，从未和纸月讲过话的桑桑会关注着纸月的细微变化，从未打过架的桑桑因为保护纸月敢于和邻村比自己大很多的孩子打架。一个小男生的情感启蒙在作者笔下娓娓道来，珍贵而美好。

桑桑见证了老师蒋一轮和油麻地美女白雀朦胧的爱情。蒋一轮悠扬的笛声倾尽全力表达着自己的爱情，白雀在误解中另嫁他人。二人爱情的结局让人有种淡淡的感伤而不悲痛欲绝。桑桑的视角体现了秦大奶奶对油麻地小学这片土地的热爱得化不开的浓情，体现了油麻地人们纯朴的社会风情。

文章里总是淡淡地描写，轻轻地展现，缓缓地铺开，让人在轻松中一紧，在纯净中一痛，但整体基调总是和缓平静的。

桑桑——读《草房子》有感

想到听三国印象不强，果断地换听曹文轩的《草房子》，结果有趣的小说打动了我，听还不过瘾，我开始利用一切间隙看小说，作者讲述了油麻地一个个孩子的故事，用一个个孩子串起一段艰苦而动人的岁月，读到桑桑最后的遭遇时，我被深深地打动了，泪流满面，能被一篇文字打动成这样也就是前几年读《陆犯焉时》有过。当时被年轻时风流倜傥因岁月的打压上卫生间时便秘落魄不已的陆焉时的生活际遇打动，感慨嘘唏不已，而如今面对这样一篇文字风格相对明快的小说，我竟又一次被一个小孩子的生活际遇所感动。人到中年不是不能面对死亡，而是在面对这样的一个纯洁、善良、聪明的小孩子桑桑无端遭受生活重压时的际遇感到由衷的痛心。

桑桑是油麻地小学校长桑乔的儿子。父亲曾是一个地位低微的猎户，就是因为要洗去自己自身带来的耻辱感，桑乔抓住一切可能拼命地学习，因为努力工作的原因一步步成为校长。所以他看重一切荣誉、爱惜一切荣誉，他带领的油麻地小学因他的努力而出色。他的儿子桑桑聪明而有创造力，桑桑可以因鸽子没有住处而将家里的碗柜拆卸做成鸽子窝，桑桑可以因学习捕鱼而将家里的蚊帐做成渔网，在桑桑心中一切都是充满好奇的。桑桑对人友善而是非分明。他帮助蒋一轮和白雀的爱情飞雁送信，他因失误让蒋一轮误失白雀一封重要的信件而自责不已，当蒋一轮已和他人成婚后依然通过桑桑送信给白雀言情，桑桑感觉到一种自责；桑桑对纸月有着一种说不清楚的感情和亲近感，纸月开启的桑桑朦胧的异性感，纯真而又美好；就是这样一个可爱的男孩子，因撕了桑乔的奖状而被父亲痛打，才发现已遭受了巨大的病痛打击，将不久于人世，一个美好的生命被摧毁的痛苦油然而生。当一心热爱工作的桑乔放下所有事情，专心致志带着桑桑各处求医，种种救生的希望一一破灭，让人不禁为桑桑的命运纠心不已。美好的东西被人一点儿一点儿毁灭的痛楚就是文学审美带给人的震撼力。

关于爱情，用桑桑的视角带出了他的老师蒋一轮和油麻地美丽的姑娘白雀的爱情故事。蒋一轮能文会写，善于组织节目，能吹一口好笛子，白雀美丽爱表演，于是在表演之余的河边就有了一对年轻人心心相印的纯真爱情的笛声在悠扬徜徉。但白雀的父亲因蒋一轮清贫而托人介绍小职员给白雀。白雀让桑桑带信给蒋一轮，但桑桑因好奇而打开了信，不小心搞湿搞坏了，所以这一封未传递的信造成了蒋一轮和白雀间的误会，两人的爱情因外在环境而被割裂。白雀看不得小职员的吝啬和节俭，蒋一轮耿耿于美丽的爱情不能自已。两人错乱的情感终因蒋一轮的妻子发现了二人的私信，以白雀离开、蒋一轮陪伴一病不起的妻子而告终。这一段成人的爱情阴差阳错。而桑桑因为美丽纸月的到来，从一个从不注意外表的毛头小子变成一个爱干净的小男孩。他会主动关注纸月，他会为保护纸月勇敢抗强而被痛打一顿。在他生病后，纸月对他的关爱也让病痛温馨一层，纸月最后与他的父亲不辞而别，让这一段美丽的情愫终止而情难已。

红门杜小康与杜旬鹤的故事，告诉我们一个人生无常生命不已的道理；细马与邱二爷、邱二妈的亲情故事，告诉我们一个真情动人真情无价的故事。每一小章节都充满了深厚的生活气息和生活哲理，仿佛伸手可触。读完《纸房子》总觉得要写点什么，才能一慰读后的波澜心情。

《边城》一二

沈从文的《边城》引发的文字颤动曾让我们一群人在2007年的7月不远万里专赴凤凰古城游历，踩着沱江的水石试图感受健康纯朴不悖乎人性的人情风貌。

如今再次聆听《边城》，又一次有了新的感受。

忧伤的故事总是最打动人心，没有结局的结局也最能牵动人心。《边城》的结局如诗一般优美而感伤：到了冬天，那个圮坍了的白塔，又重新修好了。可是那个在月下唱歌，使翠翠在睡梦里为歌声把灵魂轻轻浮起的年轻人，还不曾回到茶峒来。

……

这个人也许永远不回来了，也许"明天"回来！

掩卷之余，总让人心中满怀希冀，期盼着二佬傩送的"明天"的归来，盼望着"明天"翠翠也能像渡船上的新嫁娘一样找到自己的归宿。明天总是给人无尽的希望，可是结局也给了人们另一种可能，以傩送二佬对大佬的感情自责，以茶峒近乎纯朴而自闭的环境，也许永远不回来，让翠翠和傩送的爱情必然笼罩着一层淡淡的忧伤，不能让人心中畅快自适。这可能就是文学带给我们的审美愉悦，让人的心境为之牵肠挂肚。同时也是作者主观情绪的外在显现，《边城》是作者以第三方的视角，冷静地叙写《边城》人民的风土人情，却含着深深的主观情结。他用自己满腔的深情为我们构筑了一个理想的人生乌托邦世界，与尘世的都市迥然不同的世界，其实是作者自己对于生活的形象生动的关照。

《边城》是一部小说，更像一部散文诗，小说中散发着诗意文字也让人甘之如饴。例如文章开头：

> 由四川过湖南去，靠东有一条官路。这官路将近湘西边境到了一个地方名为"茶峒"的小山城时，有一小溪，溪边有座白色小塔，塔下住了一户单独的人家。这人家只一个老人，一个女孩子，一只黄狗。小溪流下去，绕山岨流，约三里便汇入茶峒的大河。人若过溪越小山走去，则只一里路就到了茶峒城边。

这一段文字就如同作画一样在画布上用极简的笔触快速勾勒出湘西边境茶峒山城边上靠溪而居的祖孙俩的生活画面。没有多余的修饰词语，却生动地将《边城》的山清水秀涂抹在各位眼前。文字的笔力和表现的张力十足。沈从文在他的《从文自传》里也说过故乡的山水给予他创作的灵感，由此也可见一斑。

好文不厌百回读，读一次有一次的惊喜，姑且一记。

凤凰一日游记

在吉首住了一晚，确切说应该是半晚。因为我们快十二点入住，早晨五点就要离开，基本没在床上卧多久。我们赶去凤凰吃早餐，这次早餐是自助餐，深得儿子的喜欢。他终于在吃饭方面有所表示了。吃完早饭，导游给我们说了集合的时间和地点后我们就自由活动了。

凤凰是座不大的小城，很有江南乌镇的特色，走一走那青石板路，看看路边的小商里引人怀旧的图片与各色各式的小饰物，其中有幅画吸引了我的目光——毛主席去安源，有一段小字写着"一九二一年秋，我们伟大的导师毛主席去安源，亲自点燃了安源的革命烈火"。这让我们想起了一段火热的年代，我们饶有兴趣地在这幅远离现代生活的画张旁留了影。

有家小酒铺很有特色，说它有特色是这家的酒除了我们常见的坛子、酒葫芦装酒之外，还有像牛角一类的东西做装酒器，当然还少不了竹桶作酒器了；酒的种类繁多，有苗家枸杞酒、苗家猕猴桃酒、苗家拦门酒、苗家养身糯米酒、苞谷酒、洞藏酒、桂花酒、女儿红、烧刀子，全部清一色苗家字样，全部贴着红商标，一种很吉祥喜庆的样子。

我们还看到了一位叫陈开甲的宅院，是一位清朝时的武官。他的宅院融北京宫廷与湘西苗家建筑风格为一体，很有特色。这里还有《卧龙山剿匪记》中钻山豹的公馆，穷山恶水的刁民时代如今成了今人追忆往昔的一种历史见证了。

一条叫"沱江"的水流横贯凤凰古城，傍河而居的苗家吊脚楼散落在两边的山坡上，层层叠叠，错错落落。每家门前必挂大红灯笼，难怪来凤凰必定要一览凤凰的夜景。我有一次在电视上看过这里的夜景，红灯笼成了夜晚的主角，将这座古城渲染得如诗如画。

我们一行十一人因为人多，不一会儿也就三五一群地散开了。我和张老师、杜老师一道决定去拜访沈从文先生的墓地，需要乘船而下，距离约两公里。我们找到当地一渔妇和她谈好价钱便随她一道去坐船。我们走了有一公里的距离才坐到船，只好打趣说，不错，既走了陆路也走了水路，很有《边城》中走水路和走车路的大老和二老的风范呢，旅游图个心情愉快嘛！

我们坐上了当地一艘很有特色的小木舟，两角尖尖，细长而狭窄，和绍兴的乌篷船全然不同。泛舟沱江可以撑一支短篙去拨弄江里长长的水草，可以去用手去抚慰清澈的江水，徐志摩诗"漫溯，向青草更青处漫溯，满载一船星辉，在星辉斑斓里放歌"说的应该就是这样一种感觉吧。只是我们不是星辉，而是骄阳罢了，但愉快的心灵应该是相通的。如果我有曼妙的歌喉，我也想放歌了，这才明白这里的一方百姓表达爱情时在山里对歌的那种情境。真是一方水土养一方人，也只有这样的清灵才能让人想到用歌声表达心扉了。

很快，我们告别沱江上岸，最先映入眼帘的是一块碑记："一个士兵要不战死沙场，便是回到故乡。"我知道是描述沈先生一生中那部分军旅生活了。他的墓碑很特别，只有一块巨石，正反面各有两段话，是张兆和女士帮他完成的。"照我思索，能理解我；照我思索，可认识人。""不折不从，亦慈亦让；星斗其文，赤子其人。"高度评价了沈先生的一生，对于这位文学家，我只有敬佩了。

从墓地回来已经没有多少多余时间了，我们品尝了当地的米豆腐后，就到导游说的虹桥处去找大部队。我们在当地的下午两点左右结束了这次美妙的凤凰之游，去吉首等待第二日晚去柳州再赴桂林的火车了。

凤凰归来教《边城》

刚刚从凤凰旅游回来便在上课的第二天开始讲《边城》了，很庆幸当时杜老师的坚持，不然就没有这次的凤凰之行了。当备课再一次重读，猛然发现了凤凰打出的旅游口号是很有深义的——等了千年。这千年的等待不正是翠翠在渡口边寂寞等待的身影吗？"那个人也许永远不会回来，也许明天就回来。"《边城》中那个痴痴的翠翠成了湘西凤凰的标志。到凤凰与其说是找寻沈从文，不如说是找寻沈先生笔下的那个桃花源般的理想社会，去一睹沈先生笔下翠翠那青翠欲滴的清纯风采。"去凤凰，找翠翠！"应该是很多人心中挥之不去的心结。

于是，这次的《边城》教学变成了主题式教学的形式：去《边城》，找翠翠。

找什么样的翠翠呢？是每个同学通过阅读给予自己一个明确的答案：或清纯，或善良，或羞涩，或纯朴，或寂寞。答案可不拘，但是每个同学都应能用语言将自己的阅读体会说出来。这成了本课学习的终点。

《边城》迥异的风俗和作者与众不同的文字风格无疑给学生带来了一定的阅读难度。于是，阅读可分三个步骤：初读，细读，精读。并依次搞清三个问题：故事发生的时间、地点、人物；概述节选部分发生的主要事件；谈谈自己对文中某一个人物的阅读体会。

按着这个教学思路，我的预设起到了不错的作用。大家对翠翠和傩送及天保产生了浓厚的兴趣。多数同学喜欢翠翠的美丽与清纯，喜欢傩送的热情与大度。每个同学都能从所选章节中感受到人物的性格特点，但对他们之间朦胧而纯真的感情没有答案而不得其解。在同学们的阅读兴趣被激发后，我才开始谈论作者写这篇文章的时间、缘由及目的。"一种优美的、健康的、不悖乎人性的人生形式"成为作者对现实重塑、对灵魂重造的理想范式，但理想毕竟是理想，作者清醒地认识到了这一点，因此一种浓浓的感伤情绪始终围绕在每一个人物身上，这才是《边城》带给我们的震撼。正如张兆和女士在沈先生墓碑上刻上的先生自己的话语："照我思索，能理解我；照我思索，可认识人。"可能也正因为此，翠翠只能在渡口边寂寞而无期地等待着，这是我个人的一种理解。

但是我想，如果学生中能有一部分人听明白了我的感悟，能对翠翠和傩送有了更进一步的认识，就足够了。剩下的，恐怕得等到学生在成长中慢慢体会了。

沈从文的天空

沈从文的天空是我在听《从文自传》时总闪现在头脑中的一个词语。湘西的沅江水养育了沈从文，让他的笔触里有了湘西纯朴自然的风情，让他的眼眸中有了优美而不悖乎人性的乡情。人的生活总是逃不掉童年的影子，这在沈的笔下尤其明显。

《从文自传》中谈到自己生长的地方，兵卒纯善如平民，与人无侮无扰；农民勇敢而安分，且莫不敬神守法；商人各负担了花纱同货物，与平民做有无交易。人人皆本分，一切事保持一种淳朴习惯，遵从古礼。仿佛一切都是事物本来应该有的样子。当然，这也包括了世代边苗与满族统治者不间断的斗争。可以说，作者笔下的家乡是一个宁静平和、兵匪交织、崇尚武力的充满着矛盾又充满着和谐的边境小城，是一个与大都市明显不同的世界。这个世界带有作者经过人世沧桑后浓厚的个人情感。

作者童年时最有趣的经历莫过于逃学，逃到自然与社会中，用高高举起的右手来逃避学校检查学生偷偷下水的快乐，用学打架和骂人来模仿成人社会的样态。正是有了大量的逃学，他才得以用自己的眼去发现生活、感悟生活，用逃学的体罚展开自己想象的翅膀。在逃学生活中，作者观察湘西社会、思考人生。如此才让成年后的作者笔下充满了浓郁的湘西风味。

这本散文体的自传，一如他的诗化小说一般，即使是记录童年和少年的成长经历，也用诗一般的语言让湘西社会的蜕变如笼罩在一种淡淡的氤氲里，给人似幻似真的感觉。

《后来的我们》影评

昨晚看了刘若英执导、周冬雨和井柏然主演的一部电影《后来的我们》。故事讲述了两个在北京漂泊打拼并立志坚守的年轻人在共同返乡过年途中的相遇、相知、相恋、分手、再重逢的故事，带有浓厚的刘若英的气息。

两个年轻人，一个是大学毕业专门研究游戏开发的小伙，为了留在北京，卖电子产品，在地下通道卖各种盗版光盘，租住在不隔音的隔断间中。一个是一心来北京闯荡、决意留在北京的勤快热心的打工妹。两人在返乡的火车上相遇，然后在北京开始了一段老乡帮老乡的扶助生活。他们在共同合租的生活中感情相惜，擦出爱情火花。可是偌大的北京城对异乡人是如此刻薄，总是给两位年轻人一次又一次的打击。在一次传呼服务中小伙子不堪忍受对方的侮辱被人痛打一顿失了工作。他颓废在迷惘的生活中，日日以游戏为主。女孩用自己的离去激发了男孩的奋斗意志，男孩幡然醒悟，开始为生活奔波，并用尽所有时间重新研发自己的一款游戏，终于大获成功。他用自己赚到的第一笔钱买了女孩曾经梦寐以求的大房子时，却发现女孩并不是渴望外在的物质生活。两人不再有交集，直到再一次的年末返乡，因雪天飞机停飞再次相遇。两人曾经渴望留在北京，有自己的房子，有自己的家，当这些愿望都实现后，两人却永远地错过了。就像影片中所说："后来我们拥有的一切，却失去了我们。"

生活中有许多曾经的美好，只是我们一不小心就错过了。所以每每想起，就会让人内心荡起涟漪，久久不能平静。每当看到这样的感情题材，总让人想起张爱玲的小说《红玫瑰和白玫瑰》，每个人的心中都会永久地存在着一朵可望而不可即的红玫瑰，让人怅惘不已。错过的就是美好的，眼前的随着时间的洗刷不觉就已淡然，似乎每个人都逃脱不了这样的情感宿命。所以在影片中，两人曾经的爱恋、如今的相遇只能更增加观众的惋惜之情，让人的审美情绪得到无尽的抚慰，畅快不已。

殊不知，审美与现实相差太远。如果他俩依然还在北京苟活残喘，现在心中的红玫瑰必然变成生活中的白玫瑰，女孩子最终可能还是会离开他。生活却没有如果，每个人都在一段段的生活中成长并成熟，经过并遇见。曾经一起拥有的用心去珍藏，现在一起走过的用心去经营，过好当下的生活，未尝不是珍惜白玫瑰的一种温情生活演绎方式。不管是读书还是观影，总是给人启迪。

以其昭昭，使人昭昭——《狗十三》观影感

能静心欣赏电影总是在无所事事的假期，之前曾看过同事对此片的一篇影评，所以昨晚看到电视里有这个片名就毫不犹豫地打开了。

这是一部描写青春成长的影片，用极度真实的白描手法描述了一个离异家庭处于青春期女孩李玩成长的故事。李玩的父亲再婚后又添了儿子，李玩跟随爷爷奶奶生活。因顾及李玩的心情，家人一直没有告诉李玩父亲再婚生子的消息。在给孙子起名一事上，爷爷说李玩因为是个女孩所以名字是随意起的，而

孙子的名字可不能大意要认真起名，取"以其昭昭，使人昭昭"之意，命名为"昭昭"。这句话出自《孟子·尽心章句下》："贤者以其昭昭使人昭昭，今以其昏昏使人昭昭。"意思是说贤明的人先使自己明白，然后才去使别人明白；如今的人则是自己都没有搞清楚，却想去使别人明白。我觉得昭昭这个名字对整部影片来说很有警示意义。

关于成长的话题是每个人都必须经历而直面的，为人父母也是自然而然的一个成长、生育、养育的过程。但很少有人认真地研究与反思我们每个人的培养路径和成长价值。我们在父母的庇护下平安地成长，在父母和长辈的教育下懂事地成长。如果我们的行为与父母和长辈的愿望相背就是我们的错误，于是要在父母的规劝下一一改正，如果不改就是不懂事，如果改了就是好孩子。这似乎是一代又一代人教育的箴言。"为了孩子好"是大人们经常挂在嘴边的话语。殊不知，这对于一个正在成长的孩子是正确的吗？是适切的吗？是孩子能认可与接受的吗？我们是否犯了"以其昏昏使人昭昭"的错误呢？身歪却要求影子正，源浊却要求流水清，自己都没搞清楚，却想去使别人明白，岂不是笑话？

影片一开始有一句话："你知道人总是这样的，比如，今年过年我买了件绿毛衣，从交了钱的那一刻起我就开始后悔，红色的也好看啊。但要是买了红的，我肯定也后悔，对吧。就像，人在夏天，很难记起冬天有多冷，到了冬天，又忘了夏天有多热。你看，如果存在平行宇宙，这样的问题就好解决了。"这句话可以看作是解读真正成长的钥匙。如果我们将一个大人的成长历程和自己孩子的成长历程放在一个平行宇宙来关照，可能就可以找到正确成长的方法和路径了。

李玩喜欢物理想参加物理兴趣小组，而教师说参加英语听说兴趣小组可以提高英语成绩，于是李玩的父亲在劝说无果的情况下粗暴地把李玩的兴趣小组改成了英语小组。女儿生气自己的想法不被尊重，于是父亲用给钱的方式哄女儿妥协，又买了一条小狗送给女儿，希望李玩接受成人安排给自己的成长内容。在孩子的世界里，总是遭遇成人世界粗暴的物质解决方式。如果我们俯下身来，静心听听李玩心中的想法，物理的奥秘不正是她不同于他人的生活方式吗？在表姐李堂忙着和男友高放调情之时，李玩是在认真地读着《时间简史》的啊！

人们把对权力的顺从叫作"成长"，把理解权力要求你做什么叫作"懂事"。李玩的小狗爱因斯坦丢失了，李玩像疯了一样四处寻找。后母买来一条小狗让大家都指认是之前走丢的爱因斯坦。大家善意的谎言并不能抚慰李玩受伤的心灵，她只是在父亲的暴打下屈从，用暂时的顺从满足了大人们心中的不安。她受伤的心灵并没有得到父母及时的抚慰，只能自己默默忍受。从这个意义上讲，原来成长就是一种和成人世界的妥协。李玩在最后庆功宴上面带笑意地吃了叔叔送过来的一块狗肉，正是她与成人世界彻底妥协的表现。"你看，这个孩子好懂事啊？""你怎么知道她是不是害怕、沉默、妥协呢？"什么叫成长？什么叫懂事？我们每一个大人是应该真正反思，至少应该使已昭昭罢！

影片看完压抑而沉郁，观后感不会畅快，但足以教育我们，是不可多得家教良篇，建议为人父母者多看多反思。

《你好，之华》影评

一名女子的爱情悲剧带出了三代人爱情错失与遗憾的故事。姐姐之南遇人不淑留下两个孩子离世而去。妹妹之华代替姐姐参加初中同学三十年聚会，却碰到一直爱着姐姐的颓废作家尹川。尹川给之华的微信被之华老公发现引发二人争吵，丈夫怒摔之华手机，之华为避免丈夫不必要的醋意，不用手机，但唤起的青春记忆又让她情难自已地以姐姐的身份给尹川去信告知近况。原来尹川是之华中学时期一直喜欢的男生，可是尹川属意于之南，并没有关注到默默喜欢自己的之华。

之华婆婆与自己大学敬爱的老师之间似有似无的、友情之上的黄昏恋让人生近晚晴更重晚情。

之华女儿飒然因为默默喜欢上了班里的男孩而慌乱无措。

面对感情，每一代人都有每一代人的喜怒哀乐。姐姐之南与尹川在初中毕业典礼上，因为修改发言稿时已芳心暗许，两人在大学时的情侣关系最终被张超破坏，张超因受不了之南幽怨的眼神发疯家暴之南，之南抑郁而亡。尹川将自己对之南的一腔真情诉诸文字写成小说，献给之南。尹川、之南和张超的三角虐恋让我们对感情心怀尊重。尊重自己真实的感情，不苟活于将就的生活，否则就会逼得自己无路可退。在一起了不一定就幸福，生活依然在继续。

之华第一眼看到尹川就喜欢上了他，她在姐姐之南巨大光环下平凡地活着，将自己对一个男孩的爱用尽全力表白后却被拒绝。可能正是被拒绝后的不甘才让成家后的之华又一次拿起笔，以书信的方式对尹川表达生活，说是爱意不全然，说不是爱意也不尽然。表白了不一定被接受，生活依然在继续。

之华的婆婆在大学时期就一直喜欢自己的大学老师。她年近八旬依然坚持学习英语，用学习英语的方式表达着对晚年生活的真情。错过了不一定就是不幸，生活依然在继续。

之华的女儿飒然在12月时对一个男生有了好感，在1月已经陷入单恋不能自拔，即将开学却不知如何面对自己的懵懂情感。经历了不一定就是错过，生活依然在继续。

之南的女儿明白母亲的情感压抑的痛苦，看了尹川在写小说时发给之南的一封封信件，明白了母亲痛苦的根源。早熟的她读懂了母亲的爱情，也珍视尹川与母亲的爱情。痛苦过不一定就是不幸，生活依然在继续。

之南的小儿子晨晨在不经历世事时遭遇母亲的离去，突然有一天明白了死亡的意义，用剪刀剪断了笼中小鸟的绳子，让鸟儿展翅飞翔。成长了不一定就是圆熟，生活依然在继续。

之南一生的爱人尹川一直没有从对之南感情中解脱出来，颓废不已，蜗居上海一隅，浑浑噩噩度日，在同学聚会后终于在靠近之南的生活之路上找到了新生的力量。颓废过不一定就是沦丧，生活依然在继续。

这部影片是岩井俊二的作品，带有浓浓的日式抒情，没有对错，没有是非，有的只是情感的流动与游走。请让生命允许遗憾，也让我们最终与自己和解。

《儒林外史》系列之王惠

王惠出现在《儒林外史》第七八回，出场时间极短，但人物性格分外鲜明。

话说少年才子荀玫在乡试中取了第一、中了进士受到大家的祝贺时，须发皓白的王惠以同年同乡弟兄身份前来祝贺，应和了之前两人同梦这一说，年龄上的反差自然暗含一层讥讽。王惠对荀玫关照有加，让荀玫搬到自己的寓所一同应殿试之约。传胪（殿试揭晓仪式）之日，二人同中，均授工部主事，考核期结束又一同任了员外。

两人在闲谈时，术士陈礼造访给二人占卜算卦，对王惠的官运做了寓言式的说明。在二人仕途顺畅之际，荀玫母亲去世，按理法要去职丁忧。但王惠为官运计，劝荀玫按下不上报，并在官场运作，求周进和范进帮助，希望作夺情处理，只因官小被驳回。在亲情面前，王惠以仕途为先，全然将理法置之不顾。

荀玫回乡料理丧事，王惠表现得很仗义，亲自出了荀老太太上千两丧葬费用，对荀玫的友谊可见一斑。这可能是王惠友善的一面。

第八回则重点说王惠为官唯利是图、蝇营狗苟的行径。王惠王员外在帮助好友荀玫料理完荀母的丧事后回到京城，恰逢朝廷新任命他赴江西南昌做知府。前任知府蘧祐蘧太守派自己的儿子蘧景玉和新任王惠做政务交接。但王知府不甚积极，在王蘧两人言谈中可知，上一任蘧太守是一相对闲散之人，崇尚清简息民的政令，他的衙门里有吟诗声、下棋声和唱曲声；岂知这王惠乃一官场政客，只想用严苛的法令束缚百姓，蘧公子讥诮他是"戥子声、算盘声和板子声"。所以他一上任就政行律止，对百姓极尽盘剥之能事。也因他的严厉，在江西宁王反叛时，被朝廷推升为南赣道台。结果只读八股取士文章的王道台不堪一击，没有任何作为，速速投降宁王做江西按察司一职。不想两年后宁王被新建伯王守仁杀败，王惠又慌不择路，逃跑为上。在逃亡途中巧遇蘧太守的孙子蘧公孙，只讲旧交却绝口不提自己投降一事，在蘧公孙赠送银子后更名改姓，削发披缁去了。

一个心中没有朝廷重任、没有心怀百姓、只以自家性命为重的官员形象栩栩如生。

语言的乐趣——《世说新语》趣说

《世说新语》记录的是东晋士大夫们的只言片语，却充满了浓浓的生活气息。《世说新语·言语第二》中记载了几则人物对话，很是有趣。姑且记下几则以表现之。

一、最傲骄的自夸

自幼聪颖的谢尚一次在跟随父亲谢鲲送客时表现出了超群的领悟能力。大家都夸赞他，小小年纪竟然是全场中如颜回一样的贤人。而谢尚则道："坐无尼父，焉别颜回？"他说在场的人里又没有孔子，怎么能识别谁是颜回呢？对自我的自信和对他人的不屑巧妙地表达了出来，堪称最傲骄的自夸。

王濛与好朋友刘惔好久不见，遂夸赞他道："您在学问和品行上进步很大啊！"傲骄的刘惔是这样自夸的："此若'天之自高'耳。"意即哪里哪里，我的进步就如同是天自然的高远一样。《庄子·田子方》有"天之自高，地之自厚，日月之自明，夫何修焉"一句。意即像天之自然的高，地自然的厚，日月自然的光明，哪里需要修饰呢！刘惔用在此处是想说明自身的品性之高如同天地日月一样，天性如此，岂是他人可比的，仿佛可与天地日月同辉，瞧这自恋的高度！

二、"无小无大，从公于迈"的多解

"无小无大，从公于迈"本出自《诗经·鲁颂·泮水》，原意为百官不分大小尊卑，都跟着鲁僖公出行。在《世说新语》两段不同的对话中，却体现了完全不同的含义。博学善言名理的孙盛一次在跟随长官庾亮打猎时，将两个儿子孙潜、孙放也带上了。庾亮平和地与孙盛的次子孙放打招呼："你也来了吗？"面对父亲的上司这样的问话，聪明的孙放做出了"无小无大，从公于迈"的回答，巧妙地运用了这句话中大小，意指年龄的大和小，然后夸赞了父亲上司的英明，替父亲好好地恭维了领导，很见学识！而这句话用在傀儡皇帝晋简文帝司马昱和他的掌权大臣桓温之间又是另一番意思。话说当初司马昱还没有被桓温扶立为皇帝做抚军大将军时，曾经和桓温一起上朝，他们互相谦让，谁也不愿走在对方的前面。桓温不得已走在前面时，为表低调态度，引用了诗经中的"伯也执殳，为王前驱"一句。意思是说自己走在帝王的前面当前锋。司马昱则说了"无小无大，从公于迈"这句话，其间讨好依傍的无奈显露无遗。

三、傀儡皇帝的羸弱斗争

晋简文帝司马昱是桓温一手扶持起来的傀儡皇帝。司马昱心中的苦大家都懂，但碍于桓温强大的势力，都敢怒不敢言。所以司马昱的反抗必定是羸弱的。一次，司马昱在光线比较暗的大厅里坐着，桓温进来没有看见皇帝，便问道："皇帝在哪里啊？"司马昱抓住了表达自己怨气的机会，说道："某在斯！"意为"我在这里"。这看似平常的话，其实暗藏机锋。这句话出自《论语·卫灵公》，孔子引导自己的老师盲乐师冕时，每到一处，都会给老师及时提醒：这是台阶、这是座席、某某人在这里、某某人在那里。孔子对老师的尊敬被简文帝引用在这里，其实是想借机讽刺桓温如盲人一般，借机出一口心中的恶气。皇帝的斗争也只能如此了，令人嘘唏！

四、学识境界的高下之别

刘惔与桓温一起听讲《礼记》。桓温听到开心处，说听懂了《礼记》时时有打动人心的地方，感觉自己与最高境界的玄妙之门咫尺之隔。而刘惔听完却说，这只不过是同学们坐在金华殿每天的常谈罢了，未见高深之处。由此可见，刘惔与桓温二人学识的云泥之别。

这说话里也藏着大学问大智慧呢，值得我辈斟酌玩味。

铁肩担道义，侠肠怀苍生——先秦诸子文本细读

在暑假封闭研修期间，我们对本学期所学内容已经做了详细的安排和规划，包括人教版必修一的必读书目《大卫·科波菲尔》和《论语》。我们将《大卫·科波菲尔》安排在暑假阅读，并且为利于本学期学习《论语》，还挑选了《史记·孔子世家》一文的翻译学习，也放在了暑期。

本学期开学，把《论语》安排在正式的课程学习中。每周一节课，所用学习资源不是《论语》整本书，而是选用语文选修教材《先秦诸子选读》中的孔子部分。这本书对孔子的学习是以专题的形式编排，一课一个中心，共七个专题。我们的学段安排恰好是八周，所以一周一课，留一周复习答疑。在学习指

导规划中，安排学生提前一周预习，疏通和翻译字词句，适量地背诵几则经典名句，为正式学习做足自主研修的准备工作。

当这些预热工作做完之后，才开始正式学习。同学们的预习在翻译上做得比较优秀，在背诵上还有不足。

第一课"天下有道，丘不与易也"，共选了五则。其中有两则正面直接体现了孔子的政治理念。另外三则则从侧面体现了孔子的社会责任感和使命感。

正面两则为《长沮、桀溺耦而耕》和《子路从而后》。

在《长沮、桀溺耦而耕》一则中，有两组四个人（长沮、桀溺和子路、孔子）的生动对话情景。人常说势均力敌的对话才能体现双方的智慧，而这一场对话恰好是最好的明证。

首先看第一组人物：先从人名上分析。长沮、桀溺，长、桀，都是形容高大；其中"桀"还通"杰"。由此可见，这两位都是身材高大的男子。其次从动作上分析，"耦而耕"，两人并耕，既是耕种方式的需要，也是两人配合默契的体现，可以说，这两位耕田的男子应该是身体高大、体格魁梧的健壮劳动力，是自食其力的社会劳动者。

当孔子让子路下车问渡口何在时，对这一问题长沮并没直接回复，而是反问子路驾车的人是谁。当子路回答是鲁国孔丘时，长沮说既是孔丘就应该知道渡口所在的位置。其实此渡口非彼渡口，子路问的是具体的路口，长沮所指是人生的方向。再观长沮两人，至少是明察人生方向的智者了。

子路再问桀溺，当知道子路是孔门学生时，劝说子路在乱世之中何必有为，与其跟从孔子四处游说碰壁，不如跟从避世之人主动远离乱世，在乱世中求清净。用一个简洁的动作，"耰而不辍"，两人继续耕种并不停止，说明了这两位是主动避世、以田园为乐的隐者。在社会动荡之时，洞察社会大势的一些有识之士不愿与社会沉浮，用隐逸的人生态度表达对抗乱世的人生抉择。

子路将所见告诉了老师孔子。孔子的一个"怃然"表情表达了对这两位隐世高人不苟同的态度，怅然若失，失望中带着否定。既然是社会中人必然要积极投身社会时代的变革洪流之中，怎么能主动舍弃自己的责任逃离社会呢？既然社会无道，自己更应有责任挺身而出、积极主动地参加改变与改良社会。

两种价值观与社会理想截然相反的两类人，四个代表，通过势均力敌的交锋与对话，让一位有着强烈社会责任感与使命感的孔子栩栩如生站立我们每个人心间。

《子路从而后》一则中也体现了孔子的这一价值追求。

子路在一次出行时落在了后面，遇见了一位老先生。老先生拄着拐杖背着农具，以一位醉心于农事劳作的形象示人。子路问老者看到自己的老师了吗，老先生的回答很简洁，四肢不劳作，五谷不能分辨，谁是老师呢？这一回答给了后人不同的诠释理解。有人认为是老先生是指自己，忙于播种五谷，没有时间去知道夫子是谁。也有人认为这是老者在责备子路手脚不勤，五谷不分。我则以为这句是老者对孔子的。既然子路在向老者问自己夫子在何处，按理老者的回答当然是就夫子为中心来回答的。在老者眼中，四体不勤、五谷不分的人怎能称其为老师呢？

老者"杀鸡为黍"，用丰盛的美食招待子路，又将自己的两个儿子引荐给子路，从中可看出老者家境的殷实和家庭的和睦。老者的一个细节描写"植其杖而芸"和上一则"耰而不辍"有异曲同工之妙，巧妙地传达出这位老者也和上一则的长沮和桀溺一样，是一位避世隐居、亲近自然、悠然自乐的隐者。

正因为以上原因，子路随后讲的一段话，我认为其实是孔子思想的直接表现：不仕不义。身而为人，为社会和国家做事是天经地义的事情，不做事就是不合乎道义的行为。就这位老者而言，能够使家庭和睦、上慈下孝，却不能出来为社会尽人臣之义，这很明显是背离了君臣之间最根本的伦理关系。因此，君子之仕是行其义也，是应尽的责任和本职所在，这相当于明确了公民的社会属性和社会责任担当。

可以说，这两则都直接体现了孔子作为社会变革家的积极入世精神，在他身上体现了铁肩担道义的自觉意识和主动精神。

另外三则是从侧面来体现孔子的社会责任感的。第一则是通过与孔子相见后仪封人的一番话语来体现的，第二则是通过楚狂接舆的一首歌曲体现，第三则是通过子路与守城门人的对话表现出来的。

仪封人说有品德的君子自己没有不拜见的，至于见面的情景如何我们不得而知，只是通过他见面出来后的高度评价孔子的一句话，"天将以夫子为木铎"，上天将把如木铎般传道大任寄托给孔子。可以推想，两人相见时道德主张、思想认识、变革社会的契合与相投，大有相见恨晚之感。

而接舆的一首似癫实智的歌曲，"凤兮凤兮，何德之衰，往者不可谏，来者犹可追。已而，已而"道明了孔子艰难的社会处境并指出了他认可的人生方向。凤凰衰祚，德行已矣，社会沦丧，与其为之，不如避之。"今之从政者殆而"用当权者的危险，从一侧面高度评价的不实施孔子政治主张的极大危害。

子路在与老师孔子周游列国十四载无果不得已返回鲁国之时，在经过石门这个地方，看城门的人问子路从哪里来，当得知是孔子学生时，说是那个"知其不可而为之"的人吗？知其不可，首先需要不同于常人的智慧才能明了未来的发展趋势，此为智人。在洞察社会发展变化的智者中，有人选择做避世的不为之人，隐逸山林，终老自然；有人选择做逐其流而扬其波、哺其糟而啜其漓的世俗之人，与社会相浮沉；还有人选择做知其不可却矢志不渝的有为之士。三类人的选择中更能看出十四年如一日宣传大道与理想的孔子的不易，也更能体现出士不可不弘毅、任重而道远的儒家责任感与使命感，颇有武林侠士们肝胆热肠，更见心怀苍生的可贵！

一句沉甸甸的"天下有道，丘不与易也"，一位路漫漫的"铁肩担道义，侠肠怀苍生"的孔子！

死生亦大矣——再读《兰亭集序》

研究生小邓老师试教《兰亭集序》这篇文章，我坐在同学们中间以学生的身份听课。想近距离感受学生在课堂中的体会，也顺便看看同学们在语文课堂上的行为举止。小邓老师从东床快婿的佳话谈起引入文本学习，将疏通字词的任务交给同学们分小组自主完成，任务分配清晰，时不时到同学们中间进行指导，文意学习完成后，再让同学们体味文章的情感变化脉络，由乐到痛到悲，并从文中找到相关依据。整个文章的学习思路非常清晰，只是在下课时，郎同学问我一句："老师，我就想不通，为什么要将《兰亭集序》这篇文章放在中学课本里？"我突然意识到，如果没有在学习之前让学生与文本同情与共情，那么一篇文质兼美的文章还是走进不了学生的心田。学前的引入和文本情感的调动应该找到能让现在孩子们认同的情绪体验，这可能才能拨动孩子们学习这篇文章的一种自觉意识。

我脑海中突然蹦出了在读马文科老师《走心语文》一书时对他整本书梳理的三个关键词：从人的发现、人的觉醒到文的自觉。用在文本学习的备课过程中不失为一种好的策略。

习近平总书记在谈到文艺与时代关系时曾引用《文心雕龙》中的一句话"文变染乎世情，兴废系乎时序"，文学的变化会受到社会情况的影响，其兴衰与时代发展密切相关。文艺是时代前进的号角，最能代表一个时代的风貌。如果不把这篇文章还原到一个时代风貌中，我们可能看不出这篇文章的重量和厚度。

王羲之生活的时代是东晋社会政治衰微的时代，士族特权政治纷争不断，门阀制度使士、庶的界限差距悬殊，阶级矛盾不断激化。从王敦起兵到桓玄篡位，内战不断，政局动荡。由于长期的贵族混战、无休止的政治争斗，以及此消彼长的门阀士族的权势角逐，使得当时官宦显贵和文人士子，都陷入充满隐患的生存状态之中。他们一方面据有巨额财产和大批良田，另一方面又担心在纷乱不安的社会动荡中，丢弃财物，甚至性命。安逸享乐与困顿隐忧，放旷达观与忧戚不安，贪恋人生欢愉与害怕死亡到来，所有这些，交织成当时社会的心理状态和精神图景，这就是后人经常言说的魏晋风度。名士们在老庄哲学中找到了精神依归，但他们既不能像老庄那样愤世嫉俗，也不敢完全抛弃儒家道统。于是，他们巧妙地融合了儒释道三家教义，纷纷转向务虚空谈，我行我素、鄙视礼俗、任意而为，注重人的内在精神修行，追求高妙人格和高蹈气质，把三家教义改造成适合自己生存的清谈玄学。在某种意义上是传统儒家文化的别样展示和流露。

换成同学们都能理解的话是说，在一个人人崇尚精神境界的社会里，强调个体独特的存在是当时人们的价值追求。当然不是说这样不好，这对于魏晋南北朝时期人的自觉是史无前例的，因而具有进步意义和价值。可是如果不顾社会实际一味地强调个体价值，转向不切实际的冥想与玄学，对于社会发展也是无益的。老庄无为的思想在当时战胜了儒家人伦教化思想。还记得庄子在妻子去世时鼓盆而歌的故事吗？其实是庄子看淡生与死，强调人与自然相谐的价值观，这本是一种乐观的生死观，但凡事均有度，过犹不及，如果过分强调生就是死，死即是生，就抹杀了人而为人的意义。所以从这个角度来看王羲之的这篇《兰亭集序》，我们就能发现不一样的情怀与大格局。

王羲之在一个天朗气清、惠风和畅、暮春之初的良辰美景佳节时，在崇山峻岭、茂林修竹、清流激湍、映带左右的清净圣洁之地，与群贤少长咸集于曲水之滨，流觞引泉，对酒当歌，吟咏情怀，仰观宇宙之浩渺，俯察万物之得时，人与天地自然相谐的快乐油然从心底而生，信可乐也。

情由景生，景因情起，情动而辞发，作者不禁感慨系之，产生短暂的生命个体，其存在于尘世间的生命样态各不相同的慨叹。有志向抱负与知己对面畅谈人生得意须尽欢的豪放之士；有寄情怀于自己所喜爱的事物上，自由放纵洒脱行走世间的闲云野鹤之士。每个人取舍方式不同，乐山乐水的动静不同，仁智的处世态度全然不一，但有一点是共同的，就是当其欣于所遇，快然自足，不知老之将至，快意人生时的沉醉其中、乐而忘返；所之已倦，情随事迁，沧海桑田，各种感慨随之而生。曾经再乐的事再美的情，不过过眼云烟，转瞬成空，灰飞烟灭，这一切，不能不让人心生感慨，引发兴叹。人生天地间，若白驹之过隙，忽然而已。当然应该顺应自然规律，人的生命长短与质量也取决于自然，面对自然，顺之者昌，逆之者亡。只有懂得并掌握其规律，人生才能快乐。因此，就更应珍视生命，死生亦大矣，死与生本就是一件意义的非凡的事情，要格外敬畏生命，从时间的紧迫感体悟人生的意义，对大自然的一草一木一山一水都要热情地善待，因为这是我们每个人的生命家园，精神栖息地。人对自然的思索、对生命意义的考量从未停息，于是才有了以文化人、以文育人的思想的兴盛。"文变染乎世情，兴废系乎时序！"这就是文章对世界的意义和价值。文艺复兴时期，莎士比亚也曾借哈姆莱特之口大声疾呼："生存还是毁灭？这是个问题！"但凡有自觉意识的有识之士都会扪心自问："我是谁？我从哪里来？我要到哪里去？"这三问是让我们成为我们自己，成为独一无二的自己。这种思考横穿古今，从古人走向今人，从王羲之走向我们身边的每一个人。直至今天，我们依然在探索，在践行。因此，帕斯卡尔说人是一根能思想的苇草。

《兰亭集序》在集会中悟道，在宴会中参透。人在天地间自然苏醒，人作为个体意识被发现，人作为独特生命个体被唤醒，让我们不禁跟随书圣右军一起思考，死生不可等量齐观，长短更不可随意枉费，文的自觉意识被唤醒，以文传后世，以书香满园，未尝不是有意义的生命存在。在有限的自然时间中拓展生命的意义长度，在无尽的思想瀚海与天地永恒，与后人神遇！

道不远人，当我们再读《兰亭集序》时，死生亦大矣，依然鲜活如初、历久弥新！

献身于圣坛的两个男人的较量
——有感于《巴黎圣母院》中的克洛德·弗洛罗和《简·爱》中的圣约翰

"好书不厌百回读，熟读深思子自知。"和同学们一起再次重读《巴黎圣母院》时，我不像第一次读时关注情节发展和真善美的较量了，而是将阅读重心放在了一个男人身上，一位献身于上帝的修道士——克洛德·弗洛罗。或许是上学期刚读完《简·爱》，其中圣约翰的身影动不动跑出来，让我对这两位献身于圣坛的男人作一对比，我一直想动笔写一下，今天是阅读交流课，我想，既然可以和同学们当堂一起写作文，也可以和同学们一起当堂分享与交流对《巴黎圣母院》的阅读感受。

相比与爱丝美拉达的至美至纯，我觉得克洛德·弗洛罗是一个极为典型的真实人性的形象代表。

他出身高贵，是归巴黎主教管辖的梯尔沙普领地的主人，是有权在巴黎及附近城镇收取年贡的贵族。他从一出生便被父母安排好做教士，受到良好的教育，养成了一位教士所需要的各种品格与品性，顺从低语不逾矩，严肃认真热心学业，是一位在学业上孜孜以求、有极高造诣的学者。有一个细节描写，他从不缺席圣约翰德博韦街上大小学堂的课程，圣彼埃尔德瓦尔修道路院院长在圣德勒日西尔学堂开讲教会法时，总看到克洛德弗洛罗紧贴讲坛，背靠着一根柱子坐下。他随身带一个角制的墨水瓶，嘴里咬住羽毛笔，不时在磨光了的裤膝上记点什么，冬天则一股劲儿朝手指上哈热气。这与我们古代的囊萤映雪苦学有异曲同工之妙，都呈现出一位刻苦自励的少年学子形象。他将神学研究透彻后，又沉浸在教规研究领域当中。可以说，通过努力，他已然成了一位名副其实的优秀教士。

当然他的优秀远不止于此，旺盛的求知欲让他涉猎了更多的领域。医学、自由技艺都是他擅长的领域，他成了一名出色的医生和语言学家。18岁时，他已博通四大学问。文中有一句关键的句子对他的命运有暗示：对他年轻的生命个体而言，人生似乎只有一个目标：知识。可见他是一个有非同寻常执念的人，可以预见当他未来有全新发现时，他也一样可以在彼方面执着成魔。当然，对于此时的他来说，在他18岁年轻的生命里，充满了学霸气息和别人家孩子的骄傲喜气。也因他的努力与博学多识，他争取到了应有的极高的社会地位。

但是一场瘟疫夺去了他温馨的家庭，父母双双亡故，19岁的他便成了孤儿，这让他对仅有的弟弟疼爱有加，倾心呵护，如父如母。有人说，你失去的终将加倍夺回。克洛德对弟弟的爱正是因为家庭突然变故在他内心深处巨大创伤的外在表现，他加倍的疼爱其实是对亲情加倍索取的体现。原生家庭的痛苦可以伴随人的一生，这一点从克洛德身也体现了出来。他决定把整个身心都奉献给小兄弟的未来，终身不娶不育，以兄弟的幸福和财富为自己的幸福和财富。可爱有时未必得到应有的回应，最好的猪油搁久了也会有哈喇味的。从小在哥哥关爱下长大的弟弟却成了放荡无度的魔头。这让一向自信的哥哥大为受挫，只有退而求其次，更专注地投入学问的怀抱。如果说他沉浸在教育弟弟的过程中是他人性的回归，醉心学业是神性的体现，那么此时的他在一点点远离人性，他作为神父的严峻与作为人的忧郁越来越明显。一个人违背的人的本性发展，就必然带上不可理喻的特质，他也因此不被周围人理解，被大家视为异类。

可神性终究难以战胜人性，当他有一天在河滩广场，看到敲着巴斯克鼓，随着节奏翩翩起舞、身段细巧纤弱、灵活如黄蜂、黑发如漆、明眸如火的吉卜赛女郎爱斯美拉达时，他作为人的内心久已积压的情欲被这个美丽的姑娘彻底激活，就如同他醉心于学问一样，他从此沉浸在爱的疯狂状态中而一发不可收拾。他个人也在神性与人性的纠结中痛苦不已。他安排卡西莫多实施抢劫爱斯美拉达的计划未遂之后的疯狂；他无意中听到腓比斯是姑娘钟情恋人的歇斯底里；他看到腓比斯与爱斯美拉达缠绵悱恻时举刀相向的歹念；他以为爱斯美拉达已处死后疯狂地在乡间奔跑的癫狂；他为了占有爱斯美拉达与刚果瓦策划营救计划时的缜密；当爱斯美拉毅然决然拒绝他卑微的爱情之后的邪恶报复；当他在楼顶专注地看着爱斯美拉达受刑时的畅快。可以说，他之前所有的坚持与执着都在攫取占有爱斯美拉达这一件事上得到了淋漓尽致的表现。

我有时很疑惑，像他这样一个一直严格自律修身的人，怎么可能在一位美丽的女士出现后就彻底崩溃，被欲念击垮了呢？

文本中有一段情节似乎可以给我想要的答案，那就是当爱斯美拉达被关进监狱后，克洛德到狱里对爱斯美拉达痛苦的表白，他为克制自己的情欲一直避免和一切女性接触，将自己牢牢地捆缚在知识与修道院的教规之中，乞求从知识的海洋中求得心灵的平静，在没有遇到爱斯美拉达之前一直是这样做的。但是遇到她之后，他被爱斯美拉达的美丽彻底击垮，无时无刻不在疯狂地爱着她直至成疯、成魔、成癫狂。压抑越久爆发力越强，强大到他没有办法用知识与清规说服自己，他沉沦在情欲的瀚海中不能自已，这与他多年来一直信奉的教义又极端矛盾，于是他痛苦他纠结他沉沦他癫狂他不知道何为。他的真实在此，他的典型也在此，他活化出了一个人真实内心世界，入木三分。这样如此具有典型性的人物形象又恰恰深刻地揭露出宗教教义反人性、灭人欲给人带来的戕害之深。

为什么克洛德·弗洛罗会在情欲面前疯魔，而《简·爱》中爱着简·爱的修道士圣约翰则显得相对平和许多呢？同样献身于圣坛的两个男人之间在情欲方面的角力如何呢？

相比于克洛德·弗洛罗的优秀，圣约翰显得微小许多。他出身于一个破落的家庭，在沼泽居里有一座破旧的房产，两个妹妹到外省以家庭教师为生，可以说他是普通社会中的一个极为普通的教士。虽说他也与克洛德·弗洛罗一样有着冷漠严肃的表情，也一样过着修身洁净的刻板生活，但他显然比不上克洛德·弗洛罗位高权重，也明显达不到克洛德那样极度的禁欲意志力，因此，当他的爱情来临时，他处理的方式会温和许多。

其次，两位引发献身圣坛男人的女性也有不同，爱斯美拉达以其靓丽的外貌、优美舞姿、婉转的歌喉让所有以貌取人的男子第一时间都会疯狂爱上她；而简·爱则是第一眼看去永远不属美丽但越相处越有味越有内涵会慢慢吸引男性的女性，所以这是两位具有不同魅力的女性，她们触发男性的情欲的程度不尽相同。

再者，即使立志献身上帝的人终归是人，身上永远涌动着人的基本情欲。圣约翰有两个相依为命的妹妹，是两位充满了同情心与内心高尚的知识女性，她们能给予哥哥必要的关心与安慰，或以说家庭的温情时刻包围着他。而克洛德·弗洛罗仅留存于世的弟弟则是个混蛋无赖，弟弟从哥哥那里求取的永远是钱财，他得不到一个完整家庭应有的温情与慰藉，在亲情上缺失的只能从爱情中试图弥补，所以相对于圣约翰对简·爱的理智而有节制的爱情，克洛德·弗洛罗对爱斯美拉达的爱情则显得迫切疯狂许多。

最后，引发两位男人爱情的动机也不尽相同。圣约翰是希望有一位能与他一同到印度献身上帝的伴侣，简·爱对于圣约翰，伙伴的意义大于爱侣的意义；而爱斯美拉达则纯粹是由于性别激发了克洛德·弗洛罗作为男性的情欲，肉欲的冲动大于精神伴侣的意义，所以他的爱痴狂而迷乱。

从以上几方面可以看出，两位献身于圣坛的男人的较量因家庭出身、受教程度、家庭关系、对爱理解的不同，展现得倒是极为典型。两位男性的一番角逐没有胜负、没有对错，只有精彩，只有审美带来的震撼，这便是名著不朽的魅力！

细细密密网格线，真真假假不了情
——《红楼梦》第四十三至四十五回批读

一、细细密密网络线

《红楼梦》最精彩的除了人物还有精彩的结构。《红楼梦》不同于以往才人佳人小说单线结构形式，采用的是网络式的结构，以几个主要人物为中心，涉及多个人物和更多的事件，形成一张宏大的网络状结构模式。在第四十三至四十五回中，我们以凤姐为中心试着说明一二。

在第四十三回中，当王夫人正和凤姐说话时，贾母差人叫她俩过去商议大家共同凑份子给王熙凤过生日，于是很快召集了一屋子的人，大家纷纷出钱，凤姐自己还主动请缨帮李纨出一份份子钱，贾母专门安排由尤氏负责张罗凤姐的生日事宜。尤氏去找凤姐商量怎样过生日，凤姐说只要以老太太高兴为准，尤氏挤怼凤姐不要太过了。众人送份子钱给尤氏，尤氏到凤姐处取钱，结果发现凤姐答应替李纨出的份子钱并没有交，尤氏说了凤姐几句，顺便悄悄把平儿、鸳鸯、彩云等人的钱还了回去。九月初二是凤姐的生日，各种活动都有，很是热闹。初二也是诗社起社的日子，但不见了宝玉，众人去找，说他很早就出门了。宝玉带着茗烟出北门到冷清的郊外，最后到水仙庵，撮土祭拜，茗烟替宝玉祭奠说话；茗烟巧劝宝玉回家，回家门口见玉钏落泪，众人都很关切宝玉去处，贾母斥责跟班小子。

在第四十四回中，众人都在看戏，黛玉评价《荆钗记》里王十朋到江边祭奠不知变通，其实是暗讽宝玉祭奠金钏不知变通。贾母让大家好好招待凤姐，尤氏给凤姐敬酒，众姊妹也来敬酒，鸳鸯来敬酒还抢白凤姐一顿，凤姐不觉间就喝多了。凤姐想抽空回家歇歇，平儿跟随，发现家里一个小丫头的举动令人生疑，严厉逼打，问出实情。凤姐回家发现贾琏和鲍二家的偷情，听二人私语要扶正平儿，气得不问缘由就打平儿，进屋撕打鲍二家的，闹得不可开交，贾琏夫妇二人都拿平儿出气，平儿气要寻死。众人赶来时，贾琏借酒劲要杀凤姐，凤姐跑去贾母处求救，众人斥骂贾琏，贾母安慰凤姐平常心看待。平儿被众人劝进园子，宝钗安慰她要做明白人，琥珀传贾母话让平儿自觉有光辉。平儿到怡红院，宝玉替凤姐二人赔不是，并且着人让平儿换衣裳重新梳洗，亲自给平儿整理脂粉理妆；宝玉为能尽心侍候平儿而欣喜，又为平儿的身世感伤，帮平儿熨衣服，洗手帕。次日，贾琏来贾母处，碍于贾母的威势给凤姐赔不是，又给平儿鞠躬作揖，三人和好；回到家里听闻鲍二家的上吊，贾琏忙着打发用钱化解，又找王子腾以势压人，又给鲍二钱另娶女人，平息此事。

在第四十五回中，李纨带着众姐妹来找凤姐，想让她当诗社的监社御史，并让她帮惜春作画寻找家有原材并外购其他用品；凤姐说大家让她入社的主要目的是让她出钱，并打趣李纨小气，顺带说了李纨在贾家的地位与身家；凤姐答应给诗社先交五十两银子，并替惜春作画找用品，忙张罗。赖嬷嬷来找凤姐，因她孙子赖尚荣脱了奴籍得了县官众人给她道喜；赖嬷嬷了解贾府历史，谈起贾家祖父辈管家的严苛和现今家道的不正不堪；赖嬷嬷邀请凤姐赏光去吃孙子当官贺酒，顺便帮周瑞家的儿子求了情。黛玉旧病复发，在家发闷，宝钗探望，询问病情，引发黛玉的真情，感激宝钗，互诉真挚姐妹情；是日下午变天，下起雨来，黛玉心有感怀，写《秋窗风雨夕》长诗一首以寄愁绪；宝玉来探望，关切三问，黛玉说他穿戴像渔翁，因不小心说错话而羞红脸；宝玉看见诗稿称赞好诗，黛玉忙向灯上烧了，宝玉已记在心里。因时间不早，宝玉告辞时，黛玉将自己的玻璃绣球灯拿给宝玉；宝钗打发婆子送燕窝来给黛玉，黛玉致谢招待，婆子忙去赌牌。

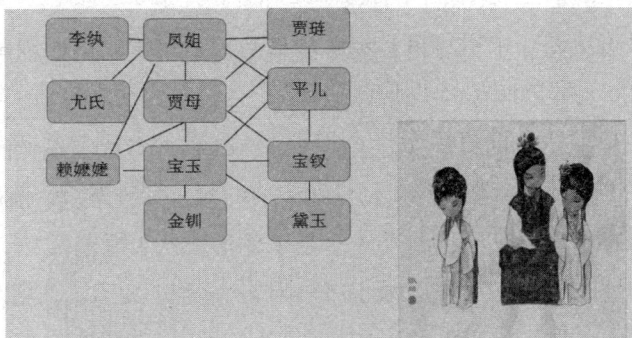

《红楼梦》四十三至四十五回结构图

在这三回里，如果以贾凤姐为中心，涉及了方方面面的许多人，有帮凤姐办生日的尤氏，有找凤姐做诗社社监的李纨等姐妹，有找凤姐去赏光吃席的赖嬷嬷，有趁着生日偷欢的贾琏，有被夫妻二人欺负的平儿，有劝慰平儿要做明白人的宝钗，有照顾平儿的宝玉。这一干人生发着诸多事宜，林林总总，错错杂杂，但整个事件却能多线并行，有序进行，并不混乱。

这也就形成了《红楼梦》基本的叙事特点：人物众多，头绪繁复，矛盾纵横，内容广阔，结构宏伟，形成细细密密的网络线，针线细腻，逻辑严密。作者巧妙地将宝黛爱情悲剧放在错综复杂的矛盾关系网中，置身于一个大家庭的兴衰史中。这其中还涉及了王、史、薛三家，形成四大家族、朝廷内外、皇亲国戚之间、官场上下、市井乡村等广阔社会背景，编织成一张巨大的网状结构，形成了完美的网状结构叙事结构方式。这打破了中国传统小说才子佳人单体结构叙事和如同《儒林外史》般一个故事接续另一个故事的连缀结构叙事的特点，这也是《红楼梦》在结构上高超的艺术成就的表现之一。

二、真真假假不了情

1. 凤姐与金钏生日

人数上的对比。凤姐生日人数众多，凑份子的银两多达一百五十两，用尤氏的话说，"既不请客，酒席又不多，两三日的用度都够了"；金钏的生日则显得很冷清，只有宝玉和茗烟两个人。

场面上的对比。凤姐的生日非常热闹、活动丰富，"不但有戏，连耍百戏并说书的男女先儿全有"；金钏的生日是宝玉和茗烟向城外一气跑了七八里路，到人烟稀少处，需要香和炉炭，可荒郊野外根本无处可买，只能到附近的水月庵去，既无物品又无祭奠的场所，极不方便。

气氛上的对比。凤姐的生日众人轮流敬酒说笑，有真实祝贺的，也有热言讥讽的，场面欢愉异常；金钏的生日只在一个井台上姑且祭奠，既凄清又寂寥。

情感上的对比。凤姐的生日众人多是承贾母之欢，虚与委蛇，逢迎凑趣者多；而金钏的生日宝玉是怀着真诚的心既惭愧又悲伤，是真心真意地来祭奠的。

在这一回中，凤姐过生日的浮华热烈与宝玉祭金钏的凄清寂寥对比。凤姐生日外在的热闹和多数人内心冷漠，金钏生日外在的清冷和宝玉内心的炽热，形成一系列鲜明对比。凤姐生日，场景热闹，却暗写、虚写、略写；祭金钏冷清，却明写、实写、详写。将个中情冷与情热，情真与情假，娓娓道来，细笔勾勒，对比鲜明，让人产生"悲凉之雾便布华林"之感，形成了"攒金庆寿"和"撮土为香"的经典情节，让人回味悠长，自成一段真真假假不了情。

2. 凤姐与贾琏的闹剧

这场闹剧以凤姐前后截然不同的形象分为风波前和风波后两个场景。风波前，凤姐来家时疑心到严刑逼问小丫头，发现贾琏奸情，来到房下愤怒撕打鲍二家的和平儿，等贾琏怒火上来拔剑杀妻时又逃奔向贾母等人求助，可以说是一副悍妇凶狠之相。贾琏则在事发前极尽淫浪之态，事发时发怔、无奈与生气，之后怒打平儿撒气，拔剑杀妻时表现出无赖、无耻之相。风波后，凤姐在贾母等人面前呈可怜可疼之态，让人感觉可悲又可叹。而贾琏被逼认错，鞠躬求和以求贾母宽心，内心却拒不认错，"越发纵了她"即是明证。

在这一出夫妻闹剧中，王熙凤生日本应是众人共贺的美好时刻，可最应给予她祝福的丈夫趁机偷情，背叛婚姻，背弃爱情，体现了封建社会男子任意作践女子的不公，让王熙凤成为婚姻的受害一方，有她本应让人同情的一面；但凤姐精于心计，狠毒严苛，大打出手，装弱乞怜，博得同情，机诈善变，让属于她的同情关爱又多出一份可笑滑稽，也让这一对夫妻的关系变得虚虚实实，假假真真，二人共同演绎了一出真夫妻假爱情的生日闹剧。

正是这种虚假夫妻关系让二人日后的婚姻又生变故，最终葬送了夫妻真情，也让王熙凤走向了众叛亲离的命运悲剧。这也是贾家这个封建家族土崩瓦解的冰山一角。可以说，《红楼梦》用一个个细节形象生动地演绎了一部社会时代变迁史，寓大事于细节中，撼人心魄！

3. 黛玉与宝钗的金兰姐妹情

宝钗来探望黛玉，说起黛玉的病，让她请个医生好好瞧瞧。黛玉哀叹生死由命，对未来充满了悲观色彩。宝钗和言劝慰，让她多用食补，最好吃燕窝。黛玉说自己寄居人下，再不敢劳烦别人。黛玉真诚地向宝钗说了自己从前对宝钗的误解之情，"然我最是个多心的人，只当你心里藏奸""可知竟是我自误了"。对自己之前的误解充满歉意与自责之情，这才有了今日与宝钗的真情吐露之意，"若不是从前日看出来，今日这话，再不对你说"。可见黛玉是将宝钗当作知心姐妹真诚相待的。黛玉孤高冷傲，不易亲近人，又怀着宝钗与宝玉金玉之缘的心结，所以一直疏离着宝钗，在宝钗对黛玉无意中引用《西厢记》诗句的真诚说教中，在宝钗在这一回真切的关心中，黛玉终于放下了心中的芥蒂，坦率认错，真心回应宝钗。从之前的冷到如今的热恰恰是黛玉真诚率直的一面。

宝钗宽容大度，处处体贴，时时周济，圆融变通，用真诚换来了黛玉的真心，有真诚的一面。但她把对黛玉的情感只是当作"人人跟前应候"的一件事，处处应候他人必定有违心的一面。从这个角度上讲，她的真诚是有限度的，比不上黛玉一旦认准之后的全情投入的真诚。所以，在宝钗的真中又透出一丝丝的假与冷。

黛玉与宝钗的金兰姐妹情，深刻地活画出了真黛玉、假宝钗，热黛玉、冷宝钗的形象特点。

《红楼梦》人物众多，事件繁复，格局宏大，但行文严谨、针脚细腻、逻辑严密，编织了红楼细细密密网络线，达到古典文学结构的巅峰。

凤姐生日的假意与金钏生日的真情，凤姐与贾琏真夫妻假爱情，黛玉与宝钗金兰姐妹情中的真黛玉、假宝钗，热黛玉、冷宝钗：三段真假情，一段世俗画，共同演绎了一曲红楼"假亦真时真亦假，无为有处有还无"的悲欢人生。

《红楼梦》中的大丫鬟们之烈鸳鸯

《红楼梦》第四十六回"尴尬人难免尴尬事　鸳鸯女誓绝鸳鸯偶"一回中，鸳鸯作为贾母的首席大丫鬟正式登场。

这一回的主要内容是邢夫人要帮着贾赦纳鸳鸯作小。作为贾府的丫鬟，她们最好的命运结局可能就是被主人看上做妾或偏房，这也是当时普遍的价值观念，比如袭人就是如此。而当这个"好运"遇见鸳鸯时却发生了意想不到的转折。

作者手法很高妙，刻画人物性格如花蕊层层绽放一般，一步步烘托渲染。

首先是用凤姐和平儿的表现侧面烘托鸳鸯的与众不同。当邢夫人将此消息告诉凤姐时，凤姐认为不可行。凤姐的理由是从自己平日与贾母相处的细节中得出的，贾母生活全由鸳鸯悉心照料，日常全靠鸳鸯，离不开鸳鸯；并且凤姐知道贾母平日认为贾赦年纪已大，纳妾过多，既耽误别人也作践身体，只知享乐却无心做官，对这个大儿子心有不满；她认为最好别去拿此事招贾母嫌，不去碰钉子。当凤姐将此事告诉平儿时，平儿也持相同看法，是因为平儿从平日与鸳鸯的相处中知道她的性格，知道此事行不通的。而邢夫人虽同样与贾母相处密切，却只一味地讨好老爷以求自保，全然未分析出个中情势，恰恰说明了邢夫人"愚蠢"的性格特点。当然，这也推动了故事进一步发展。

当邢夫人直接找到鸳鸯说明来意时，面对邢夫人的劝说，鸳鸯默不作声，只是"红了脸"。鸳鸯脸红一则是因为说到自己的亲事，女儿家本身羞涩所致，二则面对邢夫人直白的说辞而难堪。鸳鸯以"默不作声"回应邢夫人，是基于平日对邢夫人的了解，知道和她讲没有任何用处。

鸳鸯为躲避此事到园子中恰好遇见了平儿和袭人。面对平儿时，鸳鸯两次脸红，一则是因为平儿知晓此事叫她"姨娘"而羞涩脸红，二则是听平儿说了此事原委后羞涩难堪。但与面对邢夫人时脸红不同的是，在自己好姐妹面前，鸳鸯不再静默，而是用响当当的语言直接表达了自己真实的想法，"这话我且放在你心里，且别和二奶奶说：别说大老爷要我做小老婆，就是太太这会子死了，他三媒六聘的娶我去作大老婆，我也不能去"。绝不给贾赦作小，态度果决而坚定，也侧面印证了之前平儿对此事的态度和看法，说明她们经常在一处，彼此是知心了解的。当平儿和袭人担忧鸳鸯的未来时，鸳鸯也用自己清醒的认识回答了姐妹们："老太太在一日，我一日不离这里。若是老太太归西去了，他横竖还有三年的孝呢，没个娘才死了他先放小老婆的！等过三年，知道又是怎么个光景，那时再说。纵到了至急为难，我剪了头发作姑子去；不然，还有一死。一辈子不嫁男人，又怎么样？乐得干净呢！"平儿想到鸳鸯是家生的奴才，命运不由自己，鸳鸯则说："家生女儿怎么样？'牛不吃水强按头'？我不愿意，难道杀我的老子娘不成？"面对好姐妹平儿和袭人，鸳鸯用明确的语言一再表达自己对此事的态度，照顾贾母终老，即使死也不进贾赦门，即使自己是家生的奴才也绝不委屈自己的心志，任人欺凌与蹂躏。

面对自己的势利的嫂子，鸳鸯体现了更为刚烈的一面，直接对嫂子开骂，说嫂子她们只是求取富贵的势利眼，根本不考虑自己的想法，并且很直白地说出了封建社会女子的一般悲剧人生，全由别人作主、只是附属品的悲惨人生，"我若得脸呢，你们在外头横行霸道，自己就封自己是舅爷了。我若不得脸败了时，你们把忘八脖子一缩，生死由我"。这体现了鸳鸯清醒而富有洞察力的认识高度。

线行双条，这边邢夫人问凤姐鸳鸯的家境。原来鸳鸯父亲金彩是家生奴才，在南京看房子，哥哥金文翔与嫂子在老太太这边做事。贾赦见事不成，便命贾琏叫金彩上京，但金彩病重生死未卜，贾琏被父亲骂出；贾赦又叫金文翔，威胁鸳鸯逃不出他手心，鸳鸯无奈假意答应，要求见贾母亲自回禀。

当时众人皆在，鸳鸯拉她嫂子在贾母面前发誓，说得决绝："就是老太太逼着我，我一刀抹死了，也不能从命！若有造化，我死在老太太之先；若没造化，该讨吃的命，服侍老太太归了西，我也不跟着我老子娘哥哥去，我或是寻死，或是剪了头发当尼姑去！若说我不是真心，暂且拿话来支吾，日后再图别的，天地鬼神，日头月亮照着嗓子，从嗓子里头长疔烂了出来，烂化成酱在这里！"鸳鸯用早准备好的剪子剪头发，"原来他一进来时，便袖了一把剪子，一面说着，一面左手打开头发，右手便铰。众婆娘丫鬟忙来拉住，已剪下半绺来了"。贾母大怒，众人皆惧，贾母斥责邢夫人，贾赦也羞得不敢见贾母。此事暂告一段落。

鸳鸯敢在贾母面前的发下毒誓，如同花蕊全部绽放一般，让她的明艳形象呈现高光时刻。就如同她的姓"金"一样，熠熠生辉，鸳鸯有着金子般高贵不屈的心，有着追求自由和平等的果决意识，就更见出其卑微而不自卑，低贱而不自贱的可贵人格精神，成为红楼女儿中一位"烈"味很浓的"脂粉英雄"（周汝昌语）。

《红楼梦》中的大丫鬟们之呆香菱

在《红楼梦》第四十七、四十八回中，呆霸王薛蟠不知冷面郎柳湘莲的潇洒豪气，纵情调戏柳湘莲，遭到这位虽落拓但自尊犹在的公子一顿好打。颜面全失的薛蟠为了遮羞，借口与张德辉南下做生意，游山玩水去了。这时，他的侍妾香菱正式出场。香菱搬到大观园和宝钗同住，就有了和姐妹交往的故事。

香菱是姑苏乡绅甄士隐唯一的爱女，却在元宵佳节被人贩子拐走，在恐惧中度过了不幸的童年。冯渊公子第一眼就看中了她，要买她做小，郑重答应三天后迎娶她，香菱的命运似乎有了转机，结果天不遂人愿，人贩子再卖香菱。薛蟠执意要抢香菱，可怜冯渊被打致死。贾雨村受恩于甄士隐却不思回报，糊涂判断葫芦案向贾家献媚，当事人薛蟠则带着香菱和母亲妹妹向京都而去。这姑且看作香菱出场的一段背景，一位乡绅千金却成下层婢女，所以当她再出现在众人面前时，已是一"不知名姓，不知父母，不知家乡"的三不人员。人生来处不得而知的无根恐惧，让香菱的出场始终带着一种淡淡的哀伤。

香菱早已向往大观园。在她心中，大观园是诗意的世界，于是她便拜黛玉为师学诗，而老师黛玉也乐为香菱之师。可能是职业使然，我对此一节非常关注，姑且多叨几句，总结黛玉老师的"师说"有如下几个学习过程：

教师擅长下水才有心得教法于心。黛玉对当古诗词专职教师颇有心得，因她本人便是诗情满怀的女子。且听老师黛玉怎么说作诗："诗是有章法可循的"，"不过是起承转合，当中承转是两幅对子，平声对仄声，虚的对'虚'的，实的对'实'的。若是果有了奇句,连平仄虚实不对都使得的","作诗以主意要紧"。

积累。作诗先进行积淀,从王维、杜甫、李白三人的诗入手进行吟诵积累与感悟。

择取。黛玉老师将自己圈点勾画的诗集给了香菱,其实是提前选择了教材,将最适切的资源交给了学生。

学生乐学。学生好学,沉浸学习中,和老师谈诗,能将诗文的意境与自己曾经生活的场景联系起来,老师相机点拨,讲明了诗的传承与创新关系。老师和学生要进行对话式教学,才能在学生已有的生活经验和认识上提升一个新的水平。

良好的师生关系。专业的老师黛玉和兴趣十足的学生香菱构成一组最好的学习伙伴关系,也为香菱学诗打下了良好的师生关系。

自从香菱进入大观园学诗之后,香菱便成为红楼呆性实足的女主角了。

她茶饭无心,坐卧不宁,处于作诗的冥想深思之中。

> (香菱)默默的回来,越性连房也不入,只在池边树下,或坐在山石上出神,或蹲在地下抠土。
>
> 自己走至阶前竹下闲步,挖心搜胆,耳不旁听,目不别视。一时探春隔窗笑说道:"菱姑娘,你闲闲罢。"香菱怔怔答道:"'闲'字是十五删的,你错了韵了。"众人听了,不觉大笑起来。
>
> 至晚间对灯出了一回神,至三更以后上床卧下,两眼鳏鳏,直到五更方才朦胧睡去了。

这一组传神的正面描写将香菱摹诗、写诗的过程表现出来。不仅如此,作者还用侧面烘托进一步渲染。

> 来往的人都诧异。李纨、宝钗、探春、宝玉等听得此信,都远远的站在山坡上瞧着他笑。只见他皱一回眉,又自己含笑一回。
>
> 宝钗笑道:"这个人定要疯了。昨夜嘟嘟哝哝,直闹到五更天才睡下,没一顿饭的工夫天就亮了。我就听见他起来了,忙忙碌碌梳了头就找颦儿

去。一回来了，呆了一日，作了一首又不好，这会子自然另作呢。"

通过正侧结合描写，集中笔墨，把香菱沉浸作诗的情状生动地刻画出来，也把香菱作诗执着成痴呆状的单纯可爱形象活画出来。

香菱是很有慧根的学生，在与老师黛玉说学诗体会时，对"渡头馀落日，墟里上孤烟"中"馀"字和"上"字的品读，能结合自己进京途中傍晚湾船靠岸，"岸上又没有人，只有几棵树，远远的几家人家作晚饭，那个烟竟是碧青，连云直上"，和自己所读这两句诗境契合，"倒像我又到了那个地方去了"，在学习中能将与自己的生活体验融通，具有天生的学习慧根，也许是也家族的基因有某种内在的联系。其实细细想想，还有更深一层的人物悲剧感。这一生活体验结合现实，正是薛蟠唆使家人打死冯渊，撒手而去，携家人进京时的情景，香菱自以为得了冯渊，从此摆脱了苦命，谁知又进入命运的无常中，是香菱极端悲惨的生存境遇的委婉写照。难能可贵的是，香菱竟然能以诗家眼光看待命运的坎坷与多舛，这恰恰反映了香菱心怀诗意自安然的内在精神气质。

黛玉给香菱布置作业《吟月诗》，香菱痴迷作诗，创作三首：

月挂中天夜色寒，清光皎皎影团团。
诗人助兴常思玩，野客添愁不忍观。
翡翠楼边悬玉镜，珍珠帘外挂冰盘。
良宵何用烧银烛，晴彩辉煌映画栏。

第一首吟月诗押韵合辙，描写了月色清冷时节，诗人乘兴游玩时所见优美的月色。用了比喻手法将月亮比作玉镜、冰盘，将月光的皎洁和清冷表现了出来，但没有过多个人的情感萦绕其间，更像是优美语句的堆砌，是直白的表述。这也是初学诗歌模拟的真实起步阶段。

非银非水映窗寒，试看晴空护玉盘。
淡淡梅花香欲染，丝丝柳带露初干。

只疑残粉涂金砌，恍若轻霜抹玉栏。

梦醒西楼人迹绝，馀容犹可隔帘看。

第二首吟月诗仍押韵合辙，着重描写出月光下梅花和柳丝的情状，月色下台阶和栏杆似有轻薄覆盖的景色，有了个人的情感，但重点是月色而非月亮。人的情绪已有委婉的表现。

精华欲掩料应难，影自娟娟魄自寒。

一片砧敲千里白，半轮鸡唱五更残。

绿蓑江上秋闻笛，红袖楼头夜倚栏。

博得嫦娥应自问：缘何不使永团圆！

功夫不负有心人，当香菱将这一首交给众人看时，众人看了笑道："这首不但好，而且新巧有意趣。可知俗语说'天下无难事，只怕有心人。'社里一定请你了。"第三首吟月诗重在摹写月亮精华神韵与娟娟寒魄的精神内核，抓取得十分到位，并赋予月亮以相思的情感指向，表达了相思团圆的情感体验，情与景谐，情致婉曲有致。也是香菱对诗歌深沉体悟后领悟到诗歌景与情融的体现。

香菱这一呆性情可与黛玉的诗情进行比较：黛玉出身名门贵族，父母祖母珍爱，家境优渥，从小请塾师教她读书习字，与诗书相伴，既有自身的条件还有外在家庭的环境；而香菱虽是名门之后，但从小被拐，几经买卖，没有先天的学习条件，纯粹是内心对诗性的追求，是一种天赋的气质，虽经凄惨的境遇也未曾磨灭，可以说香菱是"天生的诗人"（欧丽娟语），具有与众不同的性灵之美。

香菱的呆其实是在内心中始终保持着纯洁的诗意，才能让她始终在现实的污泥中淡雅清纯，恬静安然。"香菱始终都心存一股不为现实世界所摧残的诗性向往，非常人所及。"（欧丽娟语）这也正是香菱借诗追求性灵之美的终极体现！

一位心怀诗意千寻瀑的动人女性——香菱！

《红楼梦》中的奇女子之薛宝琴

《红楼梦》中写了许多青春年少的女孩子，有一个女孩子却不属于金陵十二钗之列，这人便是薛宝琴。宝琴出场很晚，已经是第四十九回了。当时的香菱学诗正酣，众人都在品香菱之诗时，贾府来了许多亲戚，这也是大观园最快乐的开始。李纨的寡嫂带着两个女儿李纹、李琦上京，邢夫人的兄嫂带着邢岫烟投奔邢夫人，薛宝钗的堂弟薛蝌带着妹妹薛宝琴进京准备发嫁。一众人等都聚集到了贾府，这时候的薛宝琴便显得极为特别。

首先是她超凡脱俗的品貌。薛宝琴很美，她有多美，恐怕沉鱼落雁都不足以表现她的外貌之美，高超的作者不会直言其美，而是用一系列的烘托层层渲染达到其目的。首先是宝玉感叹自以为自家女孩已是很美，结果发现天外有天人外有人，这一群新来的美女竟无法用语言形容了，"更奇在你们成日家只说宝姐姐是绝色的人物，你们如今瞧瞧他这妹子，我竟形容不出了"。接着借袭人与探春对话再一层点染，当袭人问宝琴有多美时，探春拿宝钗这个美人与她对比，"连他姐姐并这些人总不及他"。不仅如此，贾母作为封建家族的最高掌权人，见过的大世面自不待言，一见宝琴"欢喜非常"，逼着王夫人认作干女儿，晚上跟着自己一处安寝，用贾母不同寻常的表现再点一层。宝玉，眼光独到；探春，睿智机敏；贾母，阅人无数——用这三个人的视角强化对宝琴的渲染，达到正正更正的正衬效果。

为什么大观园里这么多容貌清秀、才情俗脱的女孩子都不及薛宝琴呢？仅仅是外在的美吗？相由心生，内心美丽才是永恒美丽的基础。宝琴这个女孩子与大观园里的女孩子相比，有哪里不一样的地方呢？

薛姨妈说出了其中的一个重要原因，"他从小儿见的世面倒多，跟他父母四山五岳都走遍了。他父亲是好乐的，各处因有买卖，带了家眷，这一省逛一年，明年又往那一省逛半年，所以天下十停走了有五六停了"。与贾府的女孩子相比，宝琴最与众不同的地方是从小跟随父亲四处游历，广开视界。相比宝钗、黛玉、探春一众大家闺秀们"大门不出二门不迈"狭窄逼仄的生活空间，外出烧香都是人生重要的外出机遇，宝琴的生活直径远远大于贾府这一群美少女。

第五十二回中，宝琴自述："我八岁时节，跟我父亲到西海沿子上买洋货，谁知有个真真国的女孩子，才十五岁，那脸面就和那西洋画上的美人一样，也披着黄头发，打着联垂，满头带的都是珊瑚、猫儿眼、祖母绿这些宝石；身上穿着金丝织的锁子甲洋锦袄袖；带着倭刀，也是镶金嵌宝的，实在画儿上的也没他好看。"可以说，宝琴禀赋聪敏，自幼读书识字，又能跟随父亲随处游历，形成了她所独有的人生识见，在当时自是极不寻常，因而自成一段风骨。这成为她的超凡外表的一种张力。

宝琴独特的生活经历养成了她随处机变的性格特点。在芦雪庵联诗前，湘云和宝玉烤鹿肉吃，面对这样闺阁绝无仅有的行为，宝钗端庄自持绝不会参与，黛玉体弱多病不能参与，只有宝琴相机随时参与。她敢于尝试新鲜鹿肉，不像宝钗恪守于礼法不僭越，也不像黛玉清高孤冷不从俗，而是善于机变，体现其兼钗黛而有之的性情之奇。

芦雪庵即景联诗是大观园青春女子大放异彩的高光时刻，湘云和宝琴则是高光时刻当仁不让的主角。"一夜北风景"的起句可悲可喜可忧，完全是情绪的自然流露。一群青春洋溢的女孩子你一句我一句即兴接龙，好不快意。游戏最紧张的时刻则成了湘云、宝琴和黛玉三人的PK擂台，才女相逢豪者胜，最高潮以湘云笑倒作结。这一场也是宝琴诗情大迸发的时刻。不仅如此，当宝玉去妙玉处乞红梅归来，宝琴又赋琴一首，"疏是枝条艳是花，春妆儿女竞奢华"，心胸开阔，一扫众人对梅清高品格常规写法，也体现了宝琴独特的视角。对宝琴的诗情书写又乘胜再追一笔，宝琴一气呵成十首怀古诗，将自己生活阅历融注于诗歌中，也将她与大观园一众女孩的生活隔开一道深深的鸿沟。宝琴仿佛俗世中一朵奇葩，超于世俗，自有一种华贵奇绝之姿。

琉璃世界，白雪红梅，凫靥金裘一宝琴！

《红楼梦》中的大丫鬟们之勇晴雯

高明的作家思维缜密，让情节严丝合缝，用在晴雯的出场上再恰当不过。袭人作为宝玉的首席大丫鬟，其地位无人能撼动。那么怎样让晴雯出场做主角呢？于是袭人母亲病重，凤姐隆重气派地打发袭人回娘家去，以显示袭人此时与众不同的屋里人身份。袭人一去，宝玉的饮食起居就由晴雯和麝月负责。

之前晴雯撕扇已经见出这个丫鬟不同一般的个性。这几回则是郑重为晴雯立传。

当天夜里，麝月出去，晴雯要跟着出去吓唬她，因天寒穿得少，次日早晨就生病了。宝玉请医疗治精心照顾，晴雯病症并不见好。病晴雯是这一次晴雯出场显著的特征。

晴雯的性格是和平儿对比呈现的——针刺坠儿现其暴。平儿上次在芦雪庵和大家一起吃鹿肉时丢失的镯子是宝玉房中的坠儿偷的，打狗看主人，平儿顾及宝玉的颜面，不想让旁人趁机发难，也不想让心疼宝玉的贾母和王夫人生气，更不想让袭人等姐妹落有疏于管教的口实，主动说是自己丢的，遮掩过去。平儿在人情中顾及方方面面的感受，不刻意生事，将大事化小、小事化了的世态人情做得恰到好处，体现出善于处事的性格特点。平儿不敢将此事告知晴雯，单独叫麝月出去交代，还侧面说出晴雯"是块爆炭"的性格特点。晴雯知道后"果然气的蛾眉倒蹙，凤眼圆睁，即时就叫坠儿"，在宝玉的劝说下方止。

但晴雯仍然压不住心中的愤怒，待宝玉出门做客后把坠儿叫来，"冷不防欠身一把将他的手抓住，向枕边取了一丈青，向他手上乱戳，口内骂道：'要这爪子作什么？拈不得针，拿不动线，只会偷嘴吃。眼皮子又浅，爪子又轻，打嘴现世的，不如戳烂了！'坠儿疼的乱哭乱喊"。这一节很暴力也很残忍，用动作与语言描写晴雯对坠儿偷盗的不齿之情，一则展现晴雯外在心直口快的"暴炭"性格，进一步探究，其实是晴雯对丑恶行径疾恶如仇的内心体现，同时也暗示了她日后招致众人的怨恨与诽谤，树敌过多，"寿夭多因诽谤生"，最后被驱逐致死的悲惨命运。

晴雯为什么会有这样的性格呢？其实晴雯的身世相当悲惨，无父无母，十岁时由赖大买来孝敬贾母，因"生得伶俐标致"得到贾母的喜爱，后来放到宝玉房中使唤。在身世上，晴雯和香菱一样，无父无母，不知家乡，不知名姓，但后天生活境遇的不同，让二人形成了截然不同的性情。香菱被薛蟠收为屋里人，所托非人，只能委屈地另寻慰藉，形成和顺宁静的性格。晴雯自进贾府便得到贾母的喜爱，自然给她一层厚厚的保护层。贾母又把她送给宝玉，而宝玉天然对女儿有一种自发的怜惜之心、疼爱之情，可以说晴雯的生存环境比香菱要宽松许多。这也让晴雯的天性得以自然生长。她外貌俱佳，神似黛玉；她手工精湛，女工一流。这两项足以让她有了傲视他人的资本，外在与内在的双重作用形成了晴雯口尖舌厉、性急浮躁、火爆易怒、争强好胜、骄纵任性的性格特点。"心比天高，身为下贱，风流灵巧招人怨。"一个卓尔不群的女子鹤立鸡群，自身地位的不堪必然招致更多的流言和诽谤袭击，以她天真率真的性格当然无招架之力，所以她的失败也是必然的了。

晴雯与宝玉的主仆关系是重头戏，勇补雀金裘一节即是最好的体现。由于舅父过生日，宝玉一早就穿着贾母给的孔雀毛做的雀金裘出门，结果晚上回来唉声叹气，原来大衣被烧了一个洞。他怕老太太知道不高兴，就连夜去找匠人织补，却无人能揽这个活儿。晴雯虽在病中，只好坐起来挣命。"晴雯先将里子拆开，用茶杯口大的一个竹弓钉牢在背面，再将破口四边用金刀刮的散松松的，然后用针纫了两条，分出经纬，亦如界线之法，先界出地子，后依本衣之纹，来回织补。补两针，又看看，织补两针，又端详端详。无奈头晕眼黑，气喘神虚，补不上三五针，便伏在枕上歇一会。"用孔雀金线界密了不露痕迹，体现了晴雯精湛的手艺，却是在虚弱的病况中，也更见晴雯之"勇"。晴雯补的是雀金裘，体现的恰是对宝玉纯洁而真挚的感情。为了宝玉能不被贾母等人责备，晴雯不顾病体补好了京城里"能干织补匠人"都不敢承接的艰巨任务，完成了对宝玉一次真挚的爱意体现，也进一步写出了她和宝玉之间那种奴婢兼朋友的平等关系。

在宽松的环境下，有一个名叫晴雯的女孩在自然发育，平等生长，却不幸夭折，只落得"多情公子空牵挂"！

"当局者迷，旁观者清"——艺术和实际人生的距离

《谈美》第二章通过列举生活中一系列事物产生不同的感受是由于观点和态度不同造成的差别，说明艺术和实际人生必须保持一个适当的距离，才能产生美感。艺术是与实际生活保持一定距离之后的作品。

　　这一章主要提出了艺术与实际人生是有距离的这一观点。文中列举了大量的生活现象和艺术作品来说明美感是产生只有脱离了实用的态度，在与实际生活适当距离之后才能感受到。

　　前六节集中举例。

　　以莱茵河晚间东西岸散步和一棵树正身与倒影感受不同为例，说明本来是习见不奇的东西，因距离而产生美感。

　　北方人看西湖，平原人看峨眉，东方人初到西方，西方人初到东方，都产生新奇之感，说明人会产生新奇的地方比熟悉的地方美的感觉。

　　古董癖对古董的偏爱，种田人羡慕读书人，读书人羡慕种田人，说明旁观者所看出来的滋味比当局者亲口尝出来的好。

　　人常不满意自己的境遇而羡慕他人的境遇，人对自己过去的回忆有甜美之感。

　　探究以上现象产生如上感受的原因，全是观点和态度的差别。即是以实用的态度还是美感的态度造成了对同一事物不同的感受。说明美和实际人生有一个距离，要见出事物本身的美，须把它摆在适当的距离之外去看。

　　接下去的部分以此立论，进行具体阐释。

　　依然以树的倒影和正身不同感受为例说明正身和实际人生没有距离，倒影和实际人生有距离，美的差别即起于此。

　　游历新境时易产生美感也是因为习见的环境与实用联系过密易于注意其实用的工具，新境则与实用有距离易于发现其本身的美。

　　一件惹人嫌恶的事情在时间的距离下会变美，以卓文君私奔，攀钱小小为乡亲为例说明现在与实际人生距离较远易产生美感。

　　一般人迫于实际生活需要，都从实用的态度看待事物，不能以适当的距离看待人生世相；而艺术家和审美者则能跳开利害的圈套，只聚精会神地观赏事物本身的形相，主动地在美的事物和实际人生之中维持一种适当的距离。

　　在美的事物和实际人生之中维持一种距离一定要强调适当的。太近易受实际生活的牵绊，太远则无法欣赏。列举王渔洋《秋柳诗》中一句，说明如果是当时的故旧大臣，读完此诗，因诗文内容和自己的生活际遇太相近易自伤身世无法产生美感。

进一步论述从道德的观点谈论文艺是没有认识到道德是实际人生的规范，而艺术是与实际人生有距离的。

因艺术与实际人生有距离，所以艺术与极端的写实主义不相容。如裸体女子照片和裸体雕像、裸体画像给人产生不同的感受，说明艺术都带有若干形式化和理想化，有几分不自然，所以不易被人误解为实际人生。

艺术方面似乎不近情理的各种变形化表现真正目的是拉开艺术与自然之间的距离。艺术本来是弥补人生和自然缺陷的，艺术的最高目的不在妙肖人生和自然。

艺术都是主观的，是作者情感的流露，但它一定要经过几分客观化。艺术都要有情感，但是只有情感不一定就有艺术，艺术所用的情感是经过反省的，艺术家在写切身情感时，都不能同时在这种情感中过活，必定把它加以客观化，变为客位的观赏者。

通过这一章的学习，我们再反思生活中艺术作品中的一些表象，比如，毕加索的抽象画，其实恰恰是将实际生活与艺术用陌生化、抽象化的方式拉开距离，用夸张的图形表达内心的情感体验。西方现代派的代表作品卡夫卡的《变形记》借小职员一天早晨醒来人变甲虫来表达现代社会人性的扭曲的痛苦，用荒谬的形式拉开与实际人生的距离。而《红楼梦》在繁复的生活细节中拉近了艺术与实际生活的距离，又用太虚幻境拉开了与实际生活的距离，让人产生艺术的真实和真实的艺术的审美感受。这些艺术作品都是作者向世界传达情感的不同方式，也都是作者经过反思之后的作品，是将艺术与人生拉开了距离之后的结晶。我思故我在，艺术更好地体现了人类思维的意义和价值。

"子非鱼，安知鱼之乐？"——宇宙的人情化

《谈美》第三章主要通过举例说明移情作用与美感经验的密切关系，然后以自然美、艺术美、书法为例进行具体阐释，称移情的现象是宇宙的人情化，美感经验是人的情趣和物的姿态的往复回流。物的形相是人的情趣的返照；人不但移情于物，还要吸引物的姿态于自我，还要不知不觉地模仿物的形相。

开篇借《庄子·秋水》中庄子与惠子濠梁游鱼的故事说明美感经验中的一个有趣的道理，就是我们通常都有"以己度人"的脾气，用自己直接的经验推知他人的感受。我们知道旁人旁物时是把旁人旁物看成自己，或是把自己推到旁人旁物的地位。人与人，物与物，都有共同之点，所以他们都有互相感通之点。

这种"推己及物""设身处地"的心理活动不尽是有意的，出于理智的，所以它往往发生幻觉。我们知觉外物，常把自己所得的感觉外射到物的本身上去，把它误认为物所固有的属性，于是本来在我的就变成在物的了。如"花是红的"，其实是"我觉得花是红的"，把"我觉得"三字省去，把在我的感觉误认为在物的属性了。再如天冷、石头太重，云飞泉跃，山鸣谷应，都是根据自己的经验来了解外物。这种心理活动通常叫作"移情作用"。

移情作用是把自己的情感移到外物身上去，仿佛觉得外物也有同样的情感。这是一个极普通的经验。以文学作品中出现的实例一一说明，如蜡烛垂泪作惜别，青山点头作尽兴状，柳絮的"轻狂"，晚峰的"清苦"，菊见劲节，梅显高标。

由以上实例看出，移情作用是和美感经验有密切的关系的。移情作用不一定就是美感经验，而美感经验却常含有移情作用。所谓美感经验，其实不过是在聚精会神之时，我的情趣和物的情趣往复回流而已。

以欣赏自然美为例阐释，古松的形相引起高风亮节的类似联想，让我和古松融为一体，互相影响。真正的美感经验都是要达到物我同一的境界。在物我同一的境界中，移情作用最容易发生。

以欣赏艺术美为例阐释，如音乐，乐调的本身只有高低急缓的物理之别，并没有快乐和悲伤的情感之分。而音乐有快乐和悲伤的分别，是我们将本属于听者的情调，在聚精会神之中将这种情调外射出去的结果。

以书法艺术为例阐释，书法可以表现性格和情趣。字既可抒情还可移情，这都是把字在心中所引起的意象移到字的本身上面去的结果。

移情作用往往带有无意的模仿。从心理学看，这本不是奇事，凡是观念都有实现于运动的倾向。在美感经验中，注意力都是集中在一个意象上面，所以极容易起模仿的运动。

移情的现象可以称之为"宇宙的人情化"。从理智看，移情作用是一种错觉，是一种迷信，但如果没有移情，就没有了艺术和宗教。

由美感经验是人的情趣和物的姿态的往复回流，可抽出两个结论：一是物的形相是人的情趣的返照。二，人不但移情于物，还要吸收物的姿态于自我，还要不知不觉地模仿物的形相。

心理活动中的移情作用与美感经验息息相关，"泪眼问花花不语，乱红飞过秋千去。"花无所谓流泪伤悲，随季节自然荣枯，在作者主观情感的印照下，处处皆著我之色彩，此乃艺术创作中的"有我之境"也；那么"采菊东篱下，悠然见南山"的无我之境还有没有作者情感的关照呢？读完全文，回答当然是肯定，"悠然"将"真我"巧妙隐藏，刻意突显自然，让我之情感不明显体现在字面中，但作者的赤诚的内心情感如暗流喷涌，情感一点不比"有我之境"弱，可见"有我"与"无我"只是创作的一种艺术追求，从美感经验活动来看，都是一种物我相通的境界，都是集中在意象上的人的情趣与物的姿态的往复回流的体现。

《世说新语》细读：桓冲为什么不爱穿新衣

《世说新语·贤媛》记载了一则趣事：桓冲桓车骑不爱穿新衣。一次洗浴结束后，他的妻子特意送新衣给他，桓冲大怒，命人拿走，但妻子还是坚持让人送了回来，并传话给他说：衣服不经过新的，如何变成旧的呢？桓冲听后大笑，愉快地穿上了新衣。

这一则轻松的小故事首先表现了桓冲的妻子是一位很机智的女性，由此可见当时士家女子真性情的一面；同时也能体现桓冲的性格特点，当我把"从中可以看出桓冲是怎样的一个人"问题抛出时，大家有说桓冲小气节俭，有说桓冲不讲究外表形象。陈梓溢同学则认真地给大家解释说，当时的人们好炼丹服药，经常吃丹，皮肤很敏感，而古代的新衣因为材质粗劣，不如旧衣经过多次浆洗会软和许多，而桓冲作为当时的名士，应该也有这样的习惯，所以，他不穿新衣是与服药有关。我本来只是想让同学们体味简洁语言刻画人物形象的手法，不曾想，能听到梓溢的这样一番高论，委实惊讶！

说实话，作为老师，他的这一番见解不由地让我暗暗赞服，他能联系魏晋名士们的日常生活进行大胆而合理的推测，说得完全在理。这也引发了我想进一步探究的热情。

于是下了课之后，我又查了《晋书·列传第四十四》关于《桓冲传》的相关内容。其中有这样一段内容：

> 冲性俭素，而谦虚爱士。尝浴后，其妻送以新衣，冲大怒，促令持去。其妻复送之，而谓曰："衣不经新，何缘得故！"冲笑而服之。命处士南阳刘驎之为长史，驎之不屈，亲往迎之，礼之甚厚。又辟处士长沙邓粲为别驾，备礼尽恭。粲感其好贤，乃起应命。

这一段文字，将桓冲不爱穿新衣作为论据是为了证明他生性质朴节俭这一性格的。从晋书的这一段记载来看，对人物的记载基本是合乎史传体例的基本特点，写得中规中矩，所以说此一节表现桓冲节俭朴素是没有问题的。

我又查询了一些网络资源，了解了桓冲的生平事迹。桓冲作为东晋名将，是桓彝的第五子，是大司马桓温的弟弟，桓楚武悼帝桓的叔叔，出身显赫，地位尊荣。随兄桓温北伐，因功晋爵，号称征虏将军；勇讨张骏，平定江州，辖制江荆二州；一生建立颇多功勋。但他与哥哥桓温一人专权不同，而是忠于晋室，当桓氏家族与陈郡谢氏有冲突时，以国家利益为重，牺牲宗族利益，主动让位给谢安，自愿出镇外地。从此一件事便可看出此人的气度与襟怀。其中也谈到桓冲长期服用五石散，加之年事已高，发病而亡。也由此可知，梓溢同学所说的不爱穿新衣的推论是有现实依据的。

由桓冲不爱穿新衣一件趣事生发了对桓冲及其家族的一段记忆，这便是《世说新语》带来的一段新知。

魏晋南北朝的那些士族大户之谢安

《世说新语》作为一部笔记小说，其形式上最大特点便是"零散"，体制短小，寥寥数语，情态毕现，读之兴趣盎然。但同时也因这种"随手而记"笔记小说的特点，人物言行相对散乱，不成体系，也造成了阅读时的一种混乱，所以这也让我有了和同学们一起梳理《世说新语》中名士们言行的想法。

首先出场的就是陈郡谢氏，作为魏晋南北朝时期的十大世家大族，出自陈郡阳夏，是现在河南太康县境内一族，是继琅琊王氏、高平郗氏、颍川庾氏及谯郡桓氏之后成为东晋最后一个"当轴士族"。由宋至梁，一直为士族领袖，与琅琊王氏并称"王谢"。谢家的崛起和发迹，是一代代谢家人的积累而成。时光到了东晋中期，谢氏家族传到谢安、谢万、谢石和谢尚、谢玄、谢琰等诸辈，即谢缵的曾孙和玄孙辈。此时，谢安由于超高的声誉，出色的政治才能，被推上了宰相位置，那理所当然的谢尚、谢万、谢石、谢玄、谢琰等人也各领强兵遍布地方重镇。在谢安任宰相期间，从容指挥了东晋军队，八万北府兵在淝水之战中击败前秦入侵的八十万大军，取得了巨大的胜利，这一光辉战绩足足让他火了几千年，也把谢家推上了辉煌和荣耀的顶峰。

自淝水之战后，谢家一举成为顶级士族豪门，这其中的原因说来也非常简单，谢家能保住东晋江山。近代学者余嘉锡所说："谢氏虽为江左高门，而实自万、安兄弟其名始盛。谢褒父衡虽以儒素称，而官止国子祭酒，功业无闻。……后来太傅名德，冠绝当时，封胡、羯鞣，争荣竟秀，由是王、谢齐名。"

淝水之战之后，谢氏子弟大多隐退，但仍旧保持了最高门第的地位不坠。自东晋至梁朝（公元317—557年），谢氏共有十二代、一百余人见于史传，其门第之高，边皇帝有时也不得不借助于他们的影响力。谢氏拥有大量资产，子弟也大多才华出众，被视为士族领袖前后两百余年。

侯景之乱时，陈郡谢氏与琅琊王氏一起因拒绝联姻而被侯景族灭，从此消失。唐人刘禹锡曾在游金陵时不禁感慨："旧时王谢堂前燕，飞入寻常百姓家！"让人不胜唏嘘！

　　在了解了这些内容后，再来看世说，就有了更厚重的背景知识了，试读一二。

　　民主和谐的家庭关系。谢安在一个寒冷的雪天和家人们聚集在一起谈论义理，外面雪骤，谢安让子侄们说说大雪像什么。谢朗说像在空中撒了盐一般，而谢道韫则说，不如说像柳絮因风起舞一般。谢安大笑快乐不已。一个其乐融融的生活场景跃然纸上，其间可以见出谢道韫的灵秀与才华，其实谢朗的比喻也无不可，如果放在西北的雪夜，如盐的大雪更形象地体现了雪的力量和强劲，可见，语言的高下因时因地因人而异，断不可妄下评语。但谢安与子侄们一起谈玄论理的和乐安详情状也可见一斑。

　　自怀怜爱之心的谢安。谢奕在剡县作县令时，因一位老人犯法，所以罚老人喝烈酒，老人醉酒过量也不停止。时年七八岁的谢安顿生怜悯之情，在一旁边劝说哥哥放了老人，谢奕听从了弟弟的话，放了老人。年纪小小的谢安从小便有体恤怜悯之心。

　　内心悠然安详的谢安。一日，谢安与王羲之共登冶城。谢安悠闲自得、凝神遐想，有超脱世俗的志趣。王羲之对当时的清谈之风颇为不满，便劝说谢安，大禹操劳国事，手脚胼胝，周文王每天宵衣旰食，依然觉得时间不够用。在当今国家战乱四起之时，应该为国家效力效劳，切莫只空谈荒废政务。谢安对此的回答很有水平：秦国作用商鞅，只传了二代便亡了国，难道这是清谈所导致的祸患吗？在我们当代实干兴邦的思想指导下，我们不约而同地会赞同王羲之的观点，但在魏晋南北朝时期，恰恰是人们对自然对宇宙的思考引发了对人个体的思考，促进了人的觉醒、人的发现，从这一角度来说，清谈是有积极进步意义的一面。而谢安的这一回复非常巧妙，巧用秦用商鞅二代而亡的历史反思，国兴不因实干，国亡也不因清谈的观点，其实也是在驳斥一种非黑即白的单边思维。由此，或见思想的深度与远见卓识的韬略，体现了谢安在当时的积极思想价值。

　　有趣的一姐之争。谢安的侄子、谢奕的儿子谢玄非常推崇自己的姐姐谢道韫，而张玄之则想用自己的妹妹和谢家才女姐姐一比高下，恰好一尼姑都与两家交好，当人问二位淑女的高下时，尼姑回答说，谢家姐姐神情闲适开朗，有竹林名士的风范；张家妹妹有如美玉辉映，自是大家之秀。两种不同的美不同的气质是难以分出高下的。一姐之争最终不了了之。

儒林中的小人物之晋爵

晋爵，放在《儒林外史》中，如果不提示一定找不见他藏身何处，是位地道的名不见经传的小人物，所以介绍他就必须介绍与他有关的主要人物。

儒林最主要的特点，人与事来俱来，亦与事迄俱去。蘧公孙与王惠的交往告一段落回到嘉兴借王惠所赠的一部《高青邱集诗话》添上自己姓名，刊印成册遍赠众人，遂成少年名士。追逐附庸风雅之事。正在此时，作为内侄的娄家两位少老爷来拜见蘧太守，于是引出了娄三娄四两位公子的故事。

这两位公子娄三（娄琫娄玉亭）和娄四（娄瓒娄瑟亭）家世不凡，父亲贵为大学士，哥哥现任通政司大堂，而两位公子本身却仅是个孝廉和在监读书的身份，只因未登科晋爵，所以常常有愤激之语，哥哥怕因言获罪因而让他二位回家乡。由此可见，娄三和娄四是以官宦家的不肖子身份登台的，在与蘧太守谈论江西宁王造反一事便可见端倪。

娄三和娄四辞别蘧太守返程途中又偶遇帮自家看祖坟的邹三并顺路看望其父邹吉甫，借邹吉甫之口引出了帮人看店的老阿呆杨允杨执中。这位杨执中是个典型的书呆子，不会做生意，因此亏空店家七百多银子，被告在德清县关押已一年半有余。两位公子却认为这样的读书人被关着实不应该，也因此一厢情愿地认定杨执中是一位义士，于是起了要救他的公义之心。于是开始了一段娄三和娄四公子结交各色所谓名人的闹剧。

也就是在这个大背景下，小人物晋爵出场了。首先看名字，带着浓重的奴仆气息，也体现了主人家的价值追求——加官晋爵。娄三、娄四两位公子因一心援救杨执中，于是派出自家办事的晋爵前去县衙打探情况。

晋爵受主人委派的工作方式很有特点，不是秉公出差，而是通过人情私解。他有个拜盟的兄弟在县衙作户房书办，通过熟人关系很快将杨执中的底细打听清楚，原来只欠七百两银子，还是在监读书的廪生挨贡的身份。这更加激起娄三娄四二位公子的不平之气，于是慨然拿出七百五十两银子继续让晋爵去官府交涉。结果晋爵只拿了二十两银子再次找到书办，二人商议以娄府为名出个禀帖责问知县大人。知县惶恐，自补银子，准晋爵作保人，竟然没有任何解释地将杨执中释放出来，而晋爵轻松赚得七百三十两银子。一个投机取巧，善于钻营的小人物形象活画出来。

一个关押了一年半的人就这样轻松从官府放出，这整个过程，如果说晋爵会办事，不如说晋爵很善于借力打力，借势造势，狐假虎威。全凭了娄府在当地的权势与声望，晋爵才会如此利落地办成此事，也由此推知，这样的事他办的不只此一件，正所谓习惯成自然，我想作者借小人物晋爵其实是想展现当时世井生活之一隅，更可深刻地揭示出以娄府为代表的官宦势力在当地作威作势的社会大背景。只是作者写得委婉，点而不透，但批判的力量却力透纸背。

幸福的人用童年治愈一生——谈简·爱与科波菲尔

经典重读让我们对人生的思考又多了许多有趣的发现，比如贾雨村与匡超人比较是我之前未曾想到过的，今天我又想写写简·爱与科波菲尔的比较。

这两个人可能是因为作者都是英国的缘故，又都是自传体的方式，又都写了自己不幸的童年生活，又都是在童年的磨砺中成长成熟的，所以有很多的相似点。最突出的一个特点是童年对人一生的影响，我想从这个角度谈谈对二位主人公的认识。

简·爱是英国女作家夏洛蒂·勃朗特的同名名著《简·爱》中的主人公。讲述了简·爱从小变成孤儿寄居在里德舅妈家，受到他们全家人的责难；后来来到特洛伍德寄宿学校受到学校的施主罗可赫斯特折磨，幸好有仁慈的海伦和善良的谭波尔儿小姐，才让简·爱在逆境中不堕落不自卑，学会善意与自立，最终成了一位面对苦难不屈服，敢于追求自我尊严与价值的独立女性。

科波菲尔是英国作家查尔斯·狄更斯的小说《大卫·科波菲尔》里的主人公。讲述了小科波菲尔从出身父亲便去世，与柔弱的母亲和善良的女仆佩果蒂相依为命，后来母亲再嫁，嫁给了心黑狠毒的墨德斯通，从此改变了小科波菲尔快乐的童年生活，面对继父姐弟俩的折磨，母亲因软弱而抑郁身亡，科波菲尔被迫外出当童工，后逃跑投奔贝蒂姨婆，好心但性格古怪姨婆收留了他，与头脑不正常的迪克先生快乐融洽地生活，并且逐渐成长为令人尊敬的作家。

两部小说分别描写了一位女性自尊自强的成长史和一位男士仁慈悲悯的成长史。首先，小说叙述主体的有趣区别。简·爱这部著作的叙述主体感觉是一位带着不平之气的凌厉女性在斥责这个世界，直到找到真爱后变得柔和。小简·爱被舅妈和表哥诬陷被关在红房子里痛苦的内心让读者心纠，不觉与她产生情感的共振，为她的冤屈鸣不平；当特洛伍德狠心施主让简·爱当着众人的面罚站并责骂她品行不端时，我们更激起了对简·爱的怜悯之情；当圣洁的海伦悲惨地死在小简·爱的怀中时，我们内心的悲伤奔涌而来；当简·爱与罗切斯特因为疯女人而不能成婚，我们对罗切斯特的悲苦爱情有了更深的体察；当简·爱几经波折终于与罗切斯特相合，又让我们为之欢欣雀跃——作者把读者带入了简·爱激烈的爱恨情仇之中，悲得痛彻，喜得淋漓，让我们沉浸其中共情同情而融情。

而科波菲尔这部小说读完总感觉有一位心怀慈悲的长者带着仁爱之心看待着这世间的悲欢离合，始终笼罩着一层温情的目光。柔弱的母亲即使面对恶毒的墨德斯通姐弟俩的欺凌时，也不用最恶毒的词语，总给人留有余地。艾丽斯小姐一家面对希普的心机暗算时也总是用彬彬有礼的文字在描绘，给人一种旁观者善意的态度，不以物喜不以己悲的情怀铺满了整部小说，有种上帝悲悯世间万物的宽广全能视角。当然佩果蒂一家的善良和贝蒂姨婆的正直"永不卑贱，永不虚伪，永不残忍"的立身行事座右铭，更是充满了道德的感召力量，让人为之一振。

两部小说在表现人性方面也有相似之处。简·爱在用自己不幸的童年治愈自己的一生。如果没有仁慈的海伦的感化，如果没有谭波儿小姐的信任与帮助，简·爱将在凌厉的人生之路上越走越远，她的倔强不屈不妥协将会让她怀着恨意待世界。当然还有罗切斯特打破世俗禁忌的爱情让简·爱逐渐抚平了心中的创伤，心境柔和起来，看待世界也温柔许多，可以说简·爱的自愈功能很强化，如果是普通人，可能一生都很难走出童年的阴影。

科波菲尔有自己幸福短暂的童年生活，有母亲和佩果蒂的呵护，当然也有墨德斯通的折磨与蹂躏，但是还好他有善良的内心作支撑，还不断碰到乐天的米考伯一家和贝蒂姨婆的资助，能让他的少年和成年生活依然回到了正常的教育之路上，这才使他童年的创伤没有简·爱这么深重，可以说他的自愈更多的是旁边善良人们的互助，才让科波菲尔始终没有脱离正常的童年生活，这也让他的童年比简·爱的要幸福许多，这也许就是他的语调与视角中始终怀着温柔温和悲悯的原因罢。

幸福的人用童年治愈一生，不幸的人用一生治愈童年。每一个原生家庭都给孩子带来无尽的影响，读小说就是读社会品人生，从简·爱和科波菲尔身上，我们又学到了许多。

两位知识分子的黑化之路——贾雨村与匡超人比较阅读

上学期读《红楼梦》时读到贾雨村，总让我眼中闪过匡超人，当时就想写二人的比较，但因事务繁杂，只拟了题目一直搁笔未动，这次再读《儒林》，又让我这种欲望萌生。

贾雨村是清朝曹雪芹呕心沥血十年乃成的《红楼梦》中一读书入仕之人，匡超人也是清朝吴敬梓讽刺小说《儒林外史》中一同样由读书入仕典型形象之一，儒林中由读书入仕的儒生很多，只有匡超人让我觉得和贾雨村在人物心灵相貌上有异曲同工之妙。

首先二人的家庭出身非常相似，都是至贫子弟。贾雨村出场时是借居在葫芦庙一敝巾旧服的读书求取功名之人，姓贾名化，别号雨村，祖上虽是读书仕宦之族，然已处于末世，根基已尽，人口衰丧，只独身一人，靠卖字作文为生，期待机会咸鱼翻身；而匡超人出场时则是由温州乐清流落杭州街头一测字算命先生，姓匡名迥，号超人，身材瘦小，因跟人上省城卖柴不想折本无钱回乡，头戴破帽身着单衣甚是褴褛，一幅落魄相，父亲卧病在床却无力回乡尽孝，即使在测字时也不忘记读书。从二人的出场来看，都是懂得生活艰辛不易之人，因此二人应具备更强的出人头地光宗耀祖的人生抱负。

品相决定着人生的高度，在这二人身上可以见出。贾雨村外貌借甄士隐丫头之眼：腰宽背厚，面阔口方，剑眉星眼，直鼻权腮，足见相貌非凡，一表人才；匡超人虽只说身材瘦小并无明晰的外貌描写，但从他回家侍候父亲，杀猪卖豆腐，都可看出是一利落之人。贾雨村于中秋佳节夜朗声高吟"玉在椟中求善价，钗于奁内待时飞"，心中高远抱负一目了然；匡超人在家里照顾父亲待五更天依然读书不辍，用行动表明读书求仕的渴望之情。从此可见二人腹有才华，理想坚定。贾雨村在与冷子兴谈论贾宝玉时，对天下大仁大恶之人的一番宏论，足以看出他格局不凡；匡超人的才气可能要稍逊于贾雨村，借马二先生这位优秀的选家之口说出，"才气是有，理法欠些"，但人常说读书改变人的精神长相。从这二位孜孜读书的态度来看，二人品相不俗也是站得住脚的。这也预示着二人日后的发达之兆。

二人有着鲜明的性格特征：贾雨村至清；匡超人至孝。贾雨村刚开始的从政之路因性格刚正语言刚直入官一年便被弹劾罢官，可见他为人为官刚正不阿一面。匡超人在对待卧病在床老父亲可谓至孝，父亲瘫痪在床，如厕不便，经常屙尿屙屎在床上，匡超人回到家来，每日将父亲身体横转两腿向床外，自己跪下身扛起父亲双腿，让父亲排泄爽利顺心，身体大好，一副尽心侍奉亲人的孝子形象。匡超人回家借着马二先生给的资费杀猪做豆腐卖豆腐，给父亲改善伙食，父亲随叫随到，毫无怨言，打破了"久病床前无孝子"的俗话，可谓至孝之人。还乘着照顾父亲的空隙挑灯夜读，一个身兼门户大任积极昂扬向上的励志少年的形象。当家里发生火灾、哥哥忙着救财抢物之时，匡超人首先想到的是背着父亲和母亲，拖着嫂子躲避，借居庙里安顿，心怀家人无暇个人的坦荡襟怀也跃然纸上。

二人走向仕途之路都有伯乐相助。贾雨村是靠着甄士隐的资助进京赶考走上仕途，又借着黛玉的蒙师身份送黛玉入贾府和贾氏家族攀上关系，在仕途上有了强大的靠山；匡超人由良善的马二马存上先生送的盘费资助才得以回乡照顾父亲支撑门户，又借着潘保正的帮助得到知县李本瑛的垂青顺利应考，又借着潘三的资助在杭州城逐渐打开自己的人生局面，走上仕途。可以说二人在求仕之途上都有生命中重要他人的帮助。际遇的巧合，让他们走出了属于自己的人生困境。

人的地位需要匹配相应的道德水准。如果地位的升高没有道德作底线就会走上人生不归路。这在二人身上也能找到明证。罢官解职后的贾雨村似乎对官场有了全新的认识，借助贾政推荐再次走上仕途之后便与贾赦之流沆瀣一气，与官场同流，仕途越走越顺。其中一个细节是贾赦想要石呆子的宝扇，让儿子贾琏去索取而不得，但是后面通过贾雨村却顺利到手，贾琏也因此被父亲痛打一顿。贾雨村的办法是讹石呆子，用诬陷他拖欠官银的罪名把石呆子下狱抄家，生死不明。这一小人物也是日后关系贾家败落重要人物之一。逼迫石呆子不得不变卖家产抵债，这样扇子顺利到手，可见，为一宝扇逼着石呆子家破人亡，这便是贾雨村的计策，完全丧失了一个官员的良心与善意。同样，匡超人受到李本瑛提携成为秀才，在听说李本瑛解职发生的民闹可能与自己关联，便躲到杭州一溜了事。在杭州受到潘三的资助建立自己的人脉关系网，潘三亲自出钱替匡超人娶郑老爹女儿成亲，可以说潘三对他有知遇之恩。但后来潘三因犯事被抓，匡超人打听到可能会涉及自己当枪手代考之事，再次躲避逃往京城，一跑了之。来到京城再次受到李本瑛的提携走上仕途，竟然丧失良善，不顾家有妻子的事实，再娶辛家小姐成亲，此时的匡超人与当初的孝子形象已相去甚远。后来回乡取贡，乡人想让他帮着潘三说情，他堂而皇之地加以拒绝，毫无感恩之心，官场将一个心存良善的匡超人彻底黑化。人在最关键的路口往往靠着自己良知才能让自己随心所欲而不逾矩，否则稍不留心便被世俗同化或黑化。可惜二人一路向上的仕途之中因缺少了强大道德自律的约束而逐渐走上黑化之路。细想两人的黑化之路，让人想到《论语·雍也》里的一句："子谓子夏曰：女为君子儒，无为小人儒。"意思是说，你一定要做一个有道德的儒者，千万不要做个没有道德的儒者。一个人如果没有自己应坚守的道德操守，如果遇到不清朗的世道，是很难不被环境黑化的。我想这或许也是曹雪芹和吴敬梓二位大师通过这二位经典的人物形象反映当时社会的一种表现手法吧！

史传文学里的爱国主义教育

课程思政指以构建全员、全程、全课程育人格局的形式，将各类课程与思想政治理论课同向同行，形成协同效应，把"立德树人"作为教育的根本任务的一种综合教育理念。习近平总书记在全国教育大会上强调坚持中国特色社会主义教育发展道路，培养德智体美劳全面发展的社会主义建设者和接班人。全面发展的社会主义建设者和接班人需要的是理想信念价值观的深度认同与践行。与这一时代要求相契合，立足语文课堂，开掘语文课程思政教育的广阔天地，成为语文教育同仁的不二使命与责任担当。

语文教材中的许多的经典名著都是对学生进行思想政治教育最好的素材，本文立足人教版必修四史传单元的学习，适时适宜地开掘学生情感态度价值观的教育，形成语文课程优质的思政素材。

高中语文人教版必修四第四单元是古代人物传记单元，选取了《史记》《汉书》《后汉书》三部正史中的人物传记，主要人物有蔺相如、廉颇、苏武、张衡等，或以政绩、或以品德、或以才干名垂青史，令后人景仰、追慕。除了语文教学中的字词句的疏通，史传文学写人叙事手法，还应有在此基础上将人物还原到时代背景上的人物身上可贵的品质，以人物的精神气质化育当代少年学子，将古代人物鲜活生动的生命脉动移植到当代学子心中，让经典中的人物成为当代学子的精神偶像，进而发自内心地学习古人，践行古人，达到读书自励自育的目的。

一、蔺相如，时代最美的逆行者——当仁不让，舍人我其谁的担当精神

2020年开局注定是不平凡的，一场突如其来的疫情横扫大江南北，川流不息的城市按下了暂停键，一时间，16亿国民自闭在家，居家隔离，疫情汹汹，人心惶惶，困难当头，医护人员逆行而上奔赴疫情第一线，成了时代最美的逆行者。

而在2300多年前的赵国，也有这样一位逆行者，这就是司马迁《史记》中的蔺相如。

1. 面对国家困境毅然逆行的担当精神

强秦依仗着自己的强大，远交近攻，四处鲸吞诸侯国土。赵国意外得楚和氏璧，这便让贪婪的秦国垂涎三尺，假意修书给赵王，用十五城请易和氏宝璧。面对秦国这一昭然若揭的狼子野心，赵国一筹莫展，计无所出。想不给，害怕惹怒秦国招来战争，想给，又怕白白被欺骗秦城也得不到。在这两难之际，门客出身的蔺相如登上历史舞台，借缪贤之口侧面烘托蔺相如洞察深远的政治识见。当蔺相如直面赵王时，蔺相如侃侃而谈，纵论时局，话分两端，与其让赵理曲不如让秦理曲。当无人可使秦之际，蔺相如毅然只身前往虎狼之秦，成为赵国时代最美的逆行者。蔺相如在秦廷上捧璧倚柱，怒发冲冠，指责秦傲，陈说赵理，言正而辞义，势如破竹，以一敌万，庄重地表达了国家的尊严，使不辱国，完璧归赵。在蔺相如身上，我们分明看到了当仁不让，舍我其谁的担当精神。面对困难不逃避，面对问题不回避，面对责任不退缩的责任意识和担当精神。时隔千年，却与新时代的钟南山院士无二，道不远人，扑面而来。

2. 面对弱国外交挺身而上的担当精神

在"渑池之会"一节中，文中开篇两句话只17个字，"其后秦伐赵，拔石城。明年复攻赵，杀二万人。"简洁的背后深意层层。交代的背景除了秦赵惨烈的战争之外，还应有更深广的历史背景，秦楚之战此时已经结束，这样秦国才有了更多的精力进攻赵国，才能攻下赵国的石城，才能在第二年再次攻打赵国，杀两万人，这简单的17个字的背后是战国时期社会动荡、战争频仍、百姓流离失所、千里无鸡鸣，白骨露于野的社会现状。这一背景也直接造成战败的赵国处于劣势地位，战败除了签订屈辱条约之外，还面临着割地赔款的重负。弱国无外交，作为在这种背景下的会盟，应该是一场鸿门宴。面对这场鸿门宴，又是蔺相如，挺身而出，毅然前行。前有秦王不怀好意的命赵王鼓瑟，后有蔺相如请秦王击缶；秦御史记录赵王为秦王鼓瑟，蔺相如前进威胁秦王与之同命；前有秦臣要求赵十五城为秦王寿，后有蔺相如请以秦咸阳为赵王寿。语言交锋，如同疆场对峙，阵前厮杀，刀光剑影，幕幕惊心。在廉颇背后"盛设兵"的支持下，渑池之会完美地演绎了弱国有尊严的典范。

3. 面对国家股肱之臣的格局意识

"负荆请罪"则是围绕着赵国两位股肱之臣的关系展开。蔺相如快速上升的政治地位引来了老将廉颇的不满，面对廉颇的公然示威，蔺相如主动示弱。当门人不解一起辞行时，蔺相如以"先国家急后私仇"的国家道义晓喻众人，显示了国家股肱之臣的格局意识。更难能可贵的是廉颇知错能改，负荆请罪，卒相与欢的家国情怀。"二人同心，其利断金！"一个民族心往一处使，劲往一处拧，外国的封锁自然不攻自破。蔺相如和廉颇让我们看到了民族自立的方向和希望，中华民族的伟大是任何敌对势力阻挡不了的，这便是发自内心的民族自信力。

二、苏武，向精致的利己主义者说不——士不可以不弘毅，任重而道远的奉献精神

1. 心向故国的执念体现弘毅精神

读《苏武传》总会被最后几句简单的话语深深打动，"武以强壮出，及还，须发尽白。"苏武人生出使尚少年，归来头白已老翁，总共19年的岁月！这近二十年的时间，可让沧海变桑田，更何况是人事呢，几多种物是人非事事休的感慨与嘘唏油然而生。可就是这二十年未能改变一个人的追求与气节，这是怎样的毅力与恒心方能办到的呢？从文字中我们看到了不怕断绝饮食啮雪咽毡的苏武形象，看到了身处北海不毛之地仍执念持节牧羊的苏武形象。苏武将自己人生最美好的时光放在了守志不移的气节上，即使生活的磨难接踵而来，匈奴软硬兼施，前有卫律以刀剑加身相胁迫、高官厚禄牛羊满山做诱惑，后有李陵晓之以理，动之以情做说客，但苏武一心向国的心岿然不动。从这个角度来看苏武，就不得不仰视其高度并深味其人格厚度。当我们从内心深处体认与尊重其价值时，这时苏武的伟大也就在我们的阅读中诞生了。

2. 任重道远的执念看淡生死

廉蔺列传课后有道题是太史公评价蔺相如的，用来评价苏武应该是最合适不过的了。"知死必勇，非死者难也，处死者难。"这句话的意思是一个人知道要死了一定表现得很勇敢，不是死亡本身是难事，而是处于死亡的境况之下是很难的，也就是怎样对待死才是难事。为什么苏武会从一开始知道情状的一心求死，到后来千磨百折求生呢？

当苏武知道张胜涉及谋反之事后态度是不愿屈节受辱，引刀自刺以求杀身成仁，面对卫律的审讯，二次以死明志，这是苏武两次主动将自己置于死亡的境地之中，体现的是面对死亡的一种无畏勇气；敌人软的没有得逞，便来硬的，张胜在敌人的刀剑下屈节投降反衬出苏武不为所动的高风亮节，敌人将其放逐在北海无人之处，断绝其饮食，苏武啮雪咽毡毛以求生，牧羊时刻手握节符，这可以说是面对死亡的另一种意志考验，对此刻的苏武来说死亡不是难事，难的是将自己的一种气节坚守到底，平常人会在这样的生存困境中败下阵来，或许会用死亡结束自己，但苏武选择不死正突显了他与众不同的意志与追求。这期间还有李陵苦口婆心的劝降，但均是对苏武人格的一种张扬，一个人一定时期有一种理想不难，难的是一个人一辈子始终抱定一个理想。林则徐的一篇文章，"苟得国家生死已，岂因福祸趋避之"，当林则徐任湖广总督时雷厉风行虎门销烟，抱定的是为国为民的思想，位高权重时对国作贡献也许并非难事，难的是当林则徐被流放到偏僻无人的新疆伊犁阿克苏时还能为当地百姓造福，用自己的一生践行着为国为民的理想，这就是一种人格的力量，也是一种人生的厚度。

从这个角度来说，苏武和林则徐是一样的，用他们两人反观当下浮躁的社会会引发我们自身的思考。当我们将这样的苏武引领到学生心中时，学生怎能不被苏武打动呢？钱理群教授口中的"精致的利己主义者"也会因此而自觉减少。

三、张衡，投身国家基础领域的建设——非淡泊无以明志，非宁静无以致远的冲淡品格

张衡在他六十多年的人生岁月里竟然做出了那么多的伟大成就，在地震学、天文学、文学、地理学、数学、气象学、机械学、艺术都有不俗的建树，不由得让人思考，张衡是一个怎样开挂的真实人生呢？他又是怎样面对那样的社会现实呢？

文章记载得很简单，但从文本中又不难发现成就他如此功勋的主要因素，莫过于他的性情与生活态度了。"虽才高于世，但无骄尚之情，常从容淡静，不好与俗人交接。"寥寥数语，已让我们看到了一个真实的张衡，正因为无骄傲傲慢之心才能从容豁达应对世俗人生，也才能保持内心真诚与执着，也才能让发明与发现等身。梁衡曾写过的居里夫人，居里夫人具备了女人引以为骄傲的容颜与美丽，完全可让一个女子受用一辈子，但是居里最珍贵的就是没有将一般女子引以为骄傲的作为自己生存的标准，而是选择了执着于科学研究的一条别样的路，这期间的辛酸与苦楚只有她自己心知肚明，别人看到的是她头顶上的光环，却无意中忽略了她背后的艰辛与艰难，有一句话很打动人，"在居里夫人逝世后的笔记本里，依然有放射线在放射！"这是怎样的一种伟大与不凡呢？而我们今天也同样是这样看着张衡，背后的张衡应该是更值得我们去玩味与品评的，这也让我再一次坚信：态度决定人生。没有豁达淡泊的心何来丰厚的研究成果呢？国家建设正处于攻坚阶段，更需要大量有志青年投身国家基础领域的建设，没有宁静淡泊之心何来建功之业？

培根在《谈读书》一文中有这样一段对读书作用的描述："读书使人明智，读诗使人灵秀，数学使人周密，科学使人深刻，伦理学使人庄重，逻辑修辞之学使人善辩：凡有所学，皆成性格。"由此可知，读书可培养人的性格，而对社会主义事业接班者和能担当时代大任的新一代的培养则更需要通过读书达到教育育人、文化化人的目的。育人于读书中，育人于无形中。

我和我的读书小伙伴们

教育是一棵树摇动一棵树，一朵云推动另一朵云，一个灵魂唤醒另一个灵魂。在整本书阅读教学的过程中，教师的言传身教对一个孩子的影响是深远的。我将自己身边几位孩子的读书故事呈现如下，期待孩子们在读书的过程中丰盈自己完善自己。

一、我和舒扬

在读书结束时随手想找一个作书签的物品，结果在书架上看到了上届许小姐舒扬偷偷给我拍照并美图加工过的照片，其中有一张是我在办公室单手托腮看电脑时的剪影，舒扬小姐在下面用心地加了一句"在最美的年华遇见最美的你"。她当时也在四高一，天天和我泡在一起，每次总会偷偷用手机记录下我的一举一动，她美其名曰"黑照"。一个才初三的孩子对老师的爱里掺杂着许多的因素，我当时只是觉得她对我的情感包围很稚嫩，需要我像妈妈一样的爱的滋润罢了。所以经常给她说，对我的爱要节约，要细水长流，不要太猛烈，一下用完了，四年的时间还长呢！她不以为然，说会一直爱着我。

她学习很努力，每天任务安排得很满，所以经常一下课就会抽时间跑到我这里来和我聊聊天，吐吐槽，每次抱抱我就快乐地飞一般地走了。下午我在教室答疑时，她也总会到我办公室帮我端一杯水，然后让我要认真地爱惜自己。每天晚上我俩相伴走路回家到分手时她一定要爱的抱抱。

也因为对我的喜爱，她在语文学习上有了一个质的变化，从刚开始的全班强制答疑到每天坚持读书做摘抄，每篇读书心得洋洋洒洒上千字之多，一位执着于读书并在读书中表达自我的坚毅小女生是我始终对她的印象。

每每到节假日，她一定会细心地给我写一封情真意切的信，教育我要怎样保养身体怎样活得精致，让我总有种被照顾的温暖。舒扬小妞很会做饭，经常会将她在家做的各种美食拿来和我分享；舒扬小妞手很巧，会用刻刀雕刻许多人物谱像，还专门为我雕刻了一个；舒扬小妞还很会做手工，我的办公室被她的各种小手工装饰的五彩缤纷；舒扬小妞的声音很甜美，经常在我旁边小麻雀一样让我感受着她的快乐。舒扬小妞也很爱学习，每次都会为自己的优秀成绩因不满足而黯然神伤，特别想在语文成绩有所表现的她每每在不尽如人意后会找我尽情地哭诉……

这样不知不觉和她相伴了四载春秋，她如愿地考上了加拿大心仪的学校，在走之前专门要求我加她微信。在教师节过后三个月的一天，她的母亲约我，说有东西给我，原来是她在教师节专程写的越洋书信，希望她的母亲亲手交给我，结果因种种原因，这封教师节的礼物在11月底才到了我的手上，她在微信里还用她甜美的声音给我录播了一段，依然在表达着对我的感情，我看着看着

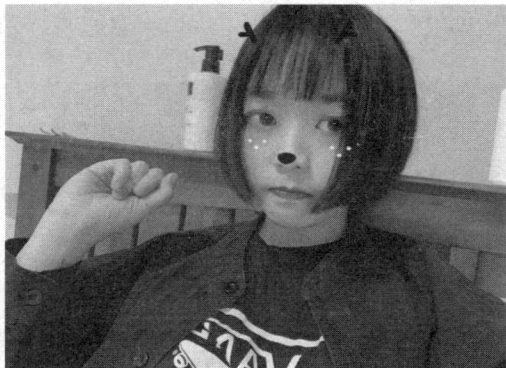

就泪目了，一个成长中的小女孩在时间游走中执着地爱着一个老师，相信她，信任她，依赖着她，这是怎样的一种师生情谊呢！我经历了她的稚嫩，陪伴了她的苦乐，见证着她的成熟；她也成为我生命过程一段灿烂的体验，丰厚了我的精神世界，成了彼此的牵挂，在最美的年华遇见了彼此！教育是最长情陪伴，我和她以及我的同事与周围一起成长的孩子们！

如今又是一届四高一，我又遇见一个如舒扬小妞一般包围我的小若琛，她每天持之以恒地写随笔，每天总会利用课间到我这里做各种可爱而幼稚的表情，说小朋友才会说的甜言蜜语，答疑时间和张洋一起找我玩飞花令，我们仨一起读《儒林外史》，每天晚上还会上QQ里给我写甜甜的小情话……她用她的热情让我们又一段的旅程甜蜜而美好，感谢在最美的华年又一次遇见！

二、我和若琛

入夜回家，若琛小朋友想从写作开始提升自己的语文水平，我欣然接受与她一起写写今天的生活，我想帮助一个孩子成长最好的办法是和她一起经历苦乐。不同的是，她对写作还未上路，而我已然沉醉其中。

既然话题是今日的生活，我大略想了想自己一天的生活，便想用阳光灿烂的日子来概括：

清晨早起，我已先行收拾停当，准备走路上班，但先生说儿子昨晚打球把腿摔了要送他顺便送我，于是叫儿子早起，他老大不情愿，而我俩赶着上班，于是每天清晨开始了起床不起床的父子斗争，只是今早激烈了些，两人说得激动，先生夺门而去，只好我耐着性子等小儿，结果小儿也满腹委屈，用力扔了早餐，老妈我很生气，不再等他，自己独自离开，早晨如此宝贵的时间，没有时间忙着发火，一大早就是超高温度，让嗖嗖的秋风秋意也顿减了几分，好一个火热的清晨。

出门一看先生还在等电梯，于是我坐着专车到校，刚到办公室，刘校电话已到说自治区督导组已进校门，我们赶紧到407开会，一位少数民族女老师向我了解学校教育教学情况，我热情地一一回应，杨校过了好一阵才来，原来走岔了，她到教育局去接人去了，聊天中得知督导组很忙，一天要去十来所学校，果然，不多久，督导组一行人上车而去，一看时间一个小时，这个速度雷厉风行，与时间抢效率，够火！

到办公室赶紧忙着完成京师学堂的百日学论语任务，我本周还要点评其他同学的作业，于是认真学习同学的心得再写出自己的心得，等忙完又开始准备今天课堂需要的内容，我临时调整，把世说新语的翻译带着同学们串讲一遍，刚开始还是慢一点比较好，然后再分享读书小报和思维导图。课堂上学生们很快过完了文言文，开始分享自己的作品，同学们很真实将自己敷衍塞责地对待作业的态度真实地表达出来，当然也有认真思考，精心组织，查阅资料交出的走心作业，对待这样一个新班级，端正态度是我首先要做的，要整顿班风的小火苗在胸中升起，我的同学马老师的"走心语文"可以用在我这个班上了！

下课后，物理年会的班级安排，资源审查工作的汇总，学术积分的修订，学部成绩的分析，排班老师的调整，学部教师节的庆祝，还有几位老师来签字，还有不断响起的QQ声，时间转瞬到了下班时间，小沈阳说一闭一睁一天便没了，我在电脑前接收发送中，一上午便也流走了，抬头一看，墙外的影墙分外明亮，阳光正好，时间从指缝中流走抢将不来，只有善待时间。

下午学科教研，新主任有新思路，课程负责人分门别类招兵买马，于是一个全新的语文研究又一次开始红红火火地出发，其间受朋友所托教一位新教师授课秘籍，我发现从题目入手，设置是什么、为什么、怎么样是不变的法则，教学需不断提炼，大道至简，说得估计也是这个道理罢；学部大会也在三位主管老师的精心准备下开得暖心而睿智，敬畏规划，科学规划，主动排解，快乐玩耍，是本次大会的主题，希望学生们能在一次次的大会中快速融入四高一这个集体，在全新的集体中认同自己，努力拼搏。学生们从四点开始到六点四十，从六点五十到八点三十整整一下午在大报告厅，还好同学们在老师的预热下坚持了下来，说明学生整体向上向善的心是明显的。蕾妈电话商量一晚取消，让学生回家吃饭，这个决定定能抵消时间长度烦恼，果然学生掌声雷动。

若琛约我一起回家，这个可爱的小女生让我想起了许小妞与我一起回家的日子，也是四高一，也是一个同样的深秋，也是一个清纯的小女生，不同的是时间已将人抛，走了旧颜，换了新颜，这个若琛的未来我将应该引向哪个方向呢？和一朵祖国的花儿一起，生活必是充满朝气的，我和她认真地聊天，说说学语文的方法，她很真诚地想提升自己语文水平，我也努力地将语文说得简捷明了些，不要让她畏惧，回到家里便有了我俩相约写作的约定。

一个阳光灿烂的日子里，写下阳光般的生活。

随笔十年

失去了方觉得珍贵，我从2008年开始便勤于在瑞博客案平台上写自己的教学生活感悟，直到2013年因学校转型，我更多时间在资源研发和事务处理中，所以写得不多但偶尔还是会记下自己的点滴体会，到如今已经十年，因网络的原因平台基本已经登不上了，我突然对自己的文章很珍惜，于是托朱老师从网络后台帮我把一中的所有文档整理下来发给我。是一个非常大的一个文件，需要我先从里面找自己的文章，于是，从培训回家我便开始陆陆续续整理查找自己的文章，其间因肩肘疼痛治疗了几日，其余时间基本都是在查找自己的文章，当然这只是第一步，之后将自己的文章再进行二次整理，因为文档并没有时间记录，所以我只好按照文章的先后内容大致推测时间，还有一些文章我自己都不能确定是不是我写的，于是都用黄色标注出来，到今天我终于完成了自己文章的二次归类整理。

整理完不免感慨良多，我从2009年开始到2013年前半年近五年时间里每天孜孜不倦，将自己在语文课堂上的感悟及时记录下来，对不足的地方进行反思，不断摸索自己课堂上的革新，从人物专题研究性学习到小组合作学习，从主题阅读写作尝试到"懒教师课堂"探索，从课堂学习效率的调适到学生课堂自主学习的摸索，不知不觉，慢慢也走向了追求学生自主学习主动学习的这条大道上来，只不过我是通过自己每天课堂的调整得出的，这更显出了珍贵与不易，看着一篇篇的教学反思，我自己都挺感动，我怎么会有这么大的精力和毅力每天坚持写作呢？其实我现在明白，写作于我是一种自我相处的方式，是对自己生活的及时记录，这对于我个人而言是有意义和价值的，而且写作成了我生活的必需品，在写作中快乐在写作中发展在写作中拔节。

除了教学，我的年级管理和班级管理也厚厚数十万字，全是自己当年级主任和班主任时对自己的一亩三分地的思考与落实，我带2011届时对年级各班级的管理是发动学生的自觉能动性，设立级长参与年级管理，我带2012届高三尖子班班主任时，用班会凝聚人心，用比赛团结人心，用课堂温暖人心，将一个新组建的班级快速融合一起，我发现自己是一个干一行爱一行的人，干了这一行就沉浸在其中遐思联想，希望将自己的工作理得有序。

教研也是我思考的一块内容，公开课的系列感想，各学科教研活动的促进与宣传，让教师在学科组内部进行团队发展。

当然还有我每天时时的想法，有育儿手册，有随时一得，总之，真的是将我那五年的生活几乎原样地呈现在自己的面前，一个快乐写作的我，一个沉浸教学的我，一个醉心于管理的我，一个寻思育儿的我，我被自己感动着。

很可惜是学校转型后，我因工作内容的频繁调整和变动，管理的事务更多了，醉心于教学中的反思少了，或者说自己提笔写作的机会少了，并没有将自己自2013年转型之后这五年详实地记录下来，只是偶尔零星地作一点记录，所以，这五年的生活反倒寥寥，几无可陈之处，所以记忆不深，很是遗憾与可惜。还好，我从今年年初开始，学着小路的样子将自己每周的生活大致做了个记录，在不断听书的过程中将听书感受记录下来，将高三的一点想法也记录了下来，让我的写作生活似乎又再一次继续下去了。

随笔十年，让自己丰厚而丰润。

第三编

整本书阅读设计实施方案

《水浒传》整本书阅读实施方案

一、准备阶段

设计《水浒传》"英雄榜"项目式学习活动方案和手册。

制定阅读流程。

《水浒传》阅读流程表

阅读阶段	第一阶段：自读	第二阶段：初探	第三阶段：深读	第四阶段：共议	第五阶段：表达
教师	导入激趣	阶段交流	专题探究	班级交流	成果输出
学生	完成学程	初读成果	深入研读	深读成果	输出感悟

明确阅读任务。

通读全书，整理人物档案（必选15，自选10）。

人物档案：25必选15

1.天魁星，呼保义，宋江　2.天罡星，玉麒麟，卢俊义　3.天机星，智多星，吴用　4.天雄星，豹子头，林冲　5.天英星，小李广，花荣　6.天贵星，小旋风，柴进

天孤星，花和尚，鲁智深　8.天伤星，行者，武松　9.天杀星，黑旋风，李逵

10.天速星，神行太保，戴宗　11.天损星，浪里白条，张顺　12.天微星，九纹龙，史进

13.地贼星，鼓上蚤，时迁　14.地微星，矮脚虎，王英　15.托塔天王，晁盖

16.地慧星，一丈青，扈三娘　17.天佑星，金枪手，徐宁　18.天威星，双鞭，呼延灼

19.天立星，双枪将，董平　20.天暗星，青面兽，杨志　21.天败星，活阎罗，阮小七

22.天巧星，浪子，燕青　23.天牢星，病关索，杨雄　24.天慧星，拼命三郎，石秀

25.地壮星，母夜叉，孙二娘

阅读过程中，提取梳理人物信息，以人物档案要求为参考，在书中标注清楚，力争完整、细致。可以根据兴趣做些美工，如绘画等。

在整理信息的基础上，要有自己的认识，即如何评价这个人物，为人物作传做准备。

阅读进度，每周十五回，安排好时间，有所取舍和选择，重点回目精读。

二、实施阶段

1.绘制思维导图，提升阅读效益

每周阅读十至十五回，并以人物、情节为核心元素绘制一张思维导图，帮助学生梳理情节，提高阅读效益。

2.项目式活动学习

参加学校"狂欢节"人物装扮活动：

自愿组成小组（四到六人）；

选好《水浒传》英雄人物，讨论设计人物装扮；

选择一位你们打算装扮的老师，给他写一封"劝说信"，希望他能接受你们的人物装扮请求；

小组内每人都要写一封信，最后整合形成一封理由充分、情真意恳的劝说信。

3.项目活动要求

评价标准：劝说信、装扮造型各占百分之五十。

劝说信要求：要有明确的劝说理由，英雄人物的特质、气质与装扮老师之间的关系或联系等各种能劝说老师同意的理由；英雄人物的造型设计；要充分体现小组的创意和诚意；格式正确，语言得体；以理服人，以诚动人，忌死缠烂打，撒娇卖萌。

4. 劝说信示例

敬爱的吴老师：

您好，最近工作可还顺利？

狂欢节有一个活动，是让老师们扮演水浒传的英雄好汉，我们非常希望您也参加这样有趣的活动。

请看此诗：

> 青衫乌帽气棱棱，顷刻龙蛇笔底生。
> 米蔡苏黄能仿佛，善书圣手有名声。
> 乌纱唐帽通犀带，素白罗襕干皂靴。
> 慷慨胸中藏秀气，纵横笔下走龙蛇。

你可知这首诗描绘的是谁？是的，我们正是想让您扮演梁山上的英雄好汉——圣手书生 萧让。

萧让写得一手好字。 他会写诸家字体，人称"圣手书生"，曾模仿蔡太师笔迹毫无破绽。亦会使枪弄棒、舞剑抡刀，梁山上专管行文走檄调兵遣将。

萧让也有用兵谋略。 在征王庆时，贼将奇袭宛州，宛州岌岌可危。萧让摆出空城计，对方大乱，梁山军马趁机杀出，击败敌军。

萧让坚贞不屈。 萧让知道宋江有病，协同金大坚、裴宣去看望宋江。但中途被贼将縻胜劫去，三人被抓到荆南伪留守梁永面前，三人宁死不跪，感动了城内义士萧嘉穗，萧引发全城起义，救出三人，夺了荆南城池。

再说说，我们为什么要选择吴静老师来为我们演这个角色吧。老师和这个角色都是文人，老师身上有着一种文化人的底蕴，给人一种很特殊的感觉，像是在您之前一切俗物都没有了光辉，脱出世俗，让我们体会到了什么叫作真正的中华传统文化。学识、内在、素养、心境，这些难道不都是吴老师和这萧让的相同点吗？作为我们的语文老师，身上的书生气自然是不用说的，这跟我们上课的时候就能体现出来。

我们为什么又要选择萧让呢？如同我刚才所说，就是因为，老师，这身上的气质，和这角色身上的气质之相似，自然是不言而喻的。为此，我们组做了一套方案，请看下面。

装扮造型：身着汉服，左手拿竹简，上是《兰亭集序》书法作品，右手执毛笔。

汉服象征了萧让的书生气息。汉服是汉族传统服饰，与北方游牧民族不同，它是左领搭右领。汉服有着宽大的袖口，在古时，袖口越宽大，象征地位越高。

毛笔是萧让的工具，笔墨纸砚中笔排第一位，足见毛笔的地位。毛笔多种材质，各有千秋，执笔的方法也是多种多样。不过真正的书法家不在意这个，善书不择笔，执笔无定法。

右手拿了毛笔，左手自然要拿一幅书法作品，我们深思熟虑，决定使用王羲之的代表作，《兰亭集序》。首先萧让是写字的，一卷书法作品自然是最合适；其次，王羲之人称书圣，看他的书法，足见萧让品味之高；最后王羲之是一个全才，文章政事等方面也很有造诣，这侧面说明，萧让也是一个拥有多元智能的人。

以上就是劝说信的全部内容，希望可以得到您的同意，您一定会在狂欢节上大放光彩！

祝您工作顺利！

小组成员：康博皓、匡育良、刘千一、王子寒、赵思铭

三、总结阶段

深化阅读成效、落实核心素养。

完成"高中语文《水浒传》英雄榜人物档案册"设计，给下一届的教师提供借鉴，形成较完善的备课资源。

整理完成阅读测试卷资源。

汇编学生优秀作品集。

形成专题活动设计方案、课例。

教师撰写相关论文。

《儒林外史》整本书阅读实施方案

一、准备阶段

设计《儒林外史》"儒生传"学习活动手册。

制定阅读流程。

阅读速度：每周五回（每周五交人物分析作业）。学有余力的同学可加快阅读进度，学不及力的同学可与老师协商调整。

初读概括与鉴赏：

·概括主要情节；

·提炼主要人物：写出每回故事的主要人物，并总结相关情节。

·前勾后联理线索：写出由主要人物引出的众多人物，并随着情节的发展，完成每个人物的人生轨迹；

·爱写作"儒生传"：从多种人物描写手法入手分层次解读一两个人物，说明你喜欢或不喜欢他（她）的理由，至少三百字以上。

·再读积累与拓展：在书上用红笔标注至少十处文化常识，并以小组为单位，解释、整理文学常识并发给任课教师。

二、实施阶段

1.师生共读，教师下水写作，引领深阅读

《儒林外史》丑角系列之严贡生

汤知县枷死了老回子师傅引起了众回人的愤怒后，不得已到按察司处请托，上司帮了忙才按下了这场民闹事件。为挽回自己的知县面子，在严惩几个闹事的头目时，严贡生出场了。

他的出场并不光彩，是被两个小民告出来的。一个是王小二，就是严贡生严大位的邻居，严家的一头刚生下的小猪娃不小心跑到了王小二家，王小二赶紧送回严家，结果严家以走丢再寻回最不吉利为由坚决不要，硬是逼着王小二用八钱银子买走。结果这头小猪养大成百十来斤时不小心又跑回严家，结果严家坚决不还，硬说猪本就是他家的，要王小二家按照时价估值买回。王家喊冤，被严家几个儿子打折了腿。

第二个告状的是黄梦统。他状告严贡生的原因是，在向县里交钱粮时因一时短缺，央中人向严贡生以每月三分息借二十两银子，将借约写好送给严府，回来时遇到几个乡邻劝说他不要借严家银子，于是黄梦统听从了乡邻的劝告，没有到严家借银子。结果大半年过去，才想起还有借约在严家。想去取回，结果严贡生要问黄梦统要这几个月的利息，说虽不曾借走，但因将银子放着准备他来借耽误了钱生利息。黄梦统没钱，严贡生着人把他家的驴和米口袋抢了去。

借二人之口，蛮横无理、肆意欺凌他人的严贡生不光彩地出场了。面对二人状告，严贡生的反应是卷卷行李，溜到省城，躲之大吉。

面对严贡生欠下的债，只能拖累他的弟弟严监生严大育掏腰包结案了事。

在严监生与内人兄弟王德、王仁的谈话中，严贡生的家境清晰了。他吝啬得出了名，从来不曾请过客，在成为贡生的大喜日子里，不得已摆下的酒席，还是各处派分子，厨子钱、肉钱一直欠拖不还。家里五个儿子，吃了上顿不想下顿，无田无产却顿顿赊鱼赊肉贪图享受，一群寄生虫的群像活画出来。

在弟弟严监生死后，他看到遗孀赵填房送了丰厚的礼，才勉强去吊丧，兄弟手足之情全然不顾。

严贡生的二儿子在省城与周家结亲。八钱银子都叫不来吹打手，他却想用二钱四分银子雇佣，压低价钱，并且肆意克扣了二分戥头，使婚礼变得冷冷清清，贻人笑柄。

严贡生在带着一对新人回乡的途中，因恶心吃了云片糕，还剩下的几片被开船的船夫吃了，他在将所有东西运送上岸后，硬说这云片糕是价值几十两银子的贵重药材，闹着要告官府，最后硬是把船费赖没了，他本人则硬气十足地上岸回家了事，无耻之嘴脸跃然纸上。

他的弟弟严监生死后留下的儿子不久染上天花也死去了。弟媳赵氏需要有继子延续香火，本想过继严贡生的五儿子，可严贡生硬是把刚新婚回家无处可住的二儿子和儿媳过继过去，并且无耻提出要求，要将正房挪出来给自己儿子住，让赵氏住偏房。赵氏不满，四处告状喊冤，因县官老爷也是妾生，所以判了让赵氏自由择继承人。这让严贡生越发不爽，也开始四处告状，县里告不过告府里，结果判决一致。于是严贡生到京里告状，想借着与周进的渊源逞一己之私，结果周进周司业四下想来也未想到这一攀附亲戚的严贡生与自己的私交，并未出手帮忙，只是草草打发他了事。

严贡生的故事至此收束。一个蛮横无理、坑蒙拐骗，吝啬卑鄙、无耻至极的乡绅恶霸活现眼前，小说在生动的叙事中演绎了鲜活的世态人情。

2. 创意写作"儒生传"，走进人物形象

多采用任务驱动作文，提高学生写作质量。比如：

给一位儒生写一封信；

给一位儒生写自传；

给一位儒生写墓志铭；

续写一位儒生的故事；

假如某位儒生活在现代，为他写一篇新传；

假如儒林也有微信朋友圈，这些人又会说些什么；

给一位儒生的故事写剧本；

某位儒生写给另外一位儒生的信。

3. 戏剧演绎经典，深入体会含蕴

在班级阅读课上、学部表彰大会上演绎《儒林外史》经典情节，促进学生深入体会小说含蕴，把握主旨。经典情节如：

胡屠夫两次大骂范进和大夸范进；

严监生临死情景；

严贡生与云片糕的故事；

杨执中向盐店及官府解释亏空的七百两银子去向；

权勿用向杨老六及杨执中索还五百钱的过程；

匡超人到家听到妻子死讯时，与岳父、父母、哥哥等人的反应。

4.项目式活动学习："《儒林外史》文化城"招标活动

主项目："《儒林外史》文化城"项目招标活动正在火热进行中，请和你的小伙伴一起选择一项任务并完成设计方案，其中要包含细节内容和设计理念。

子项目：①为吴敬梓造像；②《儒林外史》艺术走廊；③《儒林外史》展览馆；④《儒林外史》大戏院；⑤《儒林外史》国学大讲堂；⑥《儒林外史》故事雕塑园；⑦《儒林外史》风情街；⑧《儒林外史》美食街；⑨《儒林外史》大酒店。

三、总结阶段

深化阅读成效、落实核心素养。

完成"高中语文《儒林外史》阅读手册"设计，给下一届的教师提供借鉴，形成较完善的备课资源。

整理完成阅读测试卷资源。

汇编学生优秀作品集出书。

形成专题活动设计方案、课例。

教师撰写相关论文。

《简·爱》整本书阅读任务单

一、学习目标

1. 能用思维导图理清小说每章的情节；

2. 能通过阅读反思把握人物性格和主题思想；

3. 通过阅读专题论文学写专题性小论文；

4. 能主动参加小组的交流分享、表演、辩论活动；

5. 能收获读书带来的思考乐趣和成长感悟。

二、学习任务

任务一：阅读并批注。

每一章不少于5个批注（可以是鉴赏式、联想式、感悟式、批判质疑式等）；以小组为单位每一章要做一个包含本章主要内容、人物的思维导图。

每天语文课前或阅读课会检查并交流。

任务二：阅读辅助材料，学写小论文（有理有据地表达自己的观点）；通过随笔，阅读札记等形式分享感悟。

任务三：经典片段诵读；小组PPT汇报，梳理全书情节、人物主题；经典再现，电影配音与角色扮演（红房子事件、结婚现场、罗切斯特表白）；主题辩论（简·爱该不该回到罗切斯特身边、爱情重要还是尊严重要）。

《红楼梦》整本书阅读规划

一、《红楼梦》阅读课时规划设计

《红楼梦》整本书阅读每天两回，每天写一定的读书笔记，提交钉钉作业群，老师及时批阅评选优秀作业，一周读五天共十回，居家学习时段周六以钉钉云课堂在线考试的形式考查学生阅读效果。

结束线上学习返校后，以一周的时间对《红楼梦》整本书进行了前五十回的回顾与交流。

2018级高一年级第7学段第七周规划
（2020.3.30—2020.4.5）

时间(周) ＼ 内容		课堂内容 模块一＋模块二＋模块三 【(必修三)＋(阅读)＋写作】	课下自主作业	早读 模块一＋模块二 【(必修三)】
第七周	常规任务	1.练字：每天30字(建议默写第二、三单元要求背诵课文)，每周200字，请写清楚日期。 2.《红楼梦》61~70回(一周任务，每天坚持阅读30分钟，养成优秀的阅读习惯)。		升旗
	周一(3.30)	1.《寡人之于国也》1~4默写(10分钟)。 2.《红楼梦》1~10回讲解(25分钟)。 3.交流(10分钟)。	1.复习背诵《寡人之于国也》第5段，周二默写。 2.回顾《红楼梦》1~10回重点章节。 3.阅读《红楼梦》61~62回。	9:15—9:30背诵《寡人之于国也》第1~4段
	周二(3.31)	1.《寡人之于国也》5默写(10分钟)。 2.《红楼梦》11~20回讲解(25分钟)。 3.交流(10分钟)。 援助时间：《寡人之于国也》逐字逐句翻译(35分钟)、检测(20分钟)。	1.复习背诵《寡人之于国也》第6、7段，周三默写。 2.回顾《红楼梦》11~20回重点章节。 3.阅读《红楼梦》63~64回。	9:15—9:30背诵《寡人之于国也》第5段

时间(周)	内容	课堂内容 模块一＋模块二＋模块三 【(必修三)＋(阅读)＋写作】	课下自主作业	早读 模块一＋模块二 【(必修三)】
第七周	周三(4.1)	1.《寡人之于国也》6、7默写(10分钟)。 2.《红楼梦》21~30回讲解(25分钟)。 3.交流(10分钟)。	1.复习背诵《劝学》第1~2段,周三默写。 2.回顾《红楼梦》21~30回重点章节。 3.阅读《红楼梦》65~66回。	9:15—9:30背诵《寡人之于国也》第6~7段
	周四(4.2)	1.《劝学》1~2默写(10分钟)。 2.《红楼梦》31~40回讲解(25分钟)。 3.交流(10分钟)。	1.复习背诵《劝学》第3段,周四默写。 2.回顾《红楼梦》31~40回重点章节。 3.阅读《红楼梦》67~68回。	9:15—9:30背诵《劝学》第1~2段
	周五(4.3)	1.《劝学》3默写(10分钟)。 2.《红楼梦》41~50回讲解(25分钟)。 3.交流(10分钟)。	1.复习背诵《劝学》第4段,周五默写。 2.回顾《红楼梦》41~50回重点章节。 3.阅读《红楼梦》69~70回。	9:15—9:30背诵《劝学》第3段
	周六(4.4)	放假	阅读《红楼梦》1~70回查漏补缺。	
	周日(4.5)	放假	1.预习第四单元《动物游戏之谜》,完成细目106页一、初读课文,整体把握4道小题,周一检查;认真记忆本文细目字音、解词,周一听写。 2.复习背诵《劝学》第4段,周一默写。 3.阅读《红楼梦》1~70回查漏补缺。	

　　返校学习后,依然以每天两回的速度,每天有阅读作业检查学生阅读速度,一周有一节课进行读书分享与交流,老师进行专题深度分享与交流学习。

二、《红楼梦》学习资源设计

过程性阅读资源作业设计，每一回都有情节和人物分析的填写和简答题。

混合式学习资源的设计，以主题为中心制作微课资源供学生学习和课堂指导。

57回		慧紫鹃情辞试忙玉 慈姨妈爱语慰痴颦	紫鹃的一句话引起了什么风波？	情节、紫鹃
58回		杏子阴假凤泣虚凰 茜纱窗真情揆痴理	藕官烧纸引发了怎样的风波？	情节、伶官
59回	真味：那些风波	柳叶渚边嗔莺咤燕 绛云轩里召将飞符		
60回		茉莉粉替去蔷薇硝 玫瑰露引来茯苓霜	蔷薇硝引发了怎样风波？	情节波澜、平儿
61回		投鼠忌器宝玉瞒赃 判冤决狱平儿行权		
62回		憨湘云醉眠芍药裀 呆香菱情解石榴裙	在宝玉、宝琴、平儿、岫烟的生日宴上，最美的画卷是什么？	湘云
63回	甘苦味：悲欢人生	寿怡红群芳开夜宴 死金丹独艳理亲丧	宝玉生日开夜宴，印象最深刻的场景是什么？	女孩命运
64回		幽淑女悲题五美吟 浪荡子情遗九龙佩	宝钗对黛玉《五美吟》持何态度？	黛玉、宝钗
65回		贾二舍偷娶尤二姨 尤三姐思嫁柳二郎	贾府的下一代继承者是什么样的？	贾蓉、贾琏
66回		情小妹耻情归地府 冷二郎一冷入空门	尤三姐爱情悲剧是怎么样的？	尤三姐
67回	辣味：悲情二尤	见土仪颦卿思故里 闻秘事凤姐讯家童		
68回		苦尤娘赚入大观园 酸凤姐大闹宁国府	尤二姐婚姻悲剧是怎么样的？	尤二姐、王熙凤
69回		弄小巧用借剑杀人 觉大限吞生金自逝		

三、《红楼梦》项目式学习设计

激活学习方式，引用阶段性项目式学习。

《红楼梦》项目式学习任务菜单

规则：完成层级任务获得5阅读币，被选为"红楼达人"获得10阅读币(六个模块)		
时间：2周	进程：用手账形式体现任务关键节点和进程	
模块	自选任务	研究报告(必选)
一、诗词歌赋	层级一：制作《红楼梦》诗词谜语书签，在班级通过猜诗词作者的形式赢取书签，看谁收获最大。 层级二：印制一本《红楼梦诗词赏析》，要求选取16首《红楼梦》诗词并给每首诗写一段200字的鉴赏文字，在创意巴扎售卖。	比较《红楼梦》诗词与《西游记》诗词的异同，自选角度写一篇1000字以上的学术论文。 要求：按照论文的格式，并标出出处。 学习支架： 1.《学术论文的格式与范例》 2. 知网APP
二、传统文化	层级一：仿照小林漫画的形式，创作两幅漫画，介绍《红楼梦》中园林、服饰、医药、食物等某方面特点。 层级二：根据《红楼梦》内容，为年级的女生编制一本《服饰配色美容食疗手册》,由年级女生票选最喜欢的刊物。	从园林、服饰、医药、食物等某方面切入分析贾府是怎样的钟鸣鼎食之家，一篇1000字以上的学术论文。 要求：按照论文的格式，并标注出处。 学习支架： 1.《学术论文的格式与范例》 2. 知网APP

说明：

第一阶段时间：2周。

任务：从诗词歌赋（模块一）、传统文化（模块二）中二选一完成自选任务（层级一和层级二）及研究报告（每人必完成）。

模块一、模块二中的层级二任务都可以和小伙伴组队完成（确定好小组名单和组长，并由组长将名单发给语文老师）。

项目式学习任务菜单

规则:完成层级任务获得5阅读币,被选为"红楼达人"获得10阅读币	
时间:2周	进程:用手账形式体现任务关键节点和进程

模块	自选任务	研究报告
三、人物	层级一:制作某个人物的年历,按照章回顺序选取12幅画面表现人物的不同层面,并配三行诗或律诗说明概括画面。在创意巴扎上选择最精彩的一首三行诗或律诗作为广告词推销售卖台历。(小组必选任务,电子版) 层级二:设计以某个人物为主题的语文学科教室,写出详细的方案参与竞标,金额预算400元(1、2、4项)。设计要求: 1. 选择三幅装饰画贴在教室墙壁上,说明选择理由(条理清晰,理由充分,字数不限)。 2. 400元语文学科教室书籍目录,要求与这个人物相关,并标出推荐星级。 3. 向进入教室参观的师生多方位展示该人物。 4. 软装饰若干,说明选购理由(小组必选任务,电子版)。	围绕人物鉴赏和评价,自选角度写一篇1000字以上的学术论文。 要求:按照论文的格式,并标出出处。 学习支架: 1.《学术论文的格式与范例》 2. 知网APP。 (小组完成)
四、《红楼梦》主题	层级一:选取你认为的最适当的《红楼梦》主题,做一个不同底色的六面体盒子,展示这个主题,录制5分钟的视频阐释你理解的主题以及颜色和主题的关系。(小组必选任务) 层级二:设计"《红楼梦》主题"沙龙研讨活动,要求: 1. 设计沙龙海报,包括活动标题、活动信息、活动简介、活动内容、嘉宾介绍。 2. 嘉宾要撰写关于《红楼梦》主题的发言稿。 3. 联系场地,确认参与研讨的同学。(小组必选任务,电子版)	《红楼梦》主题的深层探究。自选角度写一篇1000字以上的学术论文。 要求:按照论文的格式,并标准出处。 学习支架: 1.《学术论文的格式与范例》。 2. 知网APP。 (小组完成)

四、《红楼梦》诊断资源研发

《红楼梦》1-10回课件（李杨整理）
《红楼梦》1-10整理（教师版）（李杨）雨课堂（教师版）
《红楼梦》1-10整理（教师版）（李杨）雨课堂（学生版）
《红楼梦》1-10整理（教师版）（李杨）
《红楼梦》11-20回课件（李杨整理）
《红楼梦》11-20整理（教师版）（李杨）
《红楼梦》11-20整理（教师版）（李杨）雨课堂（教师版）
《红楼梦》11-20整理（教师版）（李杨）雨课堂（学生版）
《红楼梦》21—30回（张琴整理）
《红楼梦》31-42（赵娜整理）
《红楼梦》43—50回（孙玉红整理）
《红楼梦》51—60回（孙玉红整理）
《红楼梦》61—70回（孙玉红整理）
《红楼梦》71-80回练习题（教师版）
《红楼梦》71—90回（孙玉红整理）
《红楼梦》81-90回练习题（教师版）（李杨）
《红楼梦》91—100回（赵娜整理）
《红楼梦》91-100回练习题（教师版）（李杨）
《红楼梦》101-110（赵娜整理）
《红楼梦》101-110回练习题（教师版）（李杨）
《红楼梦》110—120回（张琴整理）
《红楼梦》111-120回练习题（教师版）（李杨）

《谈美》整本书阅读实施方案

一、导读

1. 明眸当善睐——跟着老师读《谈美》

美本是种愉悦感受，是很感性的，但是美学大师朱光潜先生竟然写成了一本书《谈美》。难道我们不知美、不懂美吗？原来当我们感受到美时，美是感性的；但当我们审视美感产生原因时，美就是理性的了。我们已开启的高中人生之旅，有许多深刻理性的文艺著作是提升自己的必备书籍，不妨将书信体的《谈美》当作自己的一位挚友。朱光潜先生的这本书写于1932年。在此之前，他已写过一本《给青年的十二封信》，也是用书信形式，漫谈文艺、美学、哲学、道德、政治等问题，引起了很大反响。之后，作为姊妹篇，朱光潜先生以"给青年的第十三封信"为副标题，写了这本《谈美》。

这本书是朱光潜先生建立其早期美学体系的重要著作，全书从谈美免俗、人心净化的目标出发，顺着美从哪里来、美是什么及美的特点这一脉络层层展开，娓娓道来，抒发了美学大家的人格理想和审美理想，提出人生的艺术化，倡导情趣化的生活。作者认为艺术化的生活，既是个人修养、快乐的源泉，也是净化社会、收拾人心、拯救社会问题的根本良方。该书渗透了朱先生对人生与艺术关系的深刻体悟，先生善于把西方各种美学，心理学理论与中国人熟悉的文学现象结合起来，和鲜活的审美现象结合起来，以一种对老友交谈的语气平淡道出，其魅力思想在清新质朴的文字中缓缓流淌，犹如风行水上、自然成文，把高深的美学问题讲得深入浅出，引人入胜，被视为科学性与普及性的经典之作。

这本薄薄的书册以一句话开篇：群籁虽参差，适我无非新。这句话出自王羲之《兰亭修禊诗》中的一句，全诗如下：

仰望碧天际，俯瞰渌水滨。寥朗无涯观，寓目理自陈。

大矣造化工，万殊莫不均。群籁虽参差，适我无非新。

我们应该不会忘记永和九年暮春之时会于兰亭修禊事时流觞曲水的快乐，也不会忘记兴尽悲来俯仰之间体悟死生的重大意义。《兰亭集序》恰好可作此诗的注解。站在兰亭之畔举目仰望，只见天空湛蓝湛蓝，一眼便望到天的边际；再俯身望水，亭水澄碧澄碧，窈深不可测。天湛蓝水澄碧，这样一幅极澄净的画面带给人无限的遐思与畅想。寥远明朗的蓝天碧水，横无际涯的自然景观，触目而视，道理自来，哲思自见。大自然神奇的造化之工，让世界万物纷繁复杂、百态呈现，但又没有哪一样不是均衡平等的。共同沐浴在蓝天白云阳光下，共享山间清风，共赏江上明月，又有谁会不同呢？普天万物都平等地享受着造物的恩赐。自然界发出的各种声音虽然千差万别，但只要与我的心境契合，便全都是新鲜动人的。我的主观知觉与情感是发现美的最主要的"明眸"，故此，发现美，擦亮眼，让明眸善睐、品读美吧！这或许是这句话成为全书楔子的主要意图吧！

接下来的六周，我们每周读三章，每位老师会和同学们一起读，一起思，一起赏，走过一段人生美的历程！

2.《谈美》作者简介

朱光潜（1897—1986），笔名孟实、盟石。安徽桐城人。中国当代有名的美学家、文艺理论家、教育家、翻译家。著作有《谈美》《给青年的十二封信》《诗论》《朱光潜全集》等。他90年的人生大部分都献给了中国的美学事业，晚年被尊称为"美学老人"。

二、范例

阅读内容	第一章 我们对于一棵古松的三种态度——实用的、科学的、美感的	阅读时间	___年___月___日
		建议阅读时长	20分钟
		实际阅读时长	___分钟

行文思路 (思维导图)	一、美是什么 (一)同一事物不同的看法是因为各人的性格与情趣不同所致 一切事物都有几种看法,例如古松,你和我看的角度不同,说明知觉不完全是客观的。 以一位木商、一位植物学家、一位画家视角看古松会"知觉"到完全不同的三种东西,可知同一事物不同的看法是因为各人的性格与情趣不同所致,所以,极平常的知觉都带有几分创造性,极客观的东西之中都有几分主观的成分。 (二)由此及彼说明美也同理,只有持美感的态度才能发现美 脱净意志和抽象思考的心理活动叫作"直觉",直觉所见到的孤立绝缘的意象叫"形相"。美感经验就是形相的直觉,美就是事物呈现形相于直觉时的特质。作者以大量事实为例区别三种不同的态度,指出真善美都是人所定的价值,都含有若干主观的成分。 1. 区别三种不同的态度,指出真善美都是人所定的价值,都含有若干主观的成分。 2. 实用的态度是一种屈就或逃避的意志和活动,以善为最高目的,注意力偏在事物对于人的利害,心理活动偏重意志;科学的态度纯粹是客观的、理论的,以真为最高目的,注意力偏在事物的互相关系,心理活动偏重抽象的思考;美感的态度是注意力的集中,意象的孤立绝缘,以美为最高目的,注意力专在事物本身的形相,心理活动偏重直觉。 二、我们为什么需要美 就"用"字的狭义说,美是最没有用处的,但美是人异于其他动物更高尚的企求表征之一。 美是事物最有价值的一面,美感的经验是人生最有价值的一面。 真正美的艺术作品具有超越时空不朽的价值,让我们领略其精神气魄,这也是我们谈美的主要意义所在。 人类的意义就在于在继承基础上继续美的探索,点亮黑暗的未来。
内容概括	本章节通过谈论对古松的三种不同的态度,即实用的、科学的和美学的,明确提出了美是事物呈现形相于直觉时的特质,美感经验就是形相的直觉,强调美感对于人类精神发展的意义和价值。
摘抄经典	悠悠的过去只是一片漆黑的天空,我们所以还能认识出来这漆黑的天空者,全赖思想家和艺术家所散布的几点星光。

三、第一章细读

我们对于一棵古松的三种态度——实用的、科学的、美感的

《谈美》第一章通过谈论对古松的三种不同的态度，即实用的、科学的和美学的，明确提出了美是事物呈现形相于直觉时的特质，美感经验就是形相的直觉，强调美感对于人类精神发展的意义和价值。

作者在谈论纯理论的问题时不感觉枯燥，主要是因为善于将生活现象引入理论阐述中，综合整章来看，文章主要谈了两个方面的问题，即美是什么，我们为什么需要美。

第一问题：美是什么。作者没有直接下定义，而是先从生活中人们对同一事物的看法不同说起。一切事物都有几种看法，例如古松，你和我看的角度不同，说明知觉不完全是客观的。然后举例说明，以一位木商、一位植物学家、一位画家视角看古松会"知觉"到完全不同的三种东西，可知同一事物不同的看法是因为各人的性格与情趣不同所致，所以，极平常的知觉都带有几分创造性，极客观的东西之中都有几分主观的成分。

由此及彼说明美也同理，只有持美感的态度才能发现美。脱净意志和抽象思考的心理活动叫作"直觉"，直觉所见到的孤立绝缘的意象叫"形相"。美感经验就是形相的直觉，美就是事物呈现形相于直觉时的特质。作者以大量事实为例区别三种不同的态度，指出真善美都是人所定的价值，都含有若干主观的成分。

实用的态度是一种屈就或逃避的意志和活动，以善为最高目的，注意力偏在事物对于人的利害，心理活动偏重意志；科学的态度纯粹是客观的、理论的，以真为最高目的，注意力偏在事物的互相关系，心理活动偏重抽象的思考；美感的态度是注意力的集中，意象的孤立绝缘，以美为最高目的，注意力专在事物本身的形相，心理活动偏重直觉。

第二个论述问题：我们为什么需要美。

就"用"字的狭义说，美是最没有用处的，但美是人异于其他动物更高尚

的企求表征之一。美是事物最有价值的一面，美感的经验是人生最有价值的一面。真正美的艺术作品具有超越时空不朽的价值，让我们领略其精神气魄，这也是我们谈美的主要意义所在。人类的意义就在于在继承基础上继续美的探索，点亮黑暗的未来。

如果让我举例来说明对本章学习的感受，我头脑中最先跳出的是香菱这个"真应怜"（甄英莲）的女孩子。本是乡绅士宦女，一朝元宵被人劫，从此不记爷娘面，"平生遭际实堪伤"，反认他乡是故乡，"自从两地生孤木，致使香魂返故乡。"就是这样一位被生活碾压至悲惨境遇的女子，心中不灭学诗的追求，学诗成痴成呆。在与老师黛玉说学诗体会时，对"渡头馀落日，墟里上孤烟"中"馀"字和"上"字的品读，能结合自己曾经在进京途中傍晚湾船靠岸停留时分，"岸上又没有人，只有几棵树，远远的几家人家作晚饭，那个烟竟是碧青，连云直上"，和自己所读这两句诗境契合，"倒像我又到了那个地方去了"，在学习中能将与自己的生活体验融通，具有天生的学习慧根，这也许是与家族的基因有某种内在的联系。其实细细想想，还有更深一层的人物悲剧感。这一生活体验结合现实，其实正是香菱被薛蟠唆使家人打死冯渊，撒手而去，携家人进京时的情景，香菱自以为得了冯渊，从此摆脱了苦命，谁知又进入命运的无常中，其实是香菱一种极端悲惨的生存境遇的委婉写照，难能可贵的是香菱竟然能以诗家眼光看待命运的坎坷与多舛，这恰恰反映了香菱心怀诗意自安然的内在精神气质。如果用朱先生的观点来解释，这也正是香菱排除个人悲苦的实用态度，将外在环境与我的关系淡化，忽略了事物对于人的利害，将全部精力放在诗本身上面，注意力集中在作诗中，将作诗与外在悲惨生活绝缘，纯粹地进入诗文诗境中，用美感态度丰盈自己生命的质感，让生命从此有了不一样的色泽。用理论支持的文学鉴赏让我们在感性之外又多了一层理性，散发着理智的光辉。

美感的态度
——关于《谈美》的一点思考

高一语文6班　王雅菲

《谈美》给我的第一感觉便是温暖。孟实先生的语言谦和、中肯、通透，十分富有感染力。我先前读李泽厚先生的《美的历程》时，由于我的学识浅薄，有许多不太明白之处，囫囵吞枣一般读了过去。但在读《谈美》时，字里行间我便能与孟实先生产生很多共鸣。我们像是认识了很久的朋友。他好似确实坐在我面前，微笑着与我侃侃而谈。

《谈美》于我像是蒙蒙雨雾中的一盏明灯。我欣喜于这些我思考许久却不知如何表述的事情被孟实先生用浅显易懂的例子概括了出来，并予以更准确的定义。他轻轻地走进我的小屋，为我擦去玻璃窗上的泥灰儿，屋子的视野一下明朗起来，窗外的景色不再模糊不清。

我第一次如此清晰地知道：哦，草木确实如我所想一般，是繁荣的，是蓊蓊郁郁的。

开场白中，孟实先生便点明了这本书的目的为如何"免俗"。本书完稿于"九一八"事件后一年1932年，正值东北全境沦陷被日军占领。在这个危急存亡的关头，孟实先生为什么要谈美呢，他所提倡的"怡情养性"又对我们究竟有怎样的意义？

反观那时风雨飘摇的局势，中国人的心大多都是躁动不安的。战火硝烟之时，个人的命运与国家是紧密联系在一起的，一点风吹草动便使百姓惶惶不可终日。《四世同堂》中，本准备春风得意过八十岁大寿的祁老人，因为卢沟桥的一声枪响，与小羊圈胡同里冠家、钱家等邻居"其乐融融"的表面关系被骤然打破。钱家二少爷仲石开着汽车与日本人同归于尽。冠晓荷成了"卖国贼"，为取得日军信任告发钱家，钱默吟入狱，孟石与钱夫人因病去世……一时间风云四起。

面对同样紧张的局势，钱家与冠家的反应截然不同。钱默吟老人是一位典型的老知识分子，他吟诗、作画、赏菊、沏茶，性情高雅。家中的字画比比皆是。但面对凶狠的日本人时，他谦和有礼的温润已俨然变成了一腔视死如归的热血。他反抗，他斗争，他展现出不像一个年近花甲的老头的血气方刚。

冠晓荷身为小羊圈里最"体面"的人，家境十分富足，总是穿着用最好的料子做的衣服，平日里结交的总是名士贵人。但就是这样一位风度翩翩的"君子"在北平沦陷之后便迅速投靠了日本人，以百倍的热忱当了汉奸，最终落得活埋的下场。

钱默吟与冠晓荷原本的生活似乎都是体面的，高雅的，但二人的本质却有天壤之别。

钱默吟之所以能从诗人成走向战士，来源于他多年的"怡情养性"。比起渴望高官厚禄的冠晓荷，钱默吟的追求更为纯粹，他在院子里养的花儿，他所收藏的字画，都是他对美的追求的体现，但他看字画是真正带着美感的态度去欣赏的。正如《谈美》中所写的"对于一棵古松的三种态度"这个有趣的问题。木商、植物学家、画家眼里的古松各有所性。钱默吟是画家，冠晓荷正是木商。钱默吟的字画于他而言，同他那精美装修的房子一般，都是体现自己身份的工具，具有实用的态度。

钱默吟是美感的态度的体现。孟实先生对美感的态度的特点概括为"注意力的集中，意象的孤立绝缘"。美与人是相互的，人追求美，美亦映人，但这也仅限于二者，若是有第三者的参与，便不满足"孤立绝缘"的关系。冠晓荷正是因为带着功利之心而忽略了美的专一，执迷不悟于第三者。这也正是人类区分于其他动物的特点之一，我们具有主观能动性。古松亦如一面镜子，映出我们各自的主观印象。

面对同样的事物，我们看到的大相径庭。我们的目的没有蚯蚓松土，蜜蜂传粉那样单纯，这些对它们来说只是生物的一种本能。但我们具有思考的意识，我们做的事情具有目的性和计划性。

有人因为莫奈的声名而喜欢他的《睡莲》，有人因为他是印象派创始人而知晓他，真正去观察他作品中光影线条变化的人并不多；提起秦始皇，我们会想到他的"振长策而御宇内，吞二周而亡诸侯，履至尊而制六合，执敲扑而鞭笞天下"。受司马迁《史记》的影响，我们认为他是一个暴君，但他的功绩却不是其他帝王所能比及的。他是第一位一统六国的国君。他对文字、货币、度量衡做的统一标准，奠定了中国"分久必合"走向统一的基础。

从这些事例来看，我们在看一件事物的时候，往往都带有科学的，实用的态度。

我想，既然我们已经习惯于持某种主观定义去反映客观世界情况，那么如何跳出这个用自我意识定义的世界圈，全神贯注地去看一棵树，去观察一幅画，去静心感知一件事物所怀揣的本质，便是美感的态度之所在了。

这是我们看世界的另一种方式，它建立于我们对美的渴求之上，我们不需怀有任何目的去得到它，它只是一种不同于其他事物的映射。我们单纯，它便也单纯。正因如此，怀着美感的态度，我们才能看到彼此最有价值的一面。

那就请我们一起慢慢走，欣赏吧。

第四编

整本书阅读检测试题研发案例

《大卫·科波菲尔》阅读检测

1.大卫·科波菲尔的继父是＿＿＿＿＿。

A.巴基斯先生　　B.克里克尔先生　　C.谋得斯通先生　　D.佩格蒂先生

2.大卫·科波菲尔的继父把他送往＿＿＿＿＿附近的一所寄宿学校。

A.巴黎　　　　　B.伦敦　　　　　C.曼彻斯特　　　　D.亚特兰大

3.大卫·科波菲尔的继父是一个＿＿＿＿＿。

A.阴冷可怕的人　　　　　　　B.慈爱善良的人

C.富有情趣的人　　　　　　　D.无所事事的人

4.大卫·科波菲尔的母亲是一个＿＿＿＿＿。

A.单纯善良的人　　　　　　　B.喋喋不休的人

C.斤斤计较的人　　　　　　　D.刻板固执的人

5.大卫·科波菲尔是一个＿＿＿＿＿。

A.聪明善良、自强不息的孩子　　B.贪玩调皮恶作剧的孩子

C.胆小懦弱、谨小慎微的孩子　　D.游手好闲、无所事事

6.大卫·科波菲尔8岁时被送往＿＿＿＿＿寄宿学校。

A.佛罗伦萨　　B.希波尔　　　　C.卡伦　　　　　D.萨伦

7.开学后，大卫·科波菲尔见到的第一个学生是＿＿＿＿＿。

A.斯蒂福斯　　B.特雷德尔　　　C.夏普尔　　　　D.昆宁

8.在萨伦学校，大卫·科波菲尔最为崇拜的一名学生是＿＿＿＿＿。

A.特雷德尔　　B.斯蒂福斯　　　C.昆宁　　　　　D.夏普尔

9.大卫·科波菲尔的母亲去世后，是＿＿＿＿＿把这个消息告诉了他。

A.谋得斯通先生　　　　　　　B.克里克尔太太

C.谋得斯通小姐　　　　　　　D.克里克尔先生

10.大卫·科波菲尔的母亲去世时，是＿＿＿＿＿＿陪伴在她身边。

A.女仆佩葛蒂　　B.大卫·科波菲尔　C.谋得斯通先生　　D.谋得斯通小姐

11. 大卫·科波菲尔在去往多佛投奔姨婆的时候遭遇了_____。

　　A. 狂风暴雨的天气　　　　　　B. 车祸

　　C. 被人抢劫　　　　　　　　　D. 警察盘问

12. 大卫·科波菲尔姨婆的居所_____。

　　A. 破败不堪　　　B. 豪华气派　　　C. 整洁温馨　　　D. 简陋狭小

13. 大卫·科波菲尔的姨婆是一个_____。

　　A. 平易近人、温文尔雅之人　　B. 声色俱厉、冷酷无情之人

　　C. 思想敏锐、干脆利落之人　　D. 瘦弱矮小、口齿不清之人

14. 大卫·科波菲尔与米考伯一家的关系_____。

　　A. 患难与共、亲密无间　　　　B. 冷淡疏远

　　C. 时好时坏　　　　　　　　　D. 剑拔弩张

15. 大卫·科波菲尔在去往多佛投奔姨婆的路上_____。

　　A. 风餐露宿、吃尽苦头　　　　B. 不断得到好心人的帮助

　　C. 遭遇猛兽的袭击　　　　　　D. 被人绑架

16. 米考伯先生的经济状况是_____。

　　A. 负债累累、困窘不堪　　　　B. 家境殷实、出手阔绰

　　C. 一掷千金、视金钱如粪土　　D. 小康人家

17. 佩葛蒂先生是个_____。

　　A. 正直善良的单身渔民　　　　B. 奸诈的商人

　　C. 庸俗的小市民　　　　　　　D. 见多识广的船长

18. 大卫·科波菲尔第一次去亚摩斯，在那里度过了一段_____。

　　A. 美好快乐的时光　　　　　　B. 担惊受怕的日子

　　C. 百无聊赖的日子　　　　　　D. 紧张繁忙的生活

19. 下列是关于名著《大卫·科波菲尔》人物说明，不正确的一项是_____。

　　A. 大卫善良，诚挚，聪明，勤奋好学，有自强不息的勇气、百折不回的毅力和积极进取的精神，终于获得了事业上的成功和家庭的幸福。

　　B. 大卫的后父默德斯东凶狠贪婪，他把大卫看作累赘，常常责打他。母亲去世后，即把不足10岁的大卫送去当洗刷酒瓶的童工，让他过着基本能解决温

饱的生活。

C. 大卫·贝西小姐生性怪僻，但心地善良。她收留了大卫，让他上学深造。

D. 阿格妮丝既有外在的美貌，又有内心的美德，她最后与大卫的结合，这种完美的婚姻使小说的结尾洋溢一派幸福和希望的气氛。

20. 下列对《大卫·科波菲尔》作者、思想内容和艺术成就的说明，错误的一项是_____。

A. 这部小说是19世纪法国批判现实主义大师狄更斯的一部具有强烈的自传色彩的小说。

B. 文章通过主人公大卫一生的悲欢离合，多层次地揭示了当时社会的真实面貌，突出地表现了金钱对婚姻、家庭和社会的腐蚀作用。

C. 小说在艺术上的魅力，不在于它有曲折生动的结构，或者跌宕起伏的情节，而在于它有一种现实的生活气息和抒情的叙事风格。

D. 小细节刻画十分生动传神，环境描写也很有功力，尤其是亚摩斯那场海上风暴，写得气势磅礴，生动逼真，令人有身临其境之感。

21. 大卫·科波菲尔在萨伦学校上学时，_____曾经来看望过他。

　　A. 佩格蒂先生　　　　　　　　B. 佩格蒂先生和汉姆

　　C. 老保姆佩格蒂　　　　　　　D. 巴基斯

22. 大卫·科波菲尔在母亲去世后，谋得斯通姐弟_____。

　　A. 遗弃了他　　B. 开始善待他　　C. 内疚愧悔　　D. 伤心欲绝

23. 葛米治太太是一个_____。

　　A. 愁苦压抑的人　　　　　　　B. 快乐乐观的人

　　C. 脾气暴躁的人　　　　　　　D. 无忧无虑的人

24. 大卫·科波菲尔和佩格蒂坐在壁炉前时，大卫经常给佩格蒂念的故事是_____。

　　A. 鲨鱼的故事　　B. 鳄鱼的故事　　　C. 美洲豹的故事　　D. 猎鹰的故事

25. 萨伦学校的校长克里克尔先生_____。

　　A. 和善可亲　　B. 残暴粗野　　　C. 关爱学生　　　D. 学识渊博

26 大卫·科波菲尔在萨伦学校见到的第一个学生是_____。

　　A. 特雷德尔　　B. 斯蒂福斯　　　C. 齐利普　　　D. 昆宁

27. 大卫·科波菲尔在乌利亚家做客时意外邂逅了_____。

    A. 米考伯先生　B. 巴基斯先生　　　C. 佩格蒂先生　　　D. 斯蒂福斯

28. 大卫·科波菲尔离开斯特朗博士学校后，姨婆建议他_____。

    A. 作一次旅行见见世面　　　　B. 立刻找一份工作

    C. 拜师学艺　　　　　　　　　D. 待在家里

29. 大卫·科波菲尔离开斯特朗博士学校后，在外出旅行的路上在一家小旅馆意外邂逅了_____。

    A. 米考伯先生　B. 巴基斯先生　　　C. 佩格蒂先生　　　D. 斯蒂福斯

30. 大卫·科波菲尔在一家小旅馆意外邂逅了斯蒂福斯后，两人_____。

    A. 又惊又喜、热烈拥抱　　　　B. 擦肩而过

    C. 形同路人　　　　　　　　　D. 客气疏远

31. 大卫·科波菲尔在一家小旅馆意外邂逅了斯蒂福斯后，斯蒂福斯邀请他_____。

    A. 一起去他家　　　　　　　　B. 一起去打球

    C. 一起去参加宴会　　　　　　D. 一起去拜访同学

32. 斯蒂福斯太太的女伴最显著的特征是_____。

    A. 嘴唇上有一道疤　　　　　　B. 脸上有颗痣

    C. 脖子上有一道疤　　　　　　D. 额头上有一道疤

33. 大卫·科波菲尔出生时，他的父亲_____。

    A. 滞留国外　B. 已经和母亲离婚 C. 已经去世　　　D. 在外旅行

34. 大卫·科波菲尔和母亲相依为命加上女仆佩格蒂_____。

    A. 三人相亲相爱亲密无间　　　B. 关系冷淡、互相算计

    C. 吵闹不休、鸡犬不宁　　　　D. 一团和气、貌合神离

35. 大卫·科波菲尔的母亲是一个_____。

    A. 严厉刻薄、心胸狭隘　　　　B. 不谙世事、单纯善良

    C. 工于心计、精明能干　　　　D. 清心寡欲、多愁善感

36 大卫·科波菲尔和母亲的关系（双选）_____。

    A. 母亲宠爱心疼大卫　　　B. 大卫畏惧母亲

    C. 冷淡疏远　　　　　　　　D. 母亲严厉管教大卫大卫深深依恋母亲

37. 大卫对于谋得斯通先生的出现始终怀有_____。

    A. 深深的敬意 B. 深深的敌意   C. 戒备之心   D. 崇拜喜欢

38. 谋得斯通先生经常对大卫的母亲说的一句口头禅是：_____。

39. 对于谋得斯通姐弟的到访，姨婆的态度是_____。

    A. 笑脸相迎、礼貌周到   B. 拒之门外、不予理睬

    C. 傲慢严厉、迎头痛斥

40. 姨婆告诫大卫·科波菲尔的一句话是：_____

_____。

41. 姨婆驱逐了谋得斯通姐弟后，作出了新的安排_____。

    A. 请家庭教师教育我   B. 请狄克先生教育我

    C. 姨婆亲自教育我   D. 为我物色新学校接受教育

42. 在斯特朗博士学校学习期间，我一直住在_____。

    A. 租房而居   B. 威克菲尔先生家 C. 斯特朗博士家   D. 学校宿舍

43. 威克菲尔先生的身份是_____。

    A. 银行职员   B. 杂货店老板   C. 律师   D. 大法官

44. 斯特朗博士的学校和克里克尔先生的学校比起来（双选）_____。

    A. 大同小异   B. 天壤之别

    C. 认真有序、尊重学生   D. 混乱不堪、暴力充斥

45. 斯特朗博士的太太_____。

    A. 年轻漂亮   B. 比博士年龄大 C. 相貌平平   D. 奇丑无比

46. 大卫·科波菲尔出生在_____。

    A. 萨福克郡的布兰德斯通   B. 伦敦郊区

    C. 亚茅斯渔船   D. 多佛

47. 在大卫·科波菲尔出生的那个星期五下午，大卫的姨婆不请自来，热切盼望大卫的母亲诞下_____。

    A. 男婴   B. 女婴   C. 男孩女孩无所谓   D. 双胞胎

48. 当知道大卫·科波菲尔的母亲诞下的是一名男孩，大卫的姨婆_____。

    A. 大喜过望   B. 掉头而去   C. 爱不释手   D. 无动于衷

49. 第一次来到亚茅斯的大卫·科波菲尔深深地爱上了_____。

    A. 汉姆   B. 葛米治太太   C. 小艾米莉   D. 佩格蒂先生

50. 当大卫·科波菲尔风尘仆仆到达伦敦后，前来接他去往萨伦学校的是_____。

    A. 夏普先生   B. 梅尔先生

    C. 克里克尔先生   D. 装着木头假腿的人

51. 大卫·科波菲尔一到萨伦学校，就被迫背上了一块牌子，上面写着_____。

    A. 他是一个坏小孩   B. 当心，他咬人

    C. 离他远点儿   D. 小心，他会打人

52. 大卫·科波菲尔在母亲死后惨遭遗弃，小小年纪被迫离家谋生，当时的心情是_____。

    A. 得过且过混日子   B. 痛苦绝望、以泪洗面

    C. 混迹底层、自甘堕落   D. 自强不息、偷偷学习

53. 大卫·科波菲尔在沦落为大卫·科波菲尔—格林比货行的一名小童工后，一直租住在_____。

    A. 昆宁先生家里   B. 货行附近的小旅店

    C. 米考伯先生家里   D. 货行里

54. 亚茅斯的佩格蒂先生一家住在_____。

    A. 别墅里   B. 小木屋里   C. 船屋里   D. 城堡里

55. 大卫·科波菲尔的母亲之所以离世是因为_____。

    A. 旧病复发而死   B. 被谋得斯通摧残折磨而死

    C. 遭遇车祸而死   D. 遭枪击而亡

56. 因为功课做得不好，大卫·科波菲尔被谋得斯通毒打，并被监禁了_____。

    A. 一个月   B. 半个月   C. 三天三夜   D. 五天五夜

57. 谋得斯通姐弟身上共有的特质是_____。

    A. 阴沉生硬、冷血无情   B. 温文尔雅、待人和气

    C. 疾恶如仇、热情正直   D. 温柔敦厚、乐于助人

58. 当大卫·科波菲尔怀着高兴激动的心情从亚茅斯回到布兰德斯通的鸦巢

时，迎接他的是_____。

    A. 亲爱的母亲   B. 谋得斯通先生   C. 一个陌生的仆人   D. 佩格蒂

59. 威克菲尔先生为斯特朗太太的表兄杰克麦尔顿先生在_____安排了一份工作。

    A. 中国   B. 在伦敦   C. 爱尔兰   D. 印度

60. 米考伯先生因为还不起债务，最终_____。

    A. 沦为乞丐   B. 一病不起   C. 被捕入狱   D. 流亡他乡

61. 狄更斯（1812—1870）是享有世界声誉的_____小说家，也是唯一可以与_____比肩的英语作家。代表作有_____《老古玩店》《艰难时世》《双城记》《远大前程》等。

62.《大卫·科波菲尔》是"_____"长篇小说，以大卫的成长史为小说的_____。

63.《大卫·科波菲尔》中，小说中的房东米考伯夫妇是狄更斯以他的父母为原型塑造的，米考伯夫妇那种性格成为文学中的典型，米考伯要大卫记住的教训是，"_____"但密考伯那种"_____"的性格成为文学中的典型，也被称作"_____"。

64. 大卫的姨婆教导大卫"_____"，这可以成为我们每个人的做人箴言。

65. 大卫描述斯蒂福斯家男仆时使用最多的一个词是（   ）

    A. 认真   B. 体面   C. 沉默   D. 寡言

66. 大卫和斯蒂福斯到亚茅斯的方式是（   ）

    A. 自己驾车   B. 坐公共马车   C. 骑马   D. 搭邮车

67. 斯蒂福斯陪大卫重回亚茅斯，住在旅馆时天气如何？（   ）

    A. 晴光普照   B. 大雪纷飞   C. 乌云密布   D. 绵绵细雨

68. 大卫重回亚茅斯拜访的第一位人物是谁（   ）

    A. 丧葬铺的老板   B. 佩格蒂

    C. 佩格蒂的哥哥   D. 汉姆

69. 大卫重回亚茅斯在拜访第一位老朋友时意外看见了谁？（   ）

    A. 佩格蒂的哥哥   B. 谋得斯通先生

C. 小艾米莉　　　　　　　　　D. 汉姆

70. 大卫毕业后重回"鸦巢"即自己的旧居时，发现那里住着（　　　）

　　A. 谋得斯通姐弟　　　　　　　B. 佩蒂格

　　C. 一个疯子　　　　　　　　　D. 牧师

71. 斯蒂福斯离开亚茅斯之前，买了（　　　）

　　A. 一匹马　　　B. 一座房屋　　　C. 一辆马车　　　D. 一条快船

72. 大卫游历后决定选择的职业是（　　　）

　　A. 代诉人　　　B. 医生　　　　C. 教师　　　　D. 牧师

73. 为了让大卫可以订约学艺，大卫的姨婆花了多少钱（　　　）

　　A. 2000英镑　　B. 1000英镑　　C. 3000英镑　　D. 500英镑

74. 大卫第一次喝醉后在戏院遇见了（　　　）

　　A. 小艾米莉　　B. 汉姆　　　C. 爱格妮斯　　D. 谋得斯通先生

75. 沃特布鲁太太表现出对什么话题的强烈的癖好（　　　）

　　A. 财政　　　B. 流行衣饰　　　C. 历史　　　　D. 血统

76. 在沃特布鲁太太的宴会上，大卫意外遇见了第一所学校里的哪位同学
（　　　）

　　A. 特雷德尔　　B. 斯蒂福斯　　　C. 梅尔　　　　D. 乔治·丹普尔

77. 爱格妮斯的父亲威克菲尔先生的律师事务所新的合伙人是（　　　）

　　A. 大卫　　　B. 斯蒂福斯　　C. 乌利亚　　D. 特雷德尔

78. 乌利亚形容自己的身份地位时常用的一个词是（　　　）

　　A. 卑微　　　B. 渺小　　　C. 弱势　　　D. 幸运

79. 大卫签约成为斯潘洛先生的徒弟后，拜访师傅家时爱上了（　　　）

　　A. 侄女朵拉　　B. 女儿朵拉　　C. 外甥女朵拉　　D. 孙女朵拉

80. 朵拉的贴身女伴是（　　　）

　　A. 佩格蒂　　B. 小艾米莉　　　C. 谋得斯通小姐　　D. 爱格妮斯

81. 大卫拜访特雷德尔时，看到的环境、房子让他想起了（　　　）

　　A. 米考伯夫妇　　B. 佩格蒂　　　C. 斯蒂福斯　　D. 爱格妮斯

82. 大卫拜访特雷德尔时，谁在问他的小使女要账（　　　）

　　A. 面包店主人　　B. 送牛奶的人　　C. 卖鱼的人　　D. 房主

83. 特雷德尔的事务所有几人合伙经营（　　）

　　A. 一人　　　　　B. 两人　　　　　C. 三人　　　　　D. 四人

84. 特雷德尔的叔父去世时，他得到了什么（　　）

　　A. 房子　　　　　B. 50英镑　　　　C. 1000英镑　　　　D. 一匹马

85. 特雷德尔家角落里用白布盖着的是（　　）

　　A. 花盆花架　　　B. 茶几　　　　　C. 沙发　　　　　D. 餐桌

86. 和特雷德尔一起搭伙住的是（　　）

　　A. 斯蒂福斯　　　B. 佩格蒂的哥哥　C. 米考伯夫妇　　D. 乌利亚

87. 大卫宴请特雷德尔和米考伯夫妇是谁的到来是大家感到很不自在（　　）

　　A. 斯蒂福斯　　　　　　　　　B. 爱格妮斯

　　C. 乌利亚　　　　　　　　　　D. 斯蒂福斯的男仆利提摩

88. 巴基斯先生去世后，他的遗嘱中嘱咐自己遗产中的1000英镑遗赠给谁终身收取利息（　　）

　　A. 佩格蒂先生　B. 佩格蒂　　　C. 小艾米莉　　　D. 大卫

89. 如果佩格蒂先生去世，那么1000英镑的本金由佩格蒂、大卫和谁平分继承（　　）

　　A. 汉姆　　　　　B. 乌利亚　　　　C. 小艾米莉　　　D. 斯蒂福斯

90. 葛米治太太晚上把蜡烛点亮放在窗户上是为了谁？（　　）

　　A. 小艾米莉　　　B. 佩格蒂　　　　C. 汉姆　　　　　D. 大卫

91. 导致小艾米莉和汉姆没有 的元凶是谁？（　　）

　　A. 乌利亚　　　　B. 特雷德尔　　　C. 斯蒂福斯　　　D. 汉姆

92. 小艾米莉出走后，谁决定去她（　　）

　　A. 汉姆　　　　　B. 佩格蒂先生　　C. 大卫　　　　　D. 佩格蒂

93. 小艾米莉出走后，船屋中谁的变化最大（　　）

　　A. 汉姆　　　　　B. 佩格蒂先生　　C. 佩格蒂　　　　D. 葛米治太太

94. 在小艾米莉出走事件中，莫彻小姐做了什么事（　　）

　　A. 帮助斯蒂福斯欺骗小艾米莉　　　B. 帮助斯蒂福斯转交信件

　　C. 帮助斯蒂福斯雇佣马车

95. 佩格蒂先生出发去寻找小艾米莉时，告诉大卫若他出了什么岔子，让大卫转告小艾米莉一句什么话？（ ）

    A. 我爱你，宝贝孩子　　　　　　　B. 我原谅你了

    C. 我仍爱我的宝贝孩子，我原谅她了！

96. 参加完巴基斯先生的葬礼，回来后大卫为自己做的第一件事是（ ）

    A. 去见爱格妮斯　　　　　　　　　B. 去见米考伯夫妇

    C. 去见特雷德尔　　　　　　　　　D. 去诺伍德想念朵拉

97. 大卫和佩格蒂在办理完遗产继承事务时，意外遇见了谁（ ）

    A. 小艾米莉　　　B. 汉姆　　　　C. 谋得斯通先生　　D. 朵拉

98. 谋得斯通先生到事务所是为了办理什么事务（ ）

    A. 结婚　　　　　B. 离婚　　　　C. 打官司　　　　　D. 继承遗产

99. 朵拉生日时，她的贴身女伴在做什么（ ）

    A. 陪伴朵拉举办生日宴会　　　　　B. 生病中

    C. 参加谋得斯通先生的婚宴　　　　D. 结婚

100. 特雷德尔的女友苏菲在家中十姊妹中排行老几（ ）

    A. 老大　　　　　B. 老二　　　　C. 老小　　　　　D. 老八

101. 米考伯先生由于期票到期无法还账而改名为（ ）

    A. 莫蒂默　　　　B. 萨利　　　　C. 厄克特　　　　　D. 蒙德利

102. 由于为米考伯先生的期票担保却无法偿还，估价代售人从特雷德尔那里除了拿走苏菲的花盆和花架，还拿走了什么（ ）

    A. 沙发　　　　　B. 茶几　　　　C. 大理石面小圆桌　　D. 床

103. 为了从估价代售人那里合理价钱买回花盆和花架，特雷德尔请谁去帮忙（ ）

    A. 大卫　　　　　B. 佩格蒂　　　C. 乌利亚　　　　　D. 汉姆

104. 佩格蒂帮特雷德尔买完花盆后发现谁突然到了大卫的家里（ ）

    A. 佩格蒂先生　　B. 汉姆　　　　C. 小艾米莉　　　　D. 姨婆

105. 姨婆突然来拜访大卫是因为什么原因（ ）

    A. 生病了来看病　　　　　　　　　B. 想念大卫

    C. 破产　　　　　　　　　　　　　D. 想见朵拉

106. 在大卫学习的事务所中，若想要拒绝别人的要求会怎么做（　　　）

    A. 直接拒绝　　　　　　　　　　B. 说乔金斯先生不同意

    C. 说斯潘洛先生不同意

107. 大卫在知道姨婆破产后，想做什么事来减轻姨婆的困难（　　　）

    A. 兼职　　　　　　　　　　　　B. 写书

    C. 解除学徒合同，拿回学费　　　D. 快点出庭辩护

108. 姨婆告诉大卫自己破产的原因是（　　　）

    A. 看病　　　　　　　　　　　　B. 她的业务代理人卷款逃跑

    C. 她的业务代理人投资失败　　　D. 姨婆自己投资失败

109. 爱格妮斯在大卫一筹莫展时给大卫介绍了一个什么工作（　　　）

    A. 给斯特朗博士当秘书　　　　　B. 给爱格妮斯的父亲当秘书

    C. 给乌利亚做帮手　　　　　　　D. 抄写员

110. 大卫的第一份工作年薪是多少（　　　）

    A. 50英镑　　　　B. 70英镑　　　　C. 100英镑　　　　D. 200英镑

111. 大卫要想从事新闻事业首先要学会什么本领（　　　）

    A. 通晓六种语言　　　　　　　　B. 绘画

    C. 写作　　　　　　　　　　　　D. 速记

112. 狄克先生在姨婆破产后也找到了适合自己的工作，是什么（　　　）

    A. 做风筝　　　B. 写作　　　C. 送牛奶　　　　D. 抄写文件

113. 狄克先生用自己第一周的工资做了什么（　　　）

    A. 给大卫买书　　　B. 换成辅币摆成心的形状，送给姨婆

    C. 给自己买墨水　　　D. 给大家买食物

114. 米考伯先生在去外地开创事业之前，怎样处理他欠特雷德尔先生的债务（　　　）

    A. 还清钱　　　B. 装作忘了　　　C. 签了借据　　　D. 以物抵债

115. 每周六晚上，大卫去米尔斯小姐家见朵拉时，证明米尔斯先生出门的暗号是（　　　）

    A. 窗口的鸟笼　　B. 窗口的蜡烛　　C. 窗口的花盆　　D. 窗口的鲜花

116. 每周六晚上，佩格蒂的职责是（　　　）

A. 寻找小艾米莉　　　　　　B. 寻找佩格蒂先生

C. 照顾汉姆　　　　　　　　D. 照顾大卫

117. 朵拉听到大卫坦白自己的现状后的表现是（　　　）

A. 大声质问大卫为何隐瞒自己　　　B. 细声安慰大卫

C. 毅然决定和大卫共同努力　　　　D. 大哭，不愿听见可怕的事情

118. 大卫是怎样练习他的速记能力的（　　　）

A. 在事务所的法庭辩护上练习

B. 在国会辩论上练习

C. 在自己寓所中的私人"国会"上练习

119. 朵拉方面是谁先发现大卫和朵拉的私下约会的（　　　）

A. 斯潘洛先生　B. 谋得斯通小姐　C. 朵拉家的管家　D. 朵拉家的女佣

120. 谋得斯通小姐是如何发现大卫和朵拉的约会的（　　　）

A. 朵拉无意中提到的　　　　B. 朵拉无意将信件丢失

C. 谋得斯通小姐的跟踪　　　D. 小狗吉卜将信件叼出

121. 斯潘洛先生对女儿朵拉和大卫的恋爱持什么态度（　　　）

A. 支持　　　　B. 不支持

C. 不闻不问　　D. 希望等女儿大一点再说

122. 斯潘洛先生最后剩下的财产有多少（　　　）

A. 3000英镑　　B. 200英镑　　C. 500英镑　　　D. 不到1000英镑

123. 斯潘洛先生与两位姐姐不再来往的原因是什么（　　　）

A. 吵架　　　　B. 朵拉命名时只请她们吃茶点

C. 财产纠纷　　D. 不喜欢朵拉是女孩

124. 大卫回多佛度过三天假期时发现威克菲尔先生家原来由乌利亚做的事情，现在由谁来做（　　　）

A. 汉姆　　　　B. 特雷德尔　　C. 米考伯先生　　D. 谋得斯通先生

125. 佩格蒂先生寻找小艾米莉到达的第一个国家是（　　　）

A. 美国　　　　B. 德国　　　　C. 英国　　　　D. 法国

126. 佩格蒂先生寻找小艾米莉到达的第二个国家是（　　　）

A. 美国　　　　B. 意大利　　　C. 法国　　　　D. 巴西

127. 佩格蒂先生寻找小艾米莉到达的第三个国家是（　　　）

　　A. 美国　　　　B. 瑞典　　　　C. 瑞士　　　　D. 葡萄牙

128. 小艾米莉在写给葛米治太太的信中最想知道谁的情况（　　　）

　　A. 佩格蒂先生　B. 佩格蒂　　　C. 大卫　　　　D. 汉姆

129. 小艾米莉写给舅舅佩格蒂先生的信件上的邮戳显示信是从哪里寄来的
（　　　）

　　A. 瑞典　　　　B. 莱茵　　　　C. 巴黎　　　　D. 多佛

130. 佩格蒂先生对小艾米莉寄给自己的钱是如何处置的（　　　）

　　A. 用来继续寻找小艾米莉　　　　B. 给了佩格蒂做家用

　　C. 给了葛米治太太做家用　　　　D. 保存好，好还给斯蒂福斯

131. 大卫和第一次寻找小艾米莉未果的佩格蒂先生谈话时，谁在门外偷听
（　　　）

　　A. 佩格蒂　　　　　　　　　　　B. 玛莎

　　C. 汉姆　　　　　　　　　　　　D. 斯蒂福斯

132. 大卫第一次结婚的对象是（　　　）。

　　A. 拉芬妮娅小姐　　　　　　　　B. 克拉里莎小姐

　　C. 朵拉　　　　　　　　　　　　D. 佩格蒂

133. 自动负责监制大卫结婚对象嫁衣的是（　　　）。

　　A. 拉芬妮娅小姐　　　　　　　　B. 克拉里莎小姐

　　C. 朵拉　　　　　　　　　　　　D. 佩格蒂

134. 到伦敦来帮忙，帮大卫新居打扫卫生的是（　　　）。

　　A. 拉芬妮娅小姐　　　　　　　　B. 克拉里莎小姐

　　C. 朵拉　　　　　　　　　　　　D. 佩格蒂

135. 大卫结婚时，婚礼场上的总支持人是（　　　）。

　　A. 特雷德尔　　B. 神父　　　　C. 姨婆　　　　D. 牧师

136. 大卫新婚蜜月结束后，因为（　　　）和妻子发生了第一次口角。

　　A. 金钱　　　　B. 生活观念　　C. 女仆玛丽·安　D. 工作

137. 大卫和妻子发生了第一次争吵之后，安慰他妻子的人是（　　　）。

　　A. 姨婆　　　　B. 朵拉　　　　C. 女仆玛丽·安　D. 佩格蒂

138.大卫和妻子请特雷德尔吃饭，另夫妇难堪的主菜是（　　　）。

    A.羊肉　　　　　　B.牡蛎　　　　　　C.咸肉　　　　　　D.刺山果花蕾

139.狄克先生对自己的评价是（　　　）。

    A.优柔寡断　　　B.头脑简单　　　C.聪明过人　　　D.心地善良

140.安妮在嫁给博士之前，差点儿和（　　　）结婚。

    A.大卫　　　　　B.特雷德尔　　　C.麦尔顿表哥　　D.多迪

141.安妮认为在婚姻生活中，最不幸的情况是（　　　）。

    A.金钱地位的悬殊　　　　　　B.年龄的悬殊

    C.社会地位的悬殊　　　　　　D.思想和志向的悬殊

142.达特尔小姐对于大卫没有找到艾米莉的事情所持的态度是（　　　）。

    A.焦急　　　　　B.漠不关心　　　C.幸灾乐祸　　　D.无所谓

143.艾米莉离开亚茅斯之后和（　　　）一起去了外国。

    A.詹姆斯先生　　B.利提摩先生　　C.特雷德尔　　　D.麦尔顿表哥

144.艾米莉得知自己被一直保护她的先生抛弃后，有（　　　）的表现。

    A.以泪洗面　　　B.歇斯底里　　　C.苦苦哀求　　　D.另寻生路

145.佩格蒂先生认为他的外甥女儿艾米莉（　　　）

    A.必死无疑　　　　　　　　　B.还活着

    C.绝对会回家　　　　　　　　D.绝对会隐姓埋名

146.大卫和佩格蒂先生相信艾米莉出的事和玛莎（　　　）

    A.有很大的关系　　　　　　　B.有一点儿关系

    C.没有一点儿关系

147.大卫和佩格蒂先生给玛莎钱时，她的态度是（　　　）

    A.欣然接受　　　B.羞愧难当　　　C.坚决拒绝　　　D.思前想后

148.大卫在结婚一年半之后雇用了一个小仆人，他偷了大卫妻子的表把它变成钱之后去（　　　），结果被警察抓住了。

    A.买吃的　　　　B.寄回家　　　　C.贿赂　　　　　D.旅游

149.大卫在婚后一年半时自我检讨发现他和妻子在（　　　）方面做得很差，并进行了一番争吵。

    A.工作方式　　　B.待人接物　　　C.家务操持　　　D.养儿育女

150. 为了缓解和妻子之间的在生活中的小矛盾，大卫决定（　　　）

　　A. 认真劝导妻子　　　　　　　B. 培养妻子的品性

　　C. 找亲友协调　　　　　　　　D. 对妻子所做的一切置若罔闻

151. 大卫妻子认为大卫如果想缓和他们之间的矛盾，最好的方法是（　　　）

　　A. 什么也不做　　B. 两人互相妥协　　C. 互赠礼物　　　　D. 一方尽量忍让

152. 大卫家的宠物狗吉卜老了，姨婆要送给大卫妻子一只新的，大卫妻子的态度是（　　　）

　　A. 欣然接受　　B. 羞愧难当　　　C. 感谢但是拒绝　　D. 思前想后

153. 佩格蒂先生找到失踪的艾米莉之后对她的态度是（　　　）

　　A. 低声下气　　B. 痛心疾首　　　C. 开心　　　　　D. 幸灾乐祸

154. 艾米莉被玛莎从毁灭的黑坑里就出来之后并得到了照顾，结果艾米莉最先被（　　　）发现了，并被羞辱了。

　　A. 拉芬妮娅小姐　　　　　　　B. 朵拉

　　C. 克拉里莎小姐　　　　　　　D. 达特尔小姐

155. 佩格蒂先生打算带外甥女儿艾米莉去（　　　），从而能避开英国的是是非非。

　　A. 法国　　　　B. 澳大利亚　　C. 美国　　　　　D. 意大利

156. 欧默先生对于艾米莉表哥的态度是（　　　）

　　A. 厌恶　　　　B. 非常喜欢　　　C. 小心翼翼　　　D. 无所谓

157. 汉姆拜托大卫转告他对于艾米莉的情感，说他（　　　）

　　A. 已经完全不爱她了　　　　　B. 很厌恶她不光彩的过去

　　C. 已经有了心上人　　　　　　D. 依旧祝福她能有好的归宿

158. 大卫在看望威克菲尔小姐时碰到了（　　　），自从大卫打了他那次，他们一直没有相见。

　　A. 乌利亚·希普　　　　　　　B. 米考伯

　　C. 麦尔顿表哥　　　　　　　　D. 多迪

159. 米考伯先生在威克菲尔斯小姐家，当众揭穿了（　　　）的丑恶嘴脸，说他是文书的伪造者，他是事务所大权独揽的人。

　　A. 多迪　　　　B. 特雷德尔　　　C. 佩格蒂　　　　D. 乌利亚·希普

160. 当乌利亚·希普不承认自己所犯的罪行时，（   ）在劝他还是和大卫他们讲和。

    A. 希普的妈妈 B. 希普的爸爸   C. 佩格蒂   D. 大卫

161. 米考伯先生和他的太太艾玛解除误会、消除隔膜之后因为没有别的赡养费的来源，他们打算去（   ）。

    A. 坎特伯雷街头卖唱   B. 伦敦再找一份工作

    C. 当家庭教师   D. 重新当文书

162. 米考伯先生打算移居海外，（   ）为他们筹集足够的资金。

    A. 佩格蒂   B. 大卫   C. 姨婆   D. 特洛伍德小姐

163. 当朵拉去世后，大卫打算（   ）

    A. 娶爱格尼斯小姐   B. 移居海外

    C. 去坎特伯雷工作   D. 从事畜牧业生产

164. 米考伯一家为移居海外筹得资金以及适应海外生活而（   ）。

    A. 在街头卖唱   B. 学习耕种与畜牧的事情

    C. 学做小买卖   D. 学习烤面包

165. 米考伯先生对于米考伯太太所提出的由她娘家出钱举办一次宴会并为米考伯先生祝酒的建议开始持（   ）的态度。

    A. 坚决反对   B. 十分赞同   C. 感激涕零   D. 无所谓

166. 特雷德尔和姨婆认为米考伯先生是一个（   ）的人。

    A. 老奸巨猾   B. 足智多谋   C. 耐心勤奋   D. 天真无邪

167. 大卫、姨婆和爱格尼斯建议除了负担米考伯先生一家的旅费和装备的费用外，再给他100磅现金并且在把100磅交给（   ），让他酌情给米考伯先生。

    A. 特雷德尔   B. 斯蒂福斯   C. 佩格蒂   D. 多迪

168. 米考伯先生兴高采烈地跑出去买贴在期票上的印花，但他的欢乐因（   ）而受到了突然的打击。

    A. 朵拉的死亡   B. 乌利亚·希普的控告

    C. 乌利亚·希普的污蔑   D. 米考伯太太的误会

169. 在处理完米考伯先生的事情，驱除了乌利亚·希普母子之后，大卫询

问姨婆为何心事重重，姨婆告诉大卫原因是（　　　）

　　A. 她想起了朵拉的死亡　　　　　　B. 她想起了米考伯先生的误会

　　C. 她想起了她的已经去世多年的丈夫　D. 乌利亚·希普的控告

170. 大卫在即将动身出国的一天晚上给（　　　）写了一封长信，里面原原本本地转达了汉姆的话。

　　A. 朵拉　　　　B. 乌利亚·希普　　C. 特雷德尔　　　D. 艾米莉

171. 大卫在即将动身出国的一天接到了艾米莉的回信，看完信之后他打算去亚茅斯，途中的天气状况是（　　　）

　　A. 阳光普照　　B. 狂风大作　　　C. 暴风骤雨　　　　D. 微雨绵绵

172. 原本要替艾米莉转交信的大卫因天气原因被困在亚茅斯的那个他曾经住过的客栈，大卫忧心忡忡的原因是（　　　）

　　A. 担心自己错过出国的机会　　　B. 担心汉姆不原谅艾米莉

　　C. 担心汉姆在返回途中失事遭难　D. 担心艾米莉拒绝汉姆

173. 汉姆原本平安地出现在大卫面前，但因为不听大卫的劝阻，执意要（　　　），结果被卷入风浪中死了。

　　A. 帮助别人修船　　　　　　B. 去拿船上重要的东西

　　C. 去救船上的人　　　　　　D. 显示自己的勇敢

174. 大卫向斯蒂福斯太太报告汉姆的死讯时，（　　　）在她的身后已经做好了接受坏消息的准备。

　　A. 乌利亚·希普　　　　　　B. 特雷德尔

　　C. 罗莎·达特尔　　　　　　D. 米考伯太太

175. 当罗莎·达特尔知道汉姆已经死了的消息，她的表现是（　　　）

　　A. 绝望　　　　　　　　　　B. 漠不关心

　　C. 没有丝毫的同情和温柔　　D. 窃喜

176. 大卫认为罗莎·达特尔因为汉姆的死讯而向斯蒂福斯太太质问、愤怒、埋怨的行为是（　　　）

　　A. 被允许的　　B. 无所谓的　　　C. 残忍的、冷酷的　　D. 有原因的

177. 大卫向斯蒂福斯太太报告汉姆的死讯时，斯蒂福斯太太的表现是（　　　）

A. 号啕大哭　　　B. 绝望　　　　　C. 麻木　　　　　D. 痛苦地呻吟

178. 米考伯先生一家对于移居海外重新生活的态度是（　　　）

A. 信心十足　　　B. 犹豫不决　　　C. 忐忑不安　　　D. 悲观失望

179. 正当米考伯一家满怀热情地即将出国时，发生了（　　　）这件事。

A. 汉姆去世　　　　　　　　　B. 朵拉去世

C. 米考伯先生又被希普告了　　D. 艾米莉回来了

180. 大卫死了这件事大卫希望米考伯先生一定要帮忙瞒着（　　　）

A. 佩格蒂　　　B. 米考伯太太　　　C. 姨婆　　　　D. 特洛伍德小姐

181. 米考伯先生一家去移居海外除了带上了艾米莉，还带上了（　　　）

A. 姨婆　　　B. 特洛伍德小姐　　C. 玛莎　　　　D. 特雷德尔

182. 大卫在米考伯一家离开出国后也同样离开了英国，去了（　　　）

A. 澳大利亚　　　B. 法国　　　　C. 葡萄牙　　　　D. 瑞士

183. 大卫到了瑞士之后，收到了一沓信，他最先看的是（　　　）的信。

A. 佩格蒂　　　B. 爱格妮斯　　　C. 姨婆　　　　D. 特洛伍德小姐

184. 大卫在瑞士收到了爱格妮斯的来信，信中爱格妮斯主要写了（　　　）
的内容。

A. 她对大卫很钦慕　　　　　　B. 她在伦敦生活情况

C. 她鼓励大卫要坚强、勇敢　　D. 她埋怨大卫

185. 大卫在瑞士收到了爱格妮斯的来信之后，又写了一封回信，信中主要
写了（　　　）的内容。

A. 他爱爱格妮斯　　　　　　　B. 他关心爱格妮斯生活状况

C. 他需要爱格妮斯并很感谢她的鼓励

D. 他在瑞士生活的状况

186. 大卫在瑞士将自己的亲身经历写成了一本书，寄给了特雷德尔，特雷
德尔把书出版了，结果反响（　　　）.

A. 很小　　　B. 很大　　　　C. 一般

187. 大卫从离开英国到回到英国一共经过了（　　　）的时间。

A. 1年　　　B. 2年　　　　C. 3年　　　　D. 4年

188. 当大卫从瑞士回到英国时，特雷德尔已经有了自己的律师事务所，他

在律师界（　　　）。

　　A. 名气很大　　B. 默默无闻　　　C. 较有名气

189. 当大卫从瑞士回到英国时，特雷德尔的律师事务所在一所（　　　）样的房子里。

　　A. 富丽堂皇　　B. 破旧不堪　　　C. 气派　　　　D. 小巧玲珑

190. 当大卫从瑞士回到英国时，令他感到吃惊的是特雷德尔与（　　　）结婚了。

　　A. 爱格尼斯　　B. 玛莎　　　　C. 艾米莉　　　D. 苏菲

191. 大卫在离开特雷德尔的事务所之后，在一间咖啡馆碰见了曾经为他的降生出力的（　　　）医生。

　　A. 汉姆　　　　B. 齐利普　　　C. 欧默　　　　D. 斯潘洛

192. 大卫在咖啡馆碰见了曾经为他的降生出力的齐利普医生，得到了一个关于（　　　）的消息。

　　A. 特雷德尔开了事务所　　　　B. 米考伯一家出国

　　C. 继父又娶了一个年轻姑娘　　D. 汉姆去世

193. 当大卫从瑞士回到英国后拜访了威克菲尔先生家，威克菲尔先生对自己之前的所作所为感到（　　　）

　　A. 悔恨　　　　　　　　　　　B. 满意

　　C. 忐忑不安　　　　　　　　　D. 坦然、问心无愧

194. 大卫从瑞士回到英国后对于曾经的克里克尔校长当上了治安官，感到（　　　）。

　　A. 忐忑不安　　B. 高兴　　　　C. 无所谓　　　D. 诧异且厌恶

195. 克里克尔校长成为治安官后，大卫和特雷德尔去参观了监狱，居然碰到了（　　　）

　　A. 汉姆　　　　B. 欧默先生　　C. 乌利亚希普　　D. 米考伯先生

196. 大卫第二次结婚的对象是（　　　）

　　A. 艾米莉　　　B. 朵拉　　　　C. 爱格尼斯　　　D. 玛莎

《家》阅读检测

1. 人物理解题："三弟，走快点。"说话的是一个十八岁的青年，一手拿伞，一手提着棉袍的下幅，还看过头看后面，圆圆的冻得通红，鼻子上架着一副金丝眼镜。以上描写的人物是《家》中的_____。

2. 人物理解题："不要紧，就快到了……二哥，今天练习的成绩算你最好，英文说得自然，流利。你扮李医生，很不错。"他用热烈的语调说，马上加快了脚步，水泥又溅到他的裤脚上面。以上描写的人物是《家》中的_____。

3. 人物理解题："他的相貌清秀，自小就很聪慧，在家里得着双亲的钟爱，在私塾得到先生的赞美。他在爱的环境中渐渐地长成，到了进中学的年纪。在中学里他是一个成绩优良的学生，四年课程修满毕业的时候又名列第一。他对于化学很感兴趣，打算毕业以后再到上海或北京的有名的大学里去继续研究，他还想到德国去留学。他的脑子里充满了美丽的幻想。在那个时期中他是一般同学所最羡慕的人。"以上描写的人物是《家》中的_____。

4. 觉民和觉慧兄弟二人雪夜回家时在谈论演戏的体会时，他演的戏是《_____》。

5. 觉民和觉慧兄弟二人雪夜回家时，觉慧因为悟到了演戏的奥妙和感受到兄弟二人的深情而感到很激动，他一激动的表现是_____。

6. 人物理解题："二少爷，三少爷，你们回来得正好。刚刚在吃饭。请你们快点去，里头还有客人。"说话的是婢女_____。

7. 人物理解题：她是一个十六岁的少女，脑后垂着一根发辫，一件蓝布棉袄裹着她苗条的身子。瓜子形的脸庞也还丰润，在她带笑说话的时候，脸颊上现出两个酒窝。以上描写的人物是《家》中的_____。

8. 觉新、觉民和觉慧三兄弟的继母是_____。

9. 琴是高家的亲戚，她的原名叫_____。

10. 在姑母带着琴拜访高家的家宴上，听到觉民兄弟说_____，这让琴兴奋不已。

11. "怎么只有两杯？我明明叫你倒三杯！"他依旧高声问。听见他的大声问话，似乎吃了一惊，手微微颤抖，把杯里的茶泼了一点出来，然后抬起头看他，对他笑了一笑说："我只有两只手。"以上情节是_____和_____的一段对话。

12. 一张少女的面庞又在他的眼前现出来。这张美丽的脸上总是带着那样的表情：顺受的，毫不抱怨，毫不诉苦的。像大海一样，它接受了一切，吞下了一切，可是它连一点吼声也没有。

这也是一张美丽的面庞。可是它的表情就不同了：反抗的、热烈的、而且是刚毅的、对一切都不能忍受似的。这两张脸代表着两种生活，指示了两种命运。

这两张少女的面庞，前者是_____，后者是_____。

13. 觉慧和觉民所处的家庭是一个_____世同堂的大家庭。

14. 觉慧对自己所处的大家庭的态度是_____。

15. 琴打算预备功课，补习英文，想考男学堂，她最担心的事是_____。

16. 鸣凤到高公馆里当差已经_____年了。

17. 在辛苦了一整天之后，鸣凤想着自己的命运最有可能结局是_____。

18. 鸣凤在母亲死后被父亲卖了人又送到高公馆来当差，她一直过着_____的生活。

19. 鸣凤和自己侍候过的大小姐的关系是_____。

20. 鸣凤在幻想自己的未来生活时，希望_____来拯救自己。

21. 琴和母亲的关系是_____。

22. 琴回到家中，和母亲说起了想报考男学堂的事情，母亲的反映是_____。

23. 母亲对琴报考男学堂一事推诿敷衍之后，琴沮丧地回到了自己的房间里，在受到了_____（杂志）启示后心境顿时又敞亮了。

24. 琴受到《新青年》中"努力做一个人"的启示后兴奋地给_____写信，邀请她和自己一起考明年的男学堂。

25. 琴的婆婆独自一个人住在里_____。

26. 觉新是大家庭中的长房长子，他的中学成绩优异，他最初的梦想是学专业，他还想到德国去留学。

27. 觉新有一个能够了解他、安慰他的人，那是他的一个表妹，这个表妹的名字叫_____。

28. 在觉新抱着美好的幻梦得到毕业文凭后，家里给他安排了一桩亲事，面对突如其来的变化，他的态度是_____。

29. 觉新因为相貌清秀和聪慧好学使几个有女儿待嫁的绅士动了心，给他做媒的人常常往来高公馆，他最后的配偶是通过_____方式决定的。

30. 觉新结婚后按照家长的安排进了西蜀实业公司做职员，在领到第一个月薪水三十元时心里充满着欢喜和悲哀，欢喜的是因为这是自己第一次挣来的钱，悲哀的是_____。

31. 在父亲因时疫去世后，觉新成为长房的顶梁柱，他发现了大家庭中的另一面目。即在和平、爱的表面下充满了仇恨和斗争，而且他自己成了人们攻击的目标。这些攻击他的人主要来自_____三方面。

32. 在与四婶、五婶和陈姨太的斗争败下阵来时，觉新改变了与她们相处的方式，避免跟她们冲突，陪时间和她们打牌讨她们欢心，他的这种做法被觉民觉慧兄弟称之为_____。

33. 觉民觉慧兄弟到大哥所在公司的"华洋快报流通处"取《新青年》时碰到了陈剑云，众人正在聊天时，琴表妹和母亲也到了，觉新陪琴的母亲挑选衣料去了，琴在与大家的聊天中谈到了一件不寻常的消息，这个消息是_____。

34. 通过琴与觉民觉慧两兄弟及剑云的谈话可以知道，大哥觉新与梅表姐两情相悦的美满事情本来可以实现，却因为一件事给搅黄了，这件事是_____。

35. 陈剑云在和众人的交流中表现出学生的心事，他的心事是_____。

36. 琴因为要报考男学堂一事，加紧复习功课，她决定跟_____补习英语。

37. 觉慧在一人回家的途中碰到了同学张惠如，张正急忙跑着去报信，她告诉觉慧出了一件大事，这件事是_____。

38. 同学们在万春茶园被无赖故意滋扰一事在_____公园开紧急会议。

39. 同学们决定到督军署去与政府交涉时，督军署门前的广场上兵士们用_____等候着学生们。

40. 同学们决定到督军署去与政府交涉时，天已经晚了，并且下了雨，当局是用_____方式态度对待学生的。

41. 因为当局对学生们的无视，同学们决定罢课，进行了_____自卫行动。

42. 觉慧的祖父年近六十，却娶了个姨太太，这个姨太太姓_____。

43. 觉慧的祖父是一家的权威，性情古板、不近人情，但他在年轻是也是一个_____的人。

44. 祖父对觉慧参加学生运动的行为大为恼火，他对学生运动的态度是_____。

45. 祖父对觉慧参加学生运动很是生气，对他的处罚决定是_____，觉慧不以为然，但看到大哥觉新难过的处境，还是默认了。

46. 由万春茶园引发的学生运动的结局是_____。

47. 觉慧被祖父禁足在家时，看到学生运动轰轰烈烈心中难耐焦急，于是到花园散心，看到了鸣凤和婉儿来园子_____（做什么）。

48. 觉慧被祖父禁足在家时，看到学生运动轰轰烈烈心中难耐焦急，于是到花园散心，见到了鸣凤，他向她表白了自己的感情，鸣凤对他的态度是_____。

49. 鸣凤对待自己七年的高公馆生活态度是_____。

50. 觉慧对鸣凤的爱慕是平等的，鸣凤对觉慧的感情是_____。

51. 当觉慧正沉溺在与鸣凤的爱情中的时候碰到了二哥觉民，觉民向他表达了自己的感情矛盾，觉慧鼓励他大胆地向表白，而耳边传来的悲凉的箫声正是大哥对思念_____的委婉表达。

52. 学潮渐渐平息，学期临近结束，觉民忙着教琴学英文，觉慧被祖父禁足在家，无聊无奈之余写了_____。

53. 觉慧用一封信表达了对家庭的看法，大嫂瑞珏是_____（性格）。

54. 觉慧用一封信表达了对家庭的看法，他认为自己的家庭像一个_____，他觉得心里闷得难受。

55. 觉慧被大嫂叫着到房里去下棋解闷，看到大嫂画的梅花帐檐赞不绝口，知道这是大嫂聚精会神画的，明白了这其实是_____的一种生活方式。

56. 大嫂擅长画画是从小在家学习的成果，大嫂向觉慧讲述了自己的娘家人的事情，瑞珏家有_____个兄弟姐妹。

57. 大嫂瑞珏的姐姐出嫁一年后因_____而死。

58. 在旧历的年底，当高家忙着准备筹备新年时，觉慧自己跑出了家门来到了大哥的事务所，他买了新出的翻译小说《前夜》，朗读了其中一段："爱情是个伟大的字，伟大的感觉……但是你所说的是什么样的爱情呢？爱情的热望，幸福的热望，除此而外，再没有什么了！我们是青年，不是畸人，不是愚人，应当给自己把幸福过来！"这些都反映了觉慧_____爱情观。

59. 听到觉慧对爱情与生活主动自由平等的宣言，引发了觉新对自己一生的感怀，他是自己是一个没有自己幸福的劳动者，这是指_____。

60. 大哥觉新人生承载了太多的重担，有_____。

61. 高老太爷在新即将来临之际，他的生活方式并没有大变，依然是到戏院看戏，或者是_____。

62. 旧绅士家庭中的年饭最讲究顺序和辈分了，长辈们全坐上桌，小辈们坐一桌，为了营造四世同堂的幸福氛围，觉新的儿子_____也被带上了饭桌，一大家子全聚在了一起。

63. 年饭一家人团聚的快乐使老太爷开心不已，他让小辈们可以开心地玩，于是觉新一桌玩起了飞花令和_____的游戏。

64. 新年散席后，觉慧一人在房里坐不住，信步走到了大街上，听到了两个贫穷小孩的低哭声，觉慧将自己身上的两个半元的银币送给了可怜的孩子后却万分痛苦，因为他认为自己是一个_____。

65. 觉慧父母早亡，从小伺候他们的老妈子真心疼爱、爱护兄弟俩，这个老妈子叫_____。

66. 觉慧是自觉的人道主义者，他对从小照顾自己的黄妈的态度是_____。

67. 觉慧和觉民兄弟到花园散步时，不知不觉来到了新近油漆过的楼房，在檐下挂着一块匾额，上面用黑色隶书大字写着"晚香楼"三个字，这个字是_____写的。

68. 觉慧和觉民兄弟到花园散步时，不知不觉来到了新近油漆过的楼房"晚香楼"前，觉慧发现_____在楼里无力地躺着，人显得很憔悴。

69. 觉慧在晚香楼碰到了躲避在这里暂求片刻安宁的大哥，他认为这个大哥的又一个_____策略。

70. 觉新认为自己是一个懦夫，觉慧对大哥的态度是_____。

71. 觉新给觉慧讲述自己痛苦的原因是不久前在街上看到了_____。

72. 觉新为自己的感情生活而痛苦不已，最主要的原因是_____。

73. 觉慧从大哥觉新的感情中联想到自己未来的感情生活因而痛心不已，为排遣这种心情，加入了和觉英、觉群、淑英等人的游戏中。

74. 在觉慧和觉英、觉群、淑英等人的踢毽子游戏中，_____是踢毽子能手。

75. 在时代变革的大潮中，女孩子们都放了足，只有_____被母亲逼着裹了小脚。

76. 过新年最大的事情便是祭祖，高老太爷认为自己年纪大了，就把这件事交给了_____负责。

77. 高公馆在祭祖典礼结束后，就是互相的拜贺活动，除了主人们晚辈给长辈的拜贺，主人之间的拜贺，还有_____。

78. 高公馆在祭祖典礼结束、互相的拜贺活动之后，长辈们开始打起了牌，晚辈们则在堂屋前_____。

79. 觉慧和觉民趁高公馆热闹的新年夜色之余去拜访了琴表姐家，在她家意外地遇到了_____。

80. 人物理解题：依旧是那张美丽而凄哀的面庞，依旧是苗条的身材，依旧是一头漆黑的浓发，依旧是一双水汪汪的眼睛；只是额上的皱纹深了些，脑后的辫子又改成了发髻，而且脸上只淡淡地敷了一点白粉。

以上描写的人物是《家》中的_____。

81. 对于梅表姐的人生际遇，她本人的态度是_____。

82. 梅表姐对于自己的命运态度是_____。

83. 琴对于自己的生活和命运的态度与梅表姐截然相反，她是_____。

84. 梅因寡居而落寞，又因母亲只顾玩乐而无人倾诉而感伤，最难过的是_____。

85. 高公馆的新年，不是掷骰子就是麻将牌声，觉慧感到无趣，无意间来到了淑华的门口，听到了婉儿和_____在谈论关于挑小老婆的话题。

86. 对于婢女无可奈何被人讨去做小老婆的问题，婉儿是顺从认命，鸣凤是_____。

87. 觉慧在窗外听了婉儿与鸣凤的私房话，在婉儿离去后他呼唤鸣凤，从鸣凤那里知道了公馆里近来发生的一件事，这事就是_____。

88. 陈剑云身世凄苦，心里暗暗爱着琴，但在现世的生活中却自卑而潦倒，在高公馆的年节中还是希望碰自己的手气，沉浸在_____游戏中。

89. 旧历正月初二，琴与她的母亲来高公馆拜年，母亲答应琴可在高公馆多玩些时日，琴非常高兴还邀请了她的一个同学倩如，倩如是一个_____女性。

90. 年轻人经过精心的准备在初八日邀请长辈们来看烟花，五叔克定则准备_____让大家观赏。

91. 龙灯终于来了，看着耍龙灯的人在众人用花炮射击远处躲闪的情境，觉慧认为_____。

92. 元宵节的夜晚天气格外好，想到大家马上就要分离，于是大家聚在一起，在觉新的房间里商量怎样度过这个夜晚，最后大家都赞成觉新的提议：_____。

93. 在元宵节的夜晚，年轻人们商议去花园里划船，去的是觉新三兄弟和淑英三姐妹，连琴一共是七个，还跟着提着小提篮帮助照应大家的侍女_____。

94. 元宵佳节的夜晚，觉新与众弟妹们一起去花园划船，大家在一起欢快地说笑，不觉想起了以前的事，都认为此美景还少一个重要的人，这个人是_____。

95. 在元宵佳节夜晚，年轻人们到花园划船，谈论了许多事情，有_____。（概括出两件事即可）

96. 在元宵佳节欢乐的夜晚，众人正准备散去，觉群与觉英两兄弟急忙跑过来告诉大家一件大事，这件事是_____。

97. 省里的军队又打了大败仗，城里的气氛日渐紧张，瑞珏与众人们都惊恐不安，只有_____不在意。

98. 在战争的恐怖笼罩下，高公馆也没幸免于难，炮弹炸中了_____家的屋脊，吓得她们跑到了大房周氏的房中躲避。

99.战争让大家惊恐万状，张太太带着琴和_____来投奔高公馆了。

100.战争让大家惊恐万状，高家认为躲避在屋里是不安全的，于是全家全部躲避到_____中。

101.在高公馆避难的花园里，梅与琴在谈论往日的时光，恰巧碰到了瑞珏与海臣，梅很喜欢海臣，瑞珏对梅的态度是_____。

102.战火开始之后，交通不畅，买卖不行，大家聚在水阁吃早餐，菜色简单，大家都没有胃口，唯有_____、_____二人端着碗不放，连吃了两碗饭。

103.觉新和梅表姐在_____（地点）相互诉衷肠。

104.觉新和梅表姐在花园中相互诉衷肠时，淑英、淑华和_____来到了花园，打断了他们的谈话。

105.梅表姐借住在公馆，钱太太派了仆人送来感谢的帖子，梅表姐本来打算跟仆人一起回家，被周氏和_____苦苦挽留下来。

106.战乱引发了骚动，原本住在高公馆的几家人陆续都离开了，只剩下_____这一房的人和无法回家的张太太。

107.战争骚乱起，大家在周氏房中商量避难的办法，_____回答"我只有这条命"，声音很凄惨。

108.战争骚乱起，大家在周氏房中商量避难的办法，琴内心痛苦挣扎，不仅因为对战争的恐慌，还因为_____的原因低声哭了起来。

109.大家在周氏房内商量避难的办法的时候，_____第一个发现城里起火了。

110.城内起火，紧急时期大家决议如何逃难，瑞珏毅然决定_____。

111.战争骚乱起，这天晚上，觉慧模糊睡着了，_____悄悄叫醒他，叮嘱了几句，替他盖好被子，轻轻地走了。

112.新进城的军队要借公馆居住，_____代表高公馆去交涉，被人削了面子，气得眼珠直往上翻。

113.军队的连长太太本来打算住在高公馆富丽堂皇的客厅，但是在克明_____之后，仆从放下了狠话，选择离开。

114. _____ 在辛亥革命的时候在西充县受过惊，还是丢了知县的印化妆逃回省城来的，因此他非常胆小。

115. 连长夫人是一个_____的人。

116. 连长太太诸人离开之后，高家众人很早就睡了，都睡得很安稳，只有_____睡不着，眼前闪耀着连长夫人那双媚人的眼睛。

117. 战事暂时平缓，人们聚在高公馆打牌，梅表姐与觉新在牌桌上的座位是_____坐的。

118. 战事暂时平缓，人们聚在高公馆打牌，觉新在牌桌上，瑞珏在觉新_____的位置。

119. 瑞珏在梅表姐离开牌桌之后，相继离开了牌桌，来到了梅的住处，看到梅刚刚_____。

120. 梅表姐与瑞珏在房中说话，梅向瑞珏倾诉时说自己的心已经死了，称自己为_____。

121. 在听过梅的倾诉之后，瑞珏对梅的态度是_____。

122. 和平统治恢复，觉慧热心于新刊物《_____》的建设工作。

123. 觉慧不想让家人看到他在新刊物发表的文章，可是不巧，_____在觉慧房中读到了新刊物和觉慧的文章，并且什么也没说，只是冷笑了一声就走了。

124. 鸣凤在觉慧心中是_____的象征。

125. 在新刊物_____言论的影响下，觉慧在很多时候脑子里只有希望中的美丽社会，而完全忘记了鸣凤的爱情。

126. 觉慧在新刊物发表文章的笔名是_____。

127. 觉慧以笔名写了一篇内容关于_____的文章，被琴不断询问作者是不是觉慧。

128. 觉慧希望琴能在新刊物上发表一篇关于_____的文章。

129. 在宣传女子剪发时期说出"我要怎样做就怎样做，别人管不着我"的话的人是琴的同学，她是_____。

130. 在同学们都勇敢响应剪发的号召时，琴的心情是_____。

131. 倩如发表了关于剪发的言论，并且谈到了琴受到的限制，倩如的话使得围观者哄然大笑，此时琴感到_____。

132. 国文教员看到倩如的短发如避蛇蝎，但是倩如是什么表现_____。

133. 琴的母亲张太太知道了女儿想要剪发的意图时，表示出_____。

134. _____被要求拿自己的青春去服侍一个脾气古怪的老头子。

135. 鸣凤哭闹着不愿嫁去冯家做姨太太，她祈求周氏，周氏的态度是_____。

136. 鸣凤在被要求嫁去冯家做小之后，她想到了大小姐教过她一个"_____"字，是薄命女子的唯一出路。

137. 鸣凤被要求嫁去冯家做小之后想要去找觉慧谈谈，可是觉慧这几天一直_____。

138. 三十日当天，鸣凤夜里去找觉慧，觉慧一直说"_____"，鸣凤也不想给觉慧添麻烦，但是心中十分忧郁、悲伤，只得走了。

139. 三十日夜里，鸣凤去找觉慧，在_____快来了的时候，被觉慧催促着不得不离开了。

140. 觉慧从_____那里知道了鸣凤要去冯家做姨太太。

141. 觉慧在悲痛中去寻找鸣凤，可是鸣凤不在屋里，却在_____里。

142. 鸣凤在投湖前叫了两声"_____"，便纵身跳进了湖中。

143. 觉慧知道鸣凤不得不去冯家做小的事的第二日白天，根本无法专心听课，他经历了一夜的思索之后，准备放弃鸣凤了，原因有二，一是_____；二是_____。

144. 待觉慧兄弟散学归来，在家门口看到冯家接走人，进了屋内看到了忧郁的剑云，剑云感慨"_____"。

145. 鸣凤投湖自尽自后，代替她出嫁到冯家的是_____。

146. 小说中对于剑云的描写，总是形容剑云是_____的。

147. 剑云向觉民倾诉，他爱着的人是_____。

148. 觉民送走了情绪激动的剑云之后，走进花园，在_____找到了觉慧。

149. 觉慧在鸣凤自尽后情绪很激动，_____一直在劝慰觉慧。

150. 觉慧在鸣凤自尽后，坚定了自己_____的念头。

151. 觉民在劝慰觉慧的时候，说起了觉慧时常说的那几句话_____ _____。

152. 觉慧兄弟两人恢复了了解和沟通，在街上散步，他们看到了五爸躲避他们走进了一间独院，这独院门上红纸写着_____。

153. 觉慧兄弟冒雨回家，歇息了一番之后，觉慧做了一个很长很波折的梦，他梦见了_____。

154. 在觉慧的梦里，鸣凤的身份是_____。

155. 在觉慧的梦里，鸣凤被要求嫁给一个中年官吏，鸣凤不从，觉慧决定带着鸣凤_____。

156. 在觉慧的梦里，他们两人坐小船从水路逃走，但是鸣凤的父亲追来，他们的结局是_____。

157. 鸣凤的死和婉儿的嫁人这两件事，对高家来说_____。

158.《黎明周报》的报社地址租在_____（哪里）。

159. 觉慧等人在报社的聚会时间一般是_____。

160. _____写了一篇叫作《读警厅禁止女子剪发的布告》，发表在第八期《黎明周报》上。

161. 觉慧周报社的同仁张惠如为了缴月捐，当了自己的_____。

162. 当《读警厅禁止女子剪发的布告》发表之后，警局来人了，处理他们的结果是_____。

163.《黎明周报》停刊后，改名为_____。

164. 觉民、觉慧去金陵高寓看到_____（动物）内心感到悲凉。

165. 觉慧发现倩儿晚上在给_____和_____烧纸。

166. 在克定之后，_____又进了"金陵高寓"。

167. 为了反抗婚约，觉民做了什么：_____。

168. 觉民离开家之后，开家族会议，只有_____自己站在一边。

169. 高老太爷说觉民半个月不回家就_____（怎么做）。

170. 觉慧在觉新拒绝帮觉民后，说觉新是个_____。

171. 觉民逃出高家后住在_____家。

172. 琴称许倩如为_____。

173. 高老太爷反对觉民拒婚的两个原因是_____；_____。

174. 觉慧说的家里一定会再出现一个牺牲品是_____的死亡。

175. 梅的全名是_____。

176. 对于梅的死感到愤怒的是_____。

177. 高老太爷知道了克定在外养姨太太的事情之后，怎么责罚克定的：_____。

178. 高老太爷在教训完克定之后，把大家都遣走，这时候他的心情是_____、_____、_____。

179. 高老太爷病了之后，医药并没有太大的效力，此时人们便求助于_____。

180. 高家诸人为了高老太爷的病，请求神的保佑，他们采取了哪些措施：_____。

181. 高家的人请来巫师捉鬼，但是_____紧闭房门，死活不许这群滑稽的人进来。

182. 在众人要求进入觉慧的房间"捉鬼"时，觉慧骂_____："你也算读了十几年书，料不到你居然糊涂到这个地步！"

183. 克明在被觉慧义正词严地说导了一番关于巫师捉鬼是谬论之后，也深感惭愧，自己本就是不相信"捉鬼"能为高老太爷的并带来什么起色的，但是_____却对"捉鬼"的办法深信不疑。

184. 高老太爷临死前让_____把觉民找回来。

185. 高老太爷临死前对孙子们的希冀是_____。

186. 高老太爷过世之后，高家的子孙们迫不及待要_____。

187. 瑞珏生产的日子近了，但是高家的陈姨太提出了"血光之灾"一说，为了避开这个"血光之灾"，唯一的途径是_____。

188. 觉新对于大家要把瑞珏迁出城外生产的要求是什么态度：_____。

189. 觉慧帮瑞珏收拾行李，其间两人表面上竭力做出笑容，但是心里_____。

190. 瑞珏迁出城外之后，不喜欢自己城外的新居的原因是_____。

191. 陈姨太等人不让觉新在瑞珏生产时做什么_____。

192. 瑞珏因为_____而死。

193. 觉新因为_____而决定帮助觉慧。

194. 觉慧在瑞珏死后，坚定了自己要离开的心思，他打算去_____。

195. 觉慧在跟觉新表示要离开家的决心之后，觉新决定帮助他，但是别后，觉慧心中异常高兴，但是觉新别了弟弟之后_____。

196. 觉慧离开的时间提前了，当夜，他最后选择去见了见_____。

197. 觉慧乘坐_____的亲戚包的船去上海。

198. 觉慧在跟觉新告别的时候，觉新执意要给觉慧装上_____。

199. 觉慧离开当日一早，去找琴，琴送给觉慧_____。

200. 觉慧上了轮船，船缓缓开走，他看着这绿水，对于他来说，这水可是_____的水啊。

《谈美书简》阅读检测

1. 作者在《谈美书简》第一章中告诫（或是希望）：研究美学的人不仅要学美学，还应该学习哪些学科？请至少列举三个。

2.《谈美书简》第二章"从现实生活出发还是从抽象概念出发"中，作者认为研究美学所必备的基本条件是什么？

3.《谈美书简》第二章"从现实生活出发还是从抽象概念出发"中，作者认为自然美与艺术美的关系和区别是什么？

4.《谈美书简》第三章"谈人"中，作者是如何定义"生活"的？（意思相关即可）

5.《谈美书简》第三章"谈人"中，作者说"19世纪以来西方美学界在研究方法上有机械观与有机观的分野"。那么，这两种研究方法分别主要来源于哪（几）门学科？请结合全章回答。

6.《谈美书简》第五章"艺术是一种生产劳动"中，作者所谈到的"人化的自然"，该如何理解？请试着回答。

7. 结合《谈美书简》第五章"艺术是一种生产劳动"，谈谈作者所谓的"'人的彻底的自然主义和自然的彻底的人道主义'的辩证统一性"？请简要回答。

8. 阅读《谈美书简》，思考"美"能否离开"美感"而独立存在？为什么？

9.《谈美书简》第六章"冲破文艺创作和美学中的一些禁区"中，关于人性和阶级性的关系，作者是如何阐述的？请简要说明。

10. 阅读《谈美书简》，思考作者认为否定共同美感的后果是什么？请简要回答。

11.《谈美书简》第六章"冲破文艺创作和美学中的一些禁区"中，作者批判了"四人帮"在文艺方面所吹嘘的理想英雄人物具有的哪两点特征？

12.《谈美书简》第七章"从生理学观点谈美与美感"中，作者列举："建筑也有它所特有的节奏，所以过去美学家们把建筑比作'冻结的或凝固的音乐。'"是为了强调说明什么？

13. 朱光潜说："所谓'移情作用'指人在聚精会神中关照一个对象（自然或艺术作品）时，由物我两忘达到物我同一，把人的生命和情趣'外射'或移注到对象里去，使本无生命和情趣的外物仿佛具有人的生命活动，使本来只有物理的东西也显得有人情。"众所周知，我国古典诗词里咏物名句大都显出这种移情作用。例如"相看两不厌，只有敬亭山"（李白）；"可堪孤馆闭春寒，杜鹃声里斜阳暮"（秦观）；等等。请根据提示，试着再写一句？诗句、词句皆可。

14.《谈美书简》第七章"从生理学观点谈美与美感"中，作者指出审美者和审美对象各有哪两种类型？

15. 由《谈美书简》可知，近来美学家把人分成"旁观型"和"分享型"。纯粹旁观型的人不易起移情作用，更不易起内模仿活动，分明意识到我是我，物是物，却仍能欣赏物的形象美。纯粹分享型的人在聚精会神中就达到物我两忘和物我同一，必然引起移情作用和内模仿。请思考回答：在作者看来，古代人、现代人、老年人、青年人、不大劳动的知识分子、工人，都分别属于这两种类型中的哪一种？

16.《谈美书简》第八章"形象思维与文艺的思想性"中，作者是怎样解释"形象思维"这一概念的？请简要回答。

17.《谈美书简》第八章"形象思维与文艺的思想性"中，作者是如何解释"抽象思维"这一概念的？请简要回答。

18.《谈美书简》第九章"文学作为语言艺术的独特地位"中，为什么作者称"艺术"为"第二自然"？请简要回答。

19. 一般来说，艺术可分为"空间性的"和"时间性的"两大类。请结合《谈美书简》第九章"文学作为语言艺术的独特地位"，说出诗歌、音乐、舞蹈、建筑、绘画、雕刻、戏剧、小说，分别属于哪一类？

20. 如何理解作者所说的"语言和劳动是人类生活的两大杠杆"？请简要谈一谈。

21.《谈美书简》第十章"浪漫主义和现实主义"中，作者说"浪漫主义和现实主义是一个极难谈而又不能不谈的问题"，试问这里所说的"难谈"具体指什么？

22.作者认为，作为创作方法，浪漫主义和现实主义有什么区别？

23. 在《谈美书简》第十一章"典型环境中的典型人物"中，作者指出，罗马文艺理论家贺拉斯将"典型"狭窄化为"类型"和"定型"。请结合所学将二者区分说明?

24. 自近代资产阶级登上历史舞台以来，艺术典型观确实起了两个重大的转变。请分别陈述这两大转变?

25. 朱光潜说："审美范畴往往是成双对立而又可以混合或互转的。"例如"美"和"丑"就是一对审美范畴，请试着再写出一对审美范畴?

26. 根据《谈美书简》，谈谈人为什么爱追求刺激和消遣呢?请简要回答。

27. 根据《谈美书简》，谈谈现代著名法国哲学家柏格苏列举"一个人走路倦了，坐在地上休息，没有什么可笑，但是闭着眼睛往前冲，遇到障碍物不知回避，一碰上就跌倒在地上，这就不免可笑"这一事例的目的是什么?

28. 作者在《谈美书简》中告诉人们：不要迷信"灵感"、以为好作品都要凭神力。那么，作者是如何看待"灵感"的?请简要谈一谈。

29. 作者坚持认为：游戏在文艺这种生产劳动中确实是一个极其重要的因素。结合《谈美书简》，谈谈作者这样认为的理由是什么?

30. 朱光潜说："'谐'是雅俗共赏的，所以它最富于社会性。"请结合"'谐'之为言'皆'也，词浅会俗，皆悦笑也"这句话，举例（可以是笑话、谜语、民歌、曲艺等）谈谈"谐"的社会功用。

《叶嘉莹说初盛唐诗》阅读考查题

诗歌，远离我们的生活，为了更好地解读诗歌，我们本学期推荐了《叶嘉莹说初盛唐诗》，希望同学们潜心安静阅读，可以从中读出一些初盛唐时代的诗歌发展脉络，也能从中读出一些鉴赏诗歌的基本方法。

我们根据本书的编写体例，以一位诗人为一个阅读单位，安排一定的阅读时间，然后围绕文本，设置了必做题和选做题两大类，同学们可以根据自己阅读的水平有所选择，然后完成相应的阅读考查题。

一、"王绩"阅读考查题

1. 作者说王绩是一个"双重"隐士，请结合文本具体说说"双重"的意思，并试着阐述"隐"的第二层意思的实质是什么？（五选一）

2. 什么叫"终南捷径"？（五选一）

3. 什么叫"和而不流，强哉矫"？（五选一）

4. 结合文本，反思我们现在读不懂诗歌的原因可能有哪些？（五选一）

5. 作者对诗歌的感发与联想持怎样的观点？（五选一）

6. 请结合文本试着从内容情感方面鉴赏王绩的《野望》。（必答题）

7. 请简要概括作者鉴赏《野望》的方法。（必答题）

二、"杜审言"阅读考查题

1. 根据文本，作者认为杜审言在整个唐朝的诗歌演进方面具有重要作用的原因是什么？（三选一）

2. 结合杜审言《和晋陵陆丞早春游望》的题目，简单说一说酬答诗和"和"诗的一些特点。（三选一）

3. 一首律诗，共八句，每两句合在一起叫什么？（三选一）

4. 有人说，杜审言《和晋陵陆丞早春游望》颈联"淑气催黄鸟，晴光转绿

萍"中"催"和"转"两个字运用得非常好，请结合文本简要赏析。（必答题）

三、"王勃"阅读考查题

1. 请结合文本，谈谈作者对"知己"的看法。（四选一）

2. 请结合文本，说说什么叫"拗救"？（四选一）

3. 请结合文本，说说什么叫"偷春格"？（四选一）

4."海内存知己，天涯若比邻"是千古名句，这两句诗好在哪里？请作赏析。（必答题）

5. 请试着鉴赏"落霞与孤鹜齐飞，秋水共长天一色"一句。（四选一）

四、"骆宾王"阅读考查题

1. 结合文本说说"秋蝉"在中国诗歌的传统中表达什么意思？除了文本中提到的"秋蝉鸣树间""寒蝉鸣我侧"和"西陆蝉声唱"之外，请再举两个类似的例子来证明这一传统。（三选一）

2. 请写出成语"衣香鬓影"的意思。（必答题）

3. 作者在本文中对《左传》中"肉食者鄙"的解释为"那些每天只知道搜刮钱财、争权夺利的人是卑鄙的"，你对这种解释是否赞同，请说明理由。（三选一）

4. 请结合文本试着从内容情感方面鉴赏骆宾王的《在狱咏蝉》。（必答题）

5. 骆宾王为何被后世人称为"初唐四杰"之一，试从品格和文学两个层面分析。（三选一）

五、"陈子昂"阅读考查题

1. 请结合文本来说说什么是"平声字"和"仄声字"？（六选一）

2. 陈子昂为什么提出"复古"的主张？他的主张具体内容是什么？（六选一）

3. 请举例来说明什么是"圣之清者"与"圣之任者"？（六选一）

4. 请写出"折节读书"的意思。并另举两例进行说明。（六选一）

5. 请结合文本解释什么是"文质彬彬"？（六选一）

6. 作者认为陈子昂的《登幽州台歌》在艺术上有何特色？（六选一）

7. 文本中作者介绍了陈子昂的两首感遇诗，请结合文本回答下列问题：（必答题）

（1）《感遇诗三十八首（其二）》即"兰若生春夏"表达了什么感情？

（2）《感遇诗三十八首（其二十三）》即"翡翠巢南海"表达了什么感情？

（3）请根据作者对以上两首诗的解读，判断下面这首诗表达的情感和上面两首中的哪一首相似，并结合诗句具体分析。

感遇诗三十八首（其七）

白日每不归。青阳时暮矣。茫茫吾何思。林卧观无始。

众芳委时晦。鹍鸠鸣悲耳。鸿荒古已颓。谁识巢居子。

8. 请问下面这首诗中运用了什么典故，表达了怎样的思想感情？（必答题）

燕昭王

南登碣石馆，遥望黄金台。

丘陵尽乔木，昭王安在哉？

霸图今已矣，驱马复归来。

六、"张九龄"阅读考查题

1. 张九龄作品的风格？（必答题）

2. 请比较张九龄《感遇》与陈子昂《感遇》在表达情意上的不同。（必答题）

3. 张九龄前期与后期作品有何不同？（必答题）

七、"孟浩然"阅读考查题

1. 迦陵先生在谈到孟浩然个性的复杂与矛盾时，想起他以前读过的一篇小说《大笑》，用意何在？（五选一）

2. 什么叫"民胞物与"？（五选一）

3. 孟浩然的隐与陶渊明的隐有何不同？（五选一）

4. 如何解读孟浩然早年的求隐和中年以后的求仕？（五选一）

5. 请结合孟诗具体分析孟浩然诗歌写情的三种方式。（五选一）

6. 如何解读孟浩然"仕隐两失"的悲哀？（必答题）

7.《论语》上说"邦无道，富且贵焉，耻也。"又说"邦有道，贫且贱焉，耻也。"请解释这两句话的意思。（必答题）

8. 请结合孟浩然的《早寒江上有怀》评述盛唐诗风。（必答题）

9. 请结合李白的《赠孟浩然》一诗分析孟浩然其人形象。（必答题）

八、"王维"阅读考查题

1. 古代文人都有一种"仕隐"情结，作者是怎样评价王维的仕隐关系的？如何理解他的这种仕隐关系？（八选一）

2. 什么是"九品中正制"？（八选一）

3. 七言歌行体可以分为哪两类？（八选一）

4. 请结合文本理解《洛阳女儿行》最后两句："谁怜越女颜如玉，贫贱江头自浣纱。"（八选一）

5. 什么叫"行卷"？（八选一）

6. 张九龄被贬后，王维没有随之隐退，就这个问题，你是更赞同本书作者观点还是其他学者观点？结合文本谈谈你的看法。（八选一）

7. 王维和谢灵运的山水诗在风格上有何不同？请结合文本阐述。（八选一）

8. 王维善于"言情"，请以《相思》为例结合文本具体分析。（八选一）

9. 请用"一语说"理论，结合文本赏析"大漠孤烟直，长河落日圆"。（必做题）

10. 结合文本赏析《送梓州李使君》写景特色；王维的很多诗歌都是艺术和世俗的结合，前面写得很好，结尾落入世俗，请结合本诗具体分析。（两个小题任选一题完成）

送梓州李使君

万壑树参天，千山响杜鹃。山中一夜雨，树杪百重泉。

汉女输橦布，巴人讼芋田。文翁翻教授，不敢倚先贤。

11. 从写景特色的角度结合文本赏析：（二首任选一首）

山居秋暝

空山新雨后，天气晚来秋。明月松间照，清泉石上流。

竹喧归浣女，莲动下渔舟。随意春芳歇，王孙自可留。

观猎

风劲角弓鸣，将军猎渭城。草枯鹰眼疾，雪尽马蹄轻。

忽过新丰市，还归细柳营。回看射雕处，千里暮云平。

12. 山水自然本没有生命，王维写出来的山水自然本身就是生命，这是王维最了不起的一种成就，请以王维《辋川集》中的这首诗为例，鉴赏分析作者是如何赋予自然山水生命的？（必做题）

栾家濑

飒飒秋雨中，浅浅石溜泻。跳波自相溅，白鹭惊复下。

13. 诗歌重在感发，那么这种敢发如何传达出来，请概括几种不同的情形？（必做题）

14. 下面三首诗歌，请你任选一首结合文本赏析。

鹿柴

空山不见人，但闻人语响。返景入深林，复照青苔上。

辛夷坞

木末芙蓉花，山中发红萼。涧户寂无人，纷纷开且落。

鸟鸣涧

人闲桂花落，夜静春山空。月出惊山鸟，时鸣春涧中。

九、"李白"阅读考查题

1. 在古代诗人中，有哪两位得到过"仙人"的评价，二者有何不同？（八选一）

2. 唐代诗人，尤其盛唐诗人，心中都有这个"仕"与"隐"的情意结，但每个人的情况又各有不同。李白的追求又是怎样的？（八选一）

3. 李白对儒家思想有肯定的一面有否定的一面，结合文本说说他肯定和否定的分别是什么？（八选一）

4. 李白求仕，大致出于什么原因？请结合文本回答。（八选一）

5. 杜甫是如何评价李白的，请结合杜甫的《赠李白》简要分析。（八选一）

赠李白

秋来相顾尚飘蓬，未就丹砂愧葛洪。

痛饮狂歌空度日，飞扬跋扈为谁雄。

6. 怎样理解李白以大鹏"自比"？（八选一）

7. 结合具体诗句分析李白诗歌中"酒"这一意象。（八选一）

8. 本书上的作者是怎样看待文学创作上的创新与打破的？请结合文本简要回答。（八选一）

9.（二选一）下面两首李白的乐府诗请你任选一首，结合文本，从内容、情感、手法角度进行赏析。（必做题）

长相思

长相思，在长安。络纬秋啼金井阑，微霜凄凄簟色寒。孤灯不明思欲绝，卷帷望月空长叹，美人如花隔云端。上有青冥之高天，下有渌水之波澜；天长路远魂飞苦，梦魂不到关山难。长相思，摧心肝！

行路难

金樽清酒斗十千，玉盘珍羞直万钱。停杯投箸不能食，拔剑四顾心茫然。

欲渡黄河冰塞川，将登太行雪满山。闲来垂钓碧溪上，忽复乘舟梦日边。

行路难！行路难！多歧路，今安在？长风破浪会有时，直挂云帆济沧海。

10. 从内容和情感上对比下面三首《玉阶怨》。（必做题）

玉阶怨

（南北朝）虞炎

紫藤拂花树，黄鸟度青枝。思君一叹息，苦泪应言垂。

玉阶怨

（南北朝）谢朓

夕殿下珠帘，流萤飞复息。长夜缝罗衣，思君此何极。

玉阶怨

（唐）李白

玉阶生白露，夜久侵罗袜。却下水精帘，玲珑望秋月

11. 读李白的《长干行》完成下面习题。（任选一题完成）

长干行

妾发初覆额，折花门前剧。郎骑竹马来，绕床弄青梅。同居长干里，两小无嫌猜。十四为君妇，羞颜未尝开。低头向暗壁，千唤不一回。十五始展眉，愿同尘与灰。常存抱柱信，岂上望夫台。十六君远行，瞿塘滟滪堆。五月不可触，猿声天上哀。门前迟行迹，一一生绿苔。苔深不能扫，落叶秋风早。八月蝴蝶黄，双飞西园草。感此伤妾心，坐愁红颜老。早晚下三巴，预将书报家。相迎不道远，直至长风沙。

（1）作者认为"苔深不能扫，落叶秋风早"这两句写得浅近，却含义丰富，请结合文本具体赏析。

（2）"门前迟行迹，一一生绿苔"中的"迟"字有三个版本：迟、旧、送。你认为哪一个字在这里最为贴切？请结合文本分析说明。

（3）"落叶秋风"是怎样一个"语码"？

（4）李白的《长干行》和王维的《洛阳女儿行》都写得很美，二者最大的区别在何处？

12.怎样去鉴别一首诗是否是好诗？（必做题）

十、"王昌龄"阅读考查题

1.什么是"宫怨"？（三选一）

2.什么叫"左迁"？（三选一）

3.为什么只有盛唐时代边塞诗最多，而其他时代的边塞诗并不很多？（三选一）

4.请结合文本，试着从情感内容方面鉴赏王昌龄的《出塞》？（必做题）

5.请简要概括作者对李白七绝《闻王昌龄左迁龙标遥有此寄》与王昌龄七绝《长信秋词》的比较分析的方法？（必做题）

十一、"王之涣"阅读考查题

1.靳能是如何评价王之涣的？（二选一）

2.请结合文本，试着从内容情感方面鉴赏王之涣的《凉州词》？（必做题）

3.王之涣的《凉州词》所用的表现手法有哪些？试结合文本简析。（必做题）

4.叶嘉莹先生认为，《登鹳雀楼》这首诗的"气象"写得好，请结合文本分析好在哪里？（二选一）

十二、"高适"阅读考查题

1.请简单解释文学中的"气骨"。（必答题）

2.结合文本，谈谈高适的诗歌是怎么体现"气骨"的。（四选二）

3.结合《封丘县》一诗，简单说明高适的为人、作风。（四选二）

4.请解释什么叫作"情随声转"。（必答题）

5.以《燕歌行》为例，举例说明如何体现"情随声转"的艺术手法的。（四选二）

6. 如何通过感发联想体会"杀气三时作阵云，寒声一夜传刁斗"一句所表达的情感的？（四选二）

7. 结合叶嘉莹先生鉴赏高适诗歌的方式，谈谈为什么自己经常无法读出诗歌的气势和情感。（必答题）

十三、"岑参"阅读考查题

1. 结合理论分析"走马川行雪海边"与"走马川，雪海边"两句哪一句是对的。（三选一）

2. 用自己的话说说"感发"与"感动"的差别，并举例说明。（三选一）

3. 谈谈作者认为诗跟词本质上的区别是什么。（三选一）

4. 叶嘉莹先生认为岑参的诗歌好在写景，请赏析《白雪歌送武判官归京》中有关景物描写的句子。（必答题）

5. 结合叶嘉莹先生赏析诗歌的方式赏析岑参的这首诗。（必答题）

凉州馆中与诸判官夜集

弯弯月出挂城头，城头月出照凉州。凉州七里十万家，胡人半解弹琵琶。
琵琶一曲肠堪断，风萧萧兮夜漫漫。河西幕中多故人，故人别来三五春。
花门楼前见秋草，岂能贫贱相看老。一生大笑能几回，斗酒相逢须醉倒。

鲁迅专题阅读指导手册

引言

鲁迅，曾一度热闹在语文课本中，却远离于我们的丰富生活外，这是一个尴尬的现实存在。但是，鲁迅，是现代文学中不可绕过的一个名字，是国民反思中不可或缺的一环，于是今天，我们一起共读鲁迅，是为了在读鲁迅中遇见更好的自己，在品鲁迅中共建和谐人生。

课程任务与要求

第11学段共8周，我们推荐鲁迅《呐喊》《彷徨》《故事新编》《坟》四本书的阅读任务，平均每两周一本，每周有一节课是专门的阅读时间，我们会进行静心阅读、专题研讨、分享交流等活动，当然，读书并不仅在于这一节课上，应该平均分配到每天的学习生活中，用读书来改变自己的视野，用读书来改善自己的生活。

根据这四本书的内容，以具体篇目为一个阅读单位，安排一定的阅读时间，然后围绕文本，设置了如下几项阅读任务，同学们可以根据自己阅读的水平有所选择，然后完成相应的阅读考查题。

阅读任务

1. 可将你喜欢的句子摘抄到积累本上。

2. 可对你喜欢的字、词、句、段、文做四类批注。

3. 可用简明的语言总结一篇文章的主要内容。

4. 可以选择老师们设置的阅读题，用准确的语言、合理的思路、规范地回答问题。

读书须坚持，故每天读书规划时间安排如下表：

		课堂	周一	周二	周三	周四	周五	周六	周日
第一周	《呐喊》	阅读指导	《自序》	《狂人日记》《孔乙己》	《药》《明天》《一件小事》	读书笔记	《头发的故事》	《风波》	《故乡》
第二周	《呐喊》	读书分享	《阿Q正传》	《端午节》	《白光》	读书笔记	《兔和猫》	《鸭的喜剧》	《社戏》
第三周	《彷徨》	专题研讨	《祝》福	《在酒楼上》	《幸福的家庭》	读书笔记	《肥皂》《长明灯》	《示众》	《高老夫子》
第四周	《彷徨》《故事新编》	读书分享	《孤独者》	《伤逝》	《弟兄》《离婚》	读书笔记	《序言》	《补天》	《奔月》
第五周	《故事新编》	专题研讨	《理水》	《采薇》	《铸剑》	读书笔记	《兔和猫》	《非攻》	《起死》
第六周	《坟》	专题研讨	《题记》	《我之节烈观》	《我们现在怎样做父亲》	读书笔记	《娜拉走后怎样》《未有天才之前》	《论雷峰塔的倒掉》	《说胡须》
第七周	《坟》	论文写作	《论照相之类》	《再论雷峰塔的倒掉》	《看镜有感》《论"他妈的!"》	读书笔记	《论睁了眼看》	《从胡须说到牙齿》	《坚壁清野主义》
第八周	《坟》	论文写作	《论"费厄泼赖"应该缓行》	《写在坟的后面》		课堂读书笔记			

一、《呐喊》

鲁迅小说集《呐喊》真实地描绘了从辛亥革命到五四运动时期的社会生活，从革命民主主义出发，抱着启蒙主义目的和人道主义精神，揭示了种种深层次的社会矛盾，对旧时中国的制度及部分陈腐的传统观念进行了深刻的剖析和比较彻底的否定，表现出对民族生存浓重的忧患意识和对社会变革的强烈希望。

《呐喊》收录作者1918年至1922年所作小说十四篇。1923年8月由北京新潮社出版，原收十五篇，列为该社《文艺丛书》之一。1924年5月第三次印刷时起，改由北京北新书局出版，列为作者所编的《乌合丛书》之一。1930年1月第十三次印刷时，由作者抽去其中的《不周山》一篇（后改名为《补天》，收入《故事新编》）。作者生前共印行二十二版次。

《呐喊》第一篇《自序》阅读任务单

1. 将你喜欢的句子摘抄到积累本上。

2. 将你喜欢的字、词、句、段、文做相应的批注（概括式、联想式、质疑式、鉴赏式四类批注）。

3. 请用简明的语言概括这篇文章的主要内容。

4. 可以选择老师们设置的阅读题，用准确的语言、合理的思路、规范地回答问题。

（1）文段中说，"我的梦很美满"，课文的开头说，"我在年轻时候也曾经做过许多梦"。从全文看，作者具体记叙了自己三个"美满"的梦，这三个梦是什么（各用四字概括）?

（2）"这一学年没有完毕，我已经到了东京了，因为从那一回以后，我便觉得医学并非一件紧要事，凡是愚弱的国民，即使体格如何健全，如何茁壮，也只能做毫无意义的示众的材料和看客，病死多少是不必以为不幸的。所以我们的第一要著，是在改变他们的精神，而善于改变精神的是，我那时以为当然要推文艺，于是想提倡文艺运动了。"请试着概括这段话的意思。

（3）鲁迅为什么将这本小说集命名为《呐喊》?

《呐喊》第二篇《狂人日记》阅读任务单

1. 将你喜欢的句子摘抄到积累本上。

2. 将你喜欢的字、词、句、段、文做相应的批注（概括式、联想式、质疑式、鉴赏式四类批注）。

3. 请用简明的语言概括这篇文章的主要内容。

4. 可以选择老师们设置的阅读题，用准确的语言、合理的思路、规范地回答问题。请结合全文试着分析"狂人"这一人物形象。

《呐喊》第三篇《孔乙己》阅读任务单

1. 将你喜欢的句子摘抄到积累本上。

2. 将你喜欢的字、词、句、段、文做相应的批注（概括式、联想式、质疑式、鉴赏式四类批注）。

3. 请用简明的语言概括一篇文章的主要内容。

4. 可以选择老师们设置的阅读题，用准确的语言、合理的思路、规范地回答问题。

（1）请结合细节分析孔已这一人物形象。

（2）试概括小说塑造孔乙己这一人物形象的社会意义。

《呐喊》第四篇《药》阅读任务单

1. 将你喜欢的句子摘抄到积累本上。

2. 将你喜欢的字、词、句、段、文做相应的批注（概括式、联想式、质疑式、鉴赏式四类批注）。

3. 请用简明的语言概括这篇文章的主要内容。

4. 可以选择老师们设置的阅读题，用准确的语言、合理的思路、规范地回答问题。

（1）文段中描写，"老栓也向那边看，却只见一堆人的后背；颈项都伸得很长，仿佛许多鸭，被无形的手捏住了的，向上提着。静了一会，似乎有点儿声音，便又动摇起来，轰的一声，都向后退；一直散到老栓立着的地方，几乎将他挤倒了"。请试着分析这段话的表达效果。

（2）如何理解茶馆中的茶客听到夏瑜和牢头阿义的故事后表现出来的情绪？请结合文章加以分析。

（3）小说中的"药"有哪些含义？以"药"为题有什么用意？

《呐喊》第五篇《明天》阅读任务单

1. 将你喜欢的句子摘抄到积累本上。

2. 将你喜欢的字、词、句、段、文做相应的批注（概括式、联想式、质疑式、鉴赏式四类批注）。

3. 请用简明的语言概括这篇文章的主要内容。

4.可以选择老师们设置的阅读题，用准确的语言、合理的思路、规范地回答问题。

（1）试结合情节分析单四嫂子的形象特点。

（2）本文以《明天》为题，有什么象征意义？

（3）红皮鼻子老拱、蓝皮阿五、王九妈等在故事中扮演着怎样的角色？你是如何理解的？

《呐喊》第六篇《一件小事》阅读任务单

1.将你喜欢的句子摘抄到积累本上。

2.将你喜欢的字、词、句、段、文做相应的批注（概括式、联想式、质疑式、鉴赏式四类批注）。

3.请用简明的语言概括这篇文章的主要内容。

4.可以选择老师们设置的阅读题，用准确的语言、合理的思路、规范地回答问题。

（1）试分析文中车夫这一人物形象并说说作者为什么要塑造这一形象。

（2）本文多处运用了对比手法，请找出至少两处并加以分析。

《呐喊》第七篇《头发的故事》阅读任务单

1.将你喜欢的句子摘抄到积累本上。

2.将你喜欢的字、词、句、段、文做相应的批注（概括式、联想式、质疑式、鉴赏式四类批注）。

3.请用简明的语言概括这篇文章的主要内容。

4.可以选择老师们设置的阅读题，用准确的语言、合理的思路、规范地回答问题。

（1）试分析这句话的含义"他们都在社会的冷笑恶骂迫害倾陷里过了一生；现在他们的坟墓也早在忘却里渐渐平塌下去了"。

（2）试分析这篇文章的主旨。

《呐喊》第八篇《风波》阅读任务单

1.将你喜欢的句子摘抄到积累本上。

2.将你喜欢的字、词、句、段、文做相应的批注（概括式、联想式、质疑式、鉴赏式四类批注）。

3.请用简明的语言概括这篇文章的主要内容。

4.可以选择老师们设置的阅读题，用准确的语言、合理的思路、规范地回答问题。

（1）结合文章，谈谈赵七爷是怎样的人物形象。

（2）试分析开头第一段景物描写的作用。

（3）试以七斤嫂、九斤老太为例，分析当时人民群众的思想状况。

《呐喊》第九篇《故乡》阅读任务单

1.将你喜欢的句子摘抄到积累本上。

2.将你喜欢的字、词、句、段、文做相应的批注（概括式、联想式、质疑式、鉴赏式四类批注）。

3.请用简明的语言概括这篇文章的主要内容。

4.可以选择老师们设置的阅读题，用准确的语言、合理的思路、规范地回答问题。

（1）请说说这句话的含义：希望是本无所谓有，无所谓无的。这正如地上的路；其实，地上本没有路，走的人多了，也便成了路。

（2）请分析小说以"故乡"为题的含义。

《呐喊》第十篇《阿Q正传》阅读任务单

1.将你喜欢的句子摘抄到积累本上。

2.将你喜欢的字、词、句、段、文做相应的批注（概括式、联想式、质疑式、鉴赏式四类批注）。

3.请用简明的语言概括这篇文章的主要内容。

4.可以选择老师们设置的阅读题，用准确的语言、合理的思路、规范地回答问题。

（1）请赏析文中大团圆的结局。

（2）请说说阿Q的精神胜利法。

《呐喊》第十一篇《端午节》阅读任务单

1. 将你喜欢的句子摘抄到积累本上。

2. 将你喜欢的字、词、句、段、文做相应的批注（概括式、联想式、质疑式、鉴赏式四类批注）。

3. 请用简明的语言概括一篇文章的主要内容。

4. 可以选择老师们设置的阅读题，用准确的语言、合理的思路、规范地回答问题。

请结合文本分析"方玄绰"这一人物形象。

《呐喊》第十二篇《白光》阅读任务单

1. 将你喜欢的句子摘抄到积累本上。

2. 将你喜欢的字、词、句、段、文做相应的批注（概括式、联想式、质疑式、鉴赏式四类批注）。

3. 请用简明的语言概括一篇文章的主要内容。

4. 可以选择老师们设置的阅读题，用准确的语言、合理的思路、规范地回答问题。

请从鲁迅的作品或是其他人的作品中再找出一位和陈士成经历相似的人物形象，借此理解作者写作的目的。

《呐喊》第十三篇《兔和猫》阅读任务单

1. 将你喜欢的句子摘抄到积累本上。

2. 将你喜欢的字、词、句、段、文做相应的批注（概括式、联想式、质疑式、鉴赏式四类批注）。

3. 请用简明的语言概括一篇文章的主要内容。

4. 可以选择老师们设置的阅读题，用准确的语言、合理的思路、规范地回答问题。

（1）小说中的白兔和黑猫有何象征意义？请结合文本进行分析。

（2）如何理解文章最后一段"那黑猫是不能久在矮墙上高视阔步的了，我决定的想，于是又不由的一瞥那藏在书箱里的一瓶青酸钾"。

《呐喊》第十四篇《鸭的喜剧》阅读任务单

1. 将你喜欢的句子摘抄到积累本上。

2. 将你喜欢的字、词、句、段、文做相应的批注（概括式、联想式、质疑式、鉴赏式四类批注）。

3. 请用简明的语言概括一篇文章的主要内容。

4. 可以选择老师们设置的阅读题，用准确的语言、合理的思路、规范地回答问题。

小说中使用了细节描写、象征手法、反衬手法，请结合文本对其中一种艺术手法进行分析。

《呐喊》第十五篇《社戏》阅读任务单

1. 将你喜欢的句子摘抄到积累本上。

2. 将你喜欢的字、词、句、段、文做相应的批注（概括式、联想式、质疑式、鉴赏式四类批注）。

3. 可用简明的语言总结一篇文章的主要内容。

4. 可以选择老师们设置的阅读题，用准确的语言、合理的思路、规范地回答问题。

（1）作者为什么说平桥村"在我是乐土"？请结合文本进行分析。

（2）请分析文中某一位人物形象？

（3）为什么在"我"的感觉里，那夜看到的戏是平生最好的戏，那夜吃到的豆是平生最好的豆？

二、《彷徨》

《彷徨》是鲁迅的小说作品集，共收入其1924年至1925年所作小说11篇。首篇《祝福》写于1924年2月16日，末篇《离婚》写于1925年11月6日，实际的时间跨度是一年半多。整部小说集贯穿着对生活在封建势力重压下的农民及知识分子"哀其不幸，怒其不争"的关怀。

书的扉页，有作者的题记：

朝发轫于苍梧兮，夕余至乎县圃；欲少留此灵琐兮，日忽忽将其暮。

吾令羲和弭节兮，望崦嵫而勿迫；路漫漫其修远兮，吾将上下而求索。

理解《彷徨》的钥匙，就在于这题记《离骚》中的两句："路漫漫其修远兮，吾将上下而求索。"文有"文眼"，诗有"诗眼"，这里，把它称为"题眼"。路是远的，而前面又看不见路；依稀有路时，却看不见光。想挣扎着走出一条路来，却是遍体鳞伤，毫无结果。只能是"荷戟独彷徨"了。所以，以《彷徨》命其名，也是至名。

《彷徨》第一篇《祝福》阅读任务单

1. 将你喜欢的句子摘抄到积累本上。

2. 将你喜欢的字、词、句、段、文做相应的批注（概括式、联想式、质疑式、鉴赏式四类批注）。

3. 请用简明的语言概括一篇文章的主要内容。

《彷徨》第二篇《在酒楼上》阅读任务单

1. 将你喜欢的句子摘抄到积累本上。

2. 将你喜欢的字、词、句、段、文做相应的批注（概括式、联想式、质疑式、鉴赏式四类批注）。

3. 请用简明的语言概括一篇文章的主要内容。

4. 可以选择老师们设置的阅读题，用准确的语言、合理的思路、规范地回答问题。

（1）文中第2段环境描写"窗外只有渍痕斑驳的墙壁，帖着枯死的莓苔；上面是铅色的天，白皑皑的绝无精采，而且微雪又飞舞起来了"，它的作用是什么？

（2）文中第4段"几株老梅竟斗雪开着满树的繁花，仿佛毫不以深冬为意；倒塌的亭子边还有一株山茶树，从暗绿的密叶里显出十几朵红花来，赫赫的在雪中明得如火，愤怒而且傲慢，如蔑视游人的甘心于远行"，它的作用是什么？

（3）如何理解文中第19段吕纬甫的"圆圈理论"？

《彷徨》第三篇《幸福的家庭——拟徐钦文》阅读任务单

1. 将你喜欢的句子摘抄到积累本上。

2. 将你喜欢的字、词、句、段、文做相应的批注（概括式、联想式、质疑式、鉴赏式四类批注）。

3. 请用简明的语言概括一篇文章的主要内容。

《彷徨》第四篇《肥皂》阅读任务单

1. 将你喜欢的句子摘抄到积累本上。

2. 将你喜欢的字、词、句、段、文做相应的批注（概括式、联想式、质疑式、鉴赏式四类批注）。

3. 请用简明的语言概括一篇文章的主要内容。

4. 可以选择老师们设置的阅读题，用准确的语言、合理的思路、规范地回答问题。

请结合文本分析四铭这一形象？

《彷徨》第五篇《长明灯》阅读任务单

1. 将你喜欢的句子摘抄到积累本上。

2. 将你喜欢的字、词、句、段、文做相应的批注（概括式、联想式、质疑式、鉴赏式四类批注）。

3. 请用简明的语言概括一篇文章的主要内容。

4. 可以选择老师们设置的阅读题，用准确的语言、合理的思路、规范地回答问题。

（1）如何理解文中的主人公"疯子"这一形象？

（2）你认为文中的"长明灯"的象征意义是什么？

《彷徨》第六篇《示众》阅读任务单

1. 将你喜欢的句子摘抄到积累本上。

2. 将你喜欢的字、词、句、段、文做相应的批注（概括式、联想式、质疑式、鉴赏式四类批注）。

3. 请用简明的语言概括一篇文章的主要内容。

4. 可以选择老师们设置的阅读题，用准确的语言、合理的思路、规范地回答问题。

你认为本篇小说和《彷徨》小说集中其他的小说，比如《祝福》在人物形象塑造上有什么异同？请结合文本进行分析。

《彷徨》第七篇《高老夫子》阅读任务单

1. 将你喜欢的句子摘抄到积累本上。

2. 将你喜欢的字、词、句、段、文做相应的批注（概括式、联想式、质疑式、鉴赏式四类批注）。

3. 请用简明的语言概括一篇文章的主要内容。

4. 可以选择老师们设置的阅读题，用准确的语言、合理的思路、规范地回答问题。

文中记叙了高尔础的哪几件事，从中你认为高尔础是一位怎样的人物？

《彷徨》第八篇《孤独者》阅读任务单

1. 将你喜欢的句子摘抄到积累本上。

2. 将你喜欢的字、词、句、段、文做相应的批注（概括式、联想式、质疑式、鉴赏式四类批注）。

3. 请用简明的语言概括一篇文章的主要内容。

4. 可以选择老师们设置的阅读题，用准确的语言、合理的思路、规范地回答问题。

（1）"我"和魏连殳的三次谈话，讨论的分别是什么问题，两人的观点有何不同，这三次谈话有何深刻含义？请结合文本进行分析。

（2）如何理解魏连殳在祖母葬礼上"始终没有落过一滴泪"，以及魏连殳在葬礼后"忽然，他流下泪来了，接着就失声，立刻又变成长嚎，像一匹受伤的狼，当深夜在旷野中嗥叫，惨伤里夹杂着愤怒和悲哀"这前后看似矛盾的态度？

（3）如何理解文章结尾"我快步走着，仿佛要从一种沉重的东西中冲出，但是不能够。耳朵中有什么挣扎着，久之，久之，终于挣扎出来了，隐约像是长嚎，像一匹受伤的狼，当深夜在旷野中嗥叫，惨伤里夹杂着愤怒和悲哀"这段话？

《彷徨》第九篇《伤逝》阅读任务单

1. 将你喜欢的句子摘抄到积累本上。

2. 将你喜欢的字、词、句、段、文做相应的批注（概括式、联想式、质疑式、鉴赏式四类批注）。

3. 请用简明的语言概括一篇文章的主要内容。

4. 可以选择老师们设置的阅读题，用准确的语言、合理的思路、规范地回答问题。

（1）请从文本中筛选出子君和涓生对爱情或对对方态度的转变。

（2）涓生和子君爱情悲剧的原因和意义是什么？

《彷徨》第十篇《弟兄》阅读任务单

1. 将你喜欢的句子摘抄到积累本上。

2. 将你喜欢的字、词、句、段、文做相应的批注（概括式、联想式、质疑式、鉴赏式四类批注）。

3. 请用简明的语言概括一篇文章的主要内容。

4. 可以选择老师们设置的阅读题，用准确的语言、合理的思路、规范地回答问题。

（1）如何理解张沛君的梦境？

（2）你认为文中张沛君的弟弟张靖甫的结局是什么？

《彷徨》第十一篇《离婚》阅读任务单

1. 将你喜欢的句子摘抄到积累本上。

2. 将你喜欢的字、词、句、段、文做相应的批注（概括式、联想式、质疑式、鉴赏式四类批注）。

3. 请用简明的语言概括一篇文章的主要内容。

4. 可以选择老师们设置的阅读题，用准确的语言、合理的思路、规范地回答问题。

（1）有人认为爱姑是一位普通的农村劳动妇女，请你研读文本，谈谈你的看法。

（2）你认为爱姑的行为是不是反封建的，请结合文本进行分析。

三、《故事新编》

《故事新编》收入鲁迅先生1922年至1935年间创作的小说8篇及序言1篇，分别是：序言、补天、奔月、理水、采薇、铸剑、出关、非攻、起死。

《故事新编》多数是在"博考文献"的基础上对神话、传说及历史"只取一点因由，随意点染"，"将古代和现代错综交融"、古为今用，针砭流俗，讽刺世事，批判社会。《故事新编》艺术特色鲜明——漫画化的勾勒和速写；夸张手段的巧妙运用；以极省俭的笔墨塑造人物。

书中重要人物和重要事件都有文献可考，但又不受文献束缚，在把握古人古事精神的基础上，进行艺术想象和虚构。如《奔月》中，写后羿射日、逢蒙杀羿、嫦娥奔月都有文字记载；但后羿再射尽了封豕长蛇等野物后，只剩下乌鸦与麻雀可猎，每天为嫦娥的吃食而奔忙，他的弟子在学武艺后，窃取射日英雄美名，剪径暗害师傅不成，嫦娥不愿和后羿过清苦生活而奔月，及后羿射月等，则是在文献基础上的想象和虚构。这样，就写出了英雄的寂寞与悲哀：没有称得上的对手；精力陷于平庸的琐事；为人遗忘，成为一些人沽名钓誉的工具；亲人和弟子的忘恩负义和背叛等。这其中渗透着作者的思想感情。而后羿也就成为有生命的感人的艺术形象。

《故事新编》具有古今交融的艺术特色。它以古人古事为情节主干，但也羼进了一部分现代生活的内容。如《补天》中女娲两腿间出现的"古衣冠的小丈夫"，《理水》中的文化山上的学者、水利考察大员，《非攻》中的曹公子大讲民气及募捐救国队等。鲁迅自己把这些称为"油滑"。这些现代生活内容，暴露和讽刺了现实的种种黑暗面，增强作品的战斗性。

同时，这也是鲁迅唯一一部存在它属于什么性质作品的争论的集子。1951年就有人认为它是存在反历史主义倾向的历史作品，但是后来有意见认为这应该是以故事形式写出来的杂文。不过鲁迅自己认为这些不是杂文。其实这种情况也好理解，比如老舍的《猫城记》，就是科幻小说，但同时也体现了作家对现实世界的看法，讽刺的意味很重。历史题材，正可以借他人之酒杯，浇胸中之块垒。

《故事新编》第一篇《序言》阅读任务单

1. 将你喜欢的句子摘抄到积累本上。

2. 将你喜欢的字、词、句、段、文做相应的批注（概括式、联想式、质疑式、鉴赏式四类批注）。

3. 请用简明的语言概括这篇文章的主要内容。

4. 可以选择老师们设置的阅读题，用准确的语言、合理的思路、规范地回答问题。

鲁迅在《故事新编》序言中所谓的"油滑"是什么意思？

《故事新编》第二篇《补天》阅读任务单

1. 将你喜欢的句子摘抄到积累本上。

2. 将你喜欢的字、词、句、段、文做相应的批注（概括式、联想式、质疑式、鉴赏式四类批注）。

3. 请用简明的语言概括这篇文章的主要内容。

4. 可以选择老师们设置的阅读题，用准确的语言、合理的思路、规范地回答问题。

试分析本文中的女娲形象。

《故事新编》第三篇《奔月》阅读任务单

1. 将你喜欢的句子摘抄到积累本上。

2. 将你喜欢的字、词、句、段、文做相应的批注（概括式、联想式、质疑式、鉴赏式四类批注）。

3. 请用简明的语言概括一篇文章的主要内容。

4. 可以选择老师们设置的阅读题，用准确的语言、合理的思路、规范地回答问题。

（1）鲁迅《奔月》中的嫦娥与神话故事中的嫦娥有何不同？

（2）请谈谈你对鲁迅《奔月》主题思想的理解。

《故事新编》第四篇《理水》阅读任务单

1.将你喜欢的句子摘抄到积累本上。

2.将你喜欢的字、词、句、段、文做相应的批注（概括式、联想式、质疑式、鉴赏式四类批注）。

3.请用简明的语言概括这篇文章的主要内容。

4.可以选择老师们设置的阅读题，用准确的语言、合理的思路、规范地回答问题。

（1）《理水》第一自然段有什么作用？请简要分析。

（2）鲁迅赋予《理水》怎样的内涵？

《故事新编》第五篇《采薇》阅读任务单

1.将你喜欢的句子摘抄到积累本上。

2.将你喜欢的字、词、句、段、文做相应的批注（概括式、联想式、质疑式、鉴赏式四类批注）。

3.请用简明的语言概括这篇文章的主要内容。

4.可以选择老师们设置的阅读题，用准确的语言、合理的思路、规范地回答问题。

（1）鲁迅赋予《采薇》什么新的内涵？

（2）鲁迅《采薇》表达了什么思想？

《故事新编》第六篇《铸剑》阅读任务单

1.将你喜欢的句子摘抄到积累本上。

2.将你喜欢的字、词、句、段、文做相应的批注（概括式、联想式、质疑式、鉴赏式四类批注）。

3.请用简明的语言概括这篇文章的主要内容。

4.可以选择老师们设置的阅读题，用准确的语言、合理的思路、规范地回答问题。

（1）试分析文中黑衣人的形象。

（2）如何解读"三头相搏"的场面？

（3）小说的中心事件是"复仇"，在文章的开头，作者花较多笔墨叙写眉间尺打老鼠的事情，有什么用意？

《故事新编》第七篇《出关》阅读任务单

1. 将你喜欢的句子摘抄到积累本上。

2. 将你喜欢的字、词、句、段、文做相应的批注（概括式、联想式、质疑式、鉴赏式四类批注）。

3. 请用简明的语言概括这篇文章的主要内容。

4. 可以选择老师们设置的阅读题，用准确的语言、合理的思路、规范地回答问题。

（1）小说改编自"老子出函谷关"的典故，意在讽刺什么？

（2）结合全文思考，关口有何含义？老子为什么要出关？

《故事新编》第八篇《非攻》阅读任务单

1. 将你喜欢的句子摘抄到积累本上。

2. 将你喜欢的字、词、句、段、文做相应的批注（概括式、联想式、质疑式、鉴赏式四类批注）。

3. 请用简明的语言概括这篇文章的主要内容。

4. 可以选择老师们设置的阅读题，用准确的语言、合理的思路、规范地回答问题。

（1）鲁迅小说《非攻》中的墨子和《公输》中的墨子形象有什么不同？

（2）试分析公输般这一形象的作用。

《故事新编》第九篇《起死》阅读任务单

1. 将你喜欢的句子摘抄到积累本上。

2. 将你喜欢的字、词、句、段、文做相应的批注（概括式、联想式、质疑式、鉴赏式四类批注）。

3. 请用简明的语言概括这篇文章的主要内容。

4. 可以选择老师们设置的阅读题，用准确的语言、合理的思路、规范地回答问题。

（1）试分析《起死》一文蕴含的哲学思想。

（2）简析《故事新编》中的古人形象？

四、《坟》

鲁迅杂文集《坟》收录了作者自1907年至1925年间所作杂文25篇。作者运用史笔，生动形象地引据事实，表达了自己的是非爱憎，指陈时弊，论证古今，显现出不屈不挠与旧势力战斗到底的革命形象。

整部书贯穿着"五四"精神——民主与科学的要求和彻底的反帝反封建精神。部分杂感，锋芒直指激烈的政治斗争，其艺术特色鲜明——气势跌宕，层层深入，收放自如。

《坟》第一篇《题记》阅读任务单

1.将你喜欢的句子摘抄到积累本上。

2.将你喜欢的字、词、句、段、文做相应的批注（概括式、联想式、质疑式、鉴赏式四类批注）。

3.请用简明的语言概括一篇文章的主要内容。

4.可以选择老师们设置的阅读题，用准确的语言、合理的思路、规范地回答问题。

（1）阅读本篇，请简述作者自编《坟》的缘由？

（2）结合本篇，简要谈谈作者为什么将该文集取名为《坟》？

《坟》第二篇《我之节烈观》阅读任务单

1.将你喜欢的句子摘抄到积累本上。

2.将你喜欢的字、词、句、段、文做相应的批注（概括式、联想式、质疑式、鉴赏式四类批注）。

3.请用简明的语言概括一篇文章的主要内容。

4.可以选择老师们设置的阅读题，用准确的语言、合理的思路、规范地回答问题。

（1）阅读本篇，回答如何理解"日下"的叹息口吻？

（2）作者为什么断定节烈这事已经失去了存在的生命和价值？请结合本篇简要分析。

《坟》第三篇《我们现在怎样做父亲》阅读任务单

1.将你喜欢的句子摘抄到积累本上。

2.将你喜欢的字、词、句、段、文做相应的批注（概括式、联想式、质疑式、鉴赏式四类批注）。

3.请用简明的语言概括一篇文章的主要内容。

4.可以选择老师们设置的阅读题，用准确的语言、合理的思路、规范地回答问题。

（1）作者认为，何谓"觉醒的父母"？试结合全篇谈一谈。

（2）作者如何看待子女的"即我非我"？

《坟》第四篇《娜拉走后怎样》阅读任务单

1.将你喜欢的句子摘抄到积累本上。

2.将你喜欢的字、词、句、段、文做相应的批注（概括式、联想式、质疑式、鉴赏式四类批注）。

3.请用简明的语言概括一篇文章的主要内容。

4.可以选择老师们设置的阅读题，用准确的语言、合理的思路、规范地回答问题。

（1）阅读本篇，思考作者所举唐朝诗人李贺临死与母对话"阿妈，上帝造成了白玉楼，叫我做文章落成去了"的例子，有何用意？

（2）结合本篇，回答作者预测娜拉的命运是什么？其预测的前提背景是什么？

《坟》第五篇《未有天才之前》阅读任务单

1.将你喜欢的句子摘抄到积累本上。

2.将你喜欢的字、词、句、段、文做相应的批注（概括式、联想式、质疑式、鉴赏式四类批注）。

3.请用简明的语言概括一篇文章的主要内容。

4.可以选择老师们设置的阅读题，用准确的语言、合理的思路、规范地回答问题。

（1）作者从哪几个方面论述了当时缺少天才产生的土壤？

（2）这篇演讲词主要运用了哪种论证方法？试举例说明，并体会其作用。

（3）"泥土"的含义是什么？

《坟》第六篇《论雷峰塔的倒掉》阅读任务单

1.将你喜欢的句子摘抄到积累本上。

2.将你喜欢的字、词、句、段、文做相应的批注（概括式、联想式、质疑式、鉴赏式四类批注）。

3.请用简明的语言概括一篇文章的主要内容。

4.可以选择老师们设置的阅读题，用准确的语言、合理的思路、规范地回答问题。

（1）有人认为："钵盂埋在地里，上面还造起一座镇压的塔来，这就是雷峰塔。"这一句中的"镇压"二字用得好。试结合上下文，简要分析好在哪里？

（2）篇末以"活该"二字戛然而止，从中体现了作者怎样的态度？

《坟》第七篇《说胡须》阅读任务单

1.将你喜欢的句子摘抄到积累本上。

2.将你喜欢的字、词、句、段、文做相应的批注（概括式、联想式、质疑式、鉴赏式四类批注）。

3.请用简明的语言概括一篇文章的主要内容。

4.可以选择老师们设置的阅读题，用准确的语言、合理的思路、规范地回答问题。

（1）请找出本文的两条线索？

（2）作者为什么常常因胡子受苦？请简要作答。

《坟》第八篇《论照相之类》阅读任务单

1.将你喜欢的句子摘抄到积累本上。

2.将你喜欢的字、词、句、段、文做相应的批注（概括式、联想式、质疑式、鉴赏式四类批注）。

3.请用简明的语言概括一篇文章的主要内容。

4.可以选择老师们设置的阅读题，用准确的语言、合理的思路、规范地回答问题。

（1）结合本文，思考"相传中国对外富于同化力"运用了什么修辞手法？有何作用？

（2）阅读第三章节"无题之类"，谈谈"阔人"的照相和梅兰芳的照相有何区别？

《坟》第九篇《再论雷峰塔的倒掉》阅读任务单

1.将你喜欢的句子摘抄到积累本上。

2.将你喜欢的字、词、句、段、文做相应的批注（概括式、联想式、质疑式、鉴赏式四类批注）。

3.请用简明的语言概括一篇文章的主要内容。

4.可以选择老师们设置的阅读题，用准确的语言、合理的思路、规范地回答问题。

（1）简述雷峰塔倒掉的原因？

（2）作者认为，医治"十景病"的唯一方法是破坏。请概括破坏的种类，并思考我们需要的是哪一种？

《坟》第十篇《看镜有感》阅读任务单

1.将你喜欢的句子摘抄到积累本上。

2.将你喜欢的字、词、句、段、文做相应的批注（概括式、联想式、质疑式、鉴赏式四类批注）。

3.请用简明的语言概括一篇文章的主要内容。

4.可以选择老师们设置的阅读题，用准确的语言、合理的思路、规范地回答问题。

（1）请简要概括本文的论述思路？

（2）本文题为"看镜有感"，综观全文，你认为作者有哪些方面的"感"？

《坟》第十一篇《论"他妈的！"》阅读任务单

1.将你喜欢的句子摘抄到积累本上。

2.将你喜欢的字、词、句、段、文做相应的批注（概括式、联想式、质疑式、鉴赏式四类批注）。

3.请用简明的语言概括一篇文章的主要内容。

4.可以选择老师们设置的阅读题，用准确的语言、合理的思路、规范地回答问题。

（1）本篇中，作者列举的经史上所见骂人的话有哪些？请找一找。

（2）作者认为，骂人也是有"等"的。请结合文本思考"士大夫"的骂与"下等人"的骂，各有何不同？

《坟》第十二篇《论睁了眼看》阅读任务单

1.将你喜欢的句子摘抄到积累本上。

2.将你喜欢的字、词、句、段、文做相应的批注（概括式、联想式、质疑式、鉴赏式四类批注）。

3.请用简明的语言概括一篇文章的主要内容。

4.可以选择老师们设置的阅读题，用准确的语言、合理的思路、规范地回答问题。

（1）"我们的圣贤，本来早已教人'非礼勿视'的了；而这'礼'又非常之严，不但'正视'，连'平视''斜视'也不许。"这一句，递进关系用得很精妙，请简要赏析。

（2）古代作家如何看待对才子佳人"私订终身"的？作者用《红楼梦》一例有何作用？

《坟》第十三篇《从胡须说到牙齿》阅读任务单

1.将你喜欢的句子摘抄到积累本上。

2.将你喜欢的字、词、句、段、文做相应的批注（概括式、联想式、质疑式、鉴赏式四类批注）。

3.请用简明的语言概括一篇文章的主要内容。

4.可以选择老师们设置的阅读题，用准确的语言、合理的思路、规范地回答问题。

（1）本文有三条线索，请试着找一找？

（2）阅读文章第二部分，思考作者所言的"病"和"呻吟"各指什么？

《坟》第十四篇《坚壁清野主义》阅读任务单

1.将你喜欢的句子摘抄到积累本上。

2.将你喜欢的字、词、句、段、文做相应的批注（概括式、联想式、质疑式、鉴赏式四类批注）。

3.请用简明的语言概括一篇文章的主要内容。

4.可以选择老师们设置的阅读题，用准确的语言、合理的思路、规范地回答问题。

（1）何谓"慢藏诲盗，冶容诲淫"？

（2）试结合上下文，理解"中国虽说是儒教国，年年祭孔；'俎豆之事，则尝闻之矣，军旅之事，丘未之学也，'但上上下下却都使用着这兵法"？

《坟》第十五篇《论"费厄泼赖"应该缓行》阅读任务单

1.将你喜欢的句子摘抄到积累本上。

2.将你喜欢的字、词、句、段、文做相应的批注（概括式、联想式、质疑式、鉴赏式四类批注）。

3.请用简明的语言概括一篇文章的主要内容。

4.可以选择老师们设置的阅读题，用准确的语言、合理的思路、规范地回答问题。

（1）为什么作者主张对叭儿狗尤其应该痛打？

（2）阅读下边的一句话，回答后面的问题。

"但可惜大家总不肯这样办，偏要以己律人，所以天下就多事。"

①"大家"在此有四种解释，哪一种对？为什么？

A.专指鼓吹"费厄泼赖"的林语堂之流的反动文人。

B.专指那些不主张"以其人之道还治其人之身"的人。

C.泛指当时的北洋军阀及其走狗文人。

D.泛指当时的中国人。

②联系上文看，"这样办"指什么？

③"以己律人"原意是什么？在此又指什么？

④这句话在联系上下文中有何作用？

《坟》第十六篇《写在<坟>后面》阅读任务单

1.将你喜欢的句子摘抄到积累本上。

2.将你喜欢的字、词、句、段、文做相应的批注（概括式、联想式、质疑式、鉴赏式四类批注）。

3.请用简明的语言概括一篇文章的主要内容。

4.可以选择老师们设置的阅读题，用准确的语言、合理的思路、规范地回答问题。

（1）阅读本文，思考"筑台""掘坑"各喻指什么？

（2）文中说："电灯自然是辉煌着，但不知怎地忽有淡淡的哀愁来袭击我的心，我似乎有些后悔印行我的杂文了。"请结合全文思考，作者何以"哀愁"和"后悔"？

《谈美》阅读检测

阅读下面的文字，完成以下小题。

宇宙的人情化

从这几个实例看，我们可以看出移情作用是和美感经验有密切关系的。移情作用不一定就是美感经验，而美感经验却常含有移情作用。美感经验中的移情作用不单是由我及物的，同时也是由物及我的；它不仅把我的性格和情感移注于物，同时也把物的姿态吸收于我。所谓美感经验，其实不过是在聚精会神之中，我的情趣和物的情趣往复回流而已。

姑先说欣赏自然美。比如我在观赏一棵古松，我的心境是什么样状态呢？我的注意力完全集中在古松本身的形相上，我的意识之中除了古松的意象之外，一无所有。在这个时候，我的实用的意志和科学的思考都完全失其作用，我没有心思去分别我是我而古松是古松。古松的形相引起清风亮节的类似联想，我心中便隐约觉到清风亮节所常伴着的情感。因为我忘记古松和我是两件事，我就于无意之中把这种清风亮节的气概移置古松上面去，仿佛古松原来就有这种性格。同时我又不知不觉地受古松的这种性格影响，自己也振作起来，摹仿它那一副苍老劲拔的姿态。所以古松俨然变成一个人，人也俨然变成一棵古松。真正的美感经验都是如此，都要达到物我同一的境界；在物我同一的境界中，移情作用最容易发生，因为我们根本就不分辨所生的情感到底是属于我还是属于物的。

……

移情作用往往带有无意的摹仿。我在看颜鲁公的字时，仿佛对着巍峨的高峰，不知不觉地耸肩聚眉，全身的筋肉都紧张起来，摹仿它的严肃；我在看赵孟頫的字时，仿佛对着临风荡漾的柳条，不知不觉地展颐摆腰，全身的筋肉都松懈起来，摹仿它的秀媚。从心理学看，这本来不是奇事。凡是观念都有实现于运动的倾向。念到跳舞时脚往往不自主地跳动，念到"山"字时口舌往往不由自主地说出"山"字。通常观念往往不能实现于动作者，由于同时有反对的观念阻止它。同时念到打球又念到洇水，则既不能打球，又不能洇水。如果心中只有一个观念，没有旁的观念和它对敌，则它常自动地现于运动。聚精会神看赛跑时，自己也往往不知不觉地弯起胳膊动起脚来，便是一个好例。在美感经验之中，注意力都是集中在一个意象上面，所以极容易起摹仿的运动。

移情的现象可以称之为"宇宙的人情化"，因为有移情作用然后本来只有物理的东西可具人情，本来无生气的东西可有生气。从理智观点看，移情作用是一种错觉，是一种迷信。但是如果把它勾销，不但艺术无由产生，即宗教也无由出现。艺术和宗教都是把宇宙加以生气化和人情化，把人和物的距离以及人和神的距离都缩小。它们都带有若干神秘主义的色彩。所谓神秘主义其实并没有什么神秘，不过是在寻常事物之中见出不寻常的意义。这仍然是移情作用。从一草一木之中见出生气和人情以至于极玄奥的泛神主义，深浅程度虽有不同，道理却是一样。

（选自朱光潜《谈美·子非鱼，安知鱼之乐？》。有删改）

1. 下列关于"移情作用"的理解和分析，不正确的一项是（　　）（3分）

A. 移情作用不一定就是美感经验，而美感经验却常含有由物我双向回流的移情作用。

B. 只有在物我同一的境界中，移情作用才最容易发生，因为我们根本就不分辨所生的情感到底是属于我还是属于物的。

C. 我在看颜鲁公的字时，仿佛对着巍峨的高峰，不知不觉地耸肩聚眉，全身的筋肉都紧张起来，摹仿它的严肃，就是移情作用的无意摹仿。

D. 移情作用使只有物理的东西可具人情，本来无生气的东西可有生气。从理智观点看，移情作用是一种错觉，是一种迷信。

2. 下列各项中不能作为论据证明"移情作用和美感经验的密切关系"的是（　　）（3分）

A. 自己在欢喜时，大地山河都在扬眉带笑；自己在悲伤时，风云花鸟都在叹气凝愁。

B.庄子与惠子游于濠梁之上。庄子曰："鲦鱼出游从容，是鱼乐也！"

C.林和靖的"疏影横斜水清浅，暗香浮动月黄昏"，在暗香疏影中见出隐者的高标。

D.念到跳舞时脚往往不自主地跳动，念到"山"字时口舌往往不由自主地说出"山"字。

3.根据原文内容，下列推断说法不正确的一项是（　　　）（3分）

A.同时念到打球又念到泅水，则既不能打球，又不能泅水。是因为在美感经验之中，注意力没有集中在一个意象上面，所以不易起摹仿的运动。

B.艺术和宗教都是把宇宙加以生气化和人情化，把人和物的距离以及人和神的距离都缩小。它们都带有若干神秘主义的色彩。

C.我在观赏一棵古松，古松的形相引起清风亮节的类似联想，我心中便隐约觉到清风亮节所常伴着的情感。这是古松的姿态和我的情感之间的单向流动。

D.苏东坡"宁可食无肉，不可居无竹；无肉令人瘦，无竹令人俗。"是竹的形相与对人的性情的陶冶。

参考答案：

1.答案B。解释：原文是或然条件，B项加了"只有……才……"成了必要条件。

2.答案D。解释：这是论证说明"移情作用往往带有无意的摹仿"这一观点的论据。

3.答案C。解释：是古松的姿态和我的情感之间的双向流动。

《红楼梦》阅读检测（49～72回）

第四十九回　琉璃世界白雪红梅　脂粉香娃割腥啖膻

49（1）. 香菱一晚未睡冥思苦想作的一首诗一大早交给众人评价，下列评价不属于对香菱诗歌评价的一项是（　　　）

A. 众人夸香菱的诗作得不但好，而且新巧有意趣。

B. 众人夸香菱"世上无难事，只怕有心人"。

C. 众人夸香菱可以成为诗社一成员了。

D. 众人夸香菱诗作得超过的师傅黛玉。

49（2）. 众人正在论诗时，小丫头和老婆子们来说家里来了许多亲戚，以下哪一项不是这次到京的亲戚（　　　）

A. 李纨的寡婶和自己的两个女儿李纹、李绮。

B. 薛宝钗的表弟薛蝌和表妹薛宝琴。

C. 邢夫人兄嫂和女儿邢岫烟。

D. 凤姐的表弟王子腾。

49（3）. 在远道来京投奔的亲戚中，与梅翰林的儿子成婚的是下列哪一位（　　　）

A. 邢岫烟　　　　B. 薛宝琴　　　　C. 李纹　　　　D. 李绮

49（4）. 黛玉看到家中来了许多亲戚，先是欢喜后想起自己孤单无亲眷，不免垂下泪来，来劝说她的是下列哪一位（　　　）

A. 贾宝玉　　　　B. 薛宝钗　　　　C. 紫鹃　　　　D. 袭人

49（5）. 宝玉见了众亲戚回去给袭人、晴雯夸赞她们，以下不正确的一项是（　　　）

A. 宝姐姐的叔伯兄弟倒像同胞兄弟一般。

B. 你们成日说宝姐姐是个绝色人物，你们如今瞧瞧他这妹子，我竟形容不出了。

C. 成日家只说现在的这几个人是有一无二的，谁知不必远寻，就是本地风光，一个赛似一个。

D. 女孩儿未出嫁时是颗无价的宝珠。

49（6）. 薛宝琴一来就受到了大家的喜欢，以下与她无关的哪一项是（　　　）

A. 探春道：果然的话，据我看，连他姐姐并这些人，总不及他。

B. 老太太一见了，喜欢的无可无不可，已经逼着太太认了干女儿了。

C. 贾母欢喜非常，连园中也不命住，晚上跟着贾母一处安寝。

D. 明儿就是十六，来了这许多人，吆喝大家一起起社作诗。

49（7）. 众人的到来让大观园热闹非凡，以下人员分别安排住下，其中不正确的一项是（　　　）

A. 安排薛蝌到薛蟠处住下　　　　B. 安排邢岫烟到迎春处住下

C. 安排湘云到黛玉处住下　　　　D. 安排李纹、李绮到李纨处住下

49（8）. 大观园来了许多人，除了原来的住户，和着新来的亲戚，一共十三个人，谁的年纪最长？（　　　）

A. 王熙凤　　　B. 贾迎春　　　　C. 李纨　　　　D. 薛宝钗

49（9）. 宝琴到宝钗处，穿了一件老太太送的一领斗篷，金翠辉煌，是用什么材料做的？（　　　）

A. 野鸭子毛　　B. 孔雀毛　　　C. 狐狸毛　　　D. 野兔子毛

49（10）. 琥珀来传贾母的话，让大家不要管紧了宝琴，她还小，爱怎么样就怎么样，要什么东西只管要去，宝钗忙起身答应了，宝钗这一动作表现了她的性格，以下不准确的一项是（　　　）

A. 尊敬贾母　　B. 虚伪做作　　C. 恪守礼法　　D. 知理懂理

49（11）. 湘云和琥珀说有人会妒忌贾母对宝琴好，当指说黛玉时，一向小性的黛玉竟然全然不恼，宝玉对此很惊讶，想一问究竟，以下与此无关的一项是（　　　）

A. 宝琴和黛玉相投，彼此欣赏，关系亲敬。

B. 宝玉问黛玉"是几时孟光接了梁鸿案？"委婉询问原因。

C. 宝玉说，是从"小孩儿家口没遮拦"上就接了案了。

D. 黛玉说自己近来只觉得心酸，眼泪却像比旧年少了些的。心里只管酸痛，眼泪却不多。

49（12）. 黛玉给宝玉说自己近来眼泪比旧年少了些的，心里只管酸痛，眼泪却不多，这一细节所起的作用不正确一项是（   ）

A. 具有深刻反映封建宗法社会礼制杀人的作用。

B. 具有推动宝黛爱情进一步发展的作用。

C. 照应了前文木石前盟的还泪之说的情节。

D. 具有黛玉泪尽而亡悲剧命运的暗示作用。

49（13）. 众人到稻香村商量诗社时，下列穿着与原文不符的一项是（   ）

A. 黛玉罩着大红羽纱面白狐皮里的鹤氅。

B. 宝钗穿着一件莲青斗纹锦上添花洋线番羓丝的鹤氅。

C. 李纹仍是家常旧衣，并无避雪之衣。

D. 众姐妹都是一色大红猩猩毡与羽毛缎的斗篷。

49（14）. 一时间，她来了，穿着贾母与她的一件貂鼠脑袋面子大毛黑灰鼠里子里外发烧大褂子，头上戴着一顶挖云鹅黄片金里大红猩猩毡昭君套，又围着大貂鼠风领。黛玉笑她是孙行者，这个"她"指的是（   ）

A. 宝琴   B. 湘云   C. 惜春   D. 探春

49（15）. 湘云来商议作诗之事，以下穿着不属于她的打扮的一项是（   ）

A. 里头穿着一件半新的靠色三镶领袖秋香色盘金五彩绣龙窄褃小袖掩襟银鼠短袄。

B. 里面短短的一件水红色妆缎狐肷褶子，腰里紧紧束着一条蝴蝶结子长穗五色宫绦。

C. 脚下也穿着鹿皮小靴，越显得蜂腰猿背，鹤势螂形。

D. 穿一件青哆罗呢对襟褂子。

49（16）. 众人商议作诗时，李纨提议有一去处比较好，而且她已经先期派人去那里收拾打扫提前拢火，这个地方是（   ）

A. 芦雪庵   B. 稻香村   C. 藕香榭   D. 栊翠庵

49（17）.众人商议第二日起社作诗，没想一夜大雪，外面如同琉璃世界一般美，与此景美景无关的一项是（　　　　）

A."宝玉穿着玉针蓑，戴了金藤笠，登上沙棠屐"，一身装束与雪景相衬。

B."一夜大雪，下的将有一尺多厚，天上仍是搓绵扯絮一般"，表现了雪时久厚重一片洁白的外在环境特征。

C."远远的是青松翠竹，自己却如装在玻璃盒内一般"，洁白配翠绿，色彩对比鲜明，与此景相衬。

D."那天渐渐的黄昏，且阴的沉黑，兼着那雨滴竹梢，更觉凄凉"，以景衬乐情，与景相谐。

49（18）.宝玉与探春同到贾母处用早餐，第一道菜是牛乳蒸羊羔，贾母让他们等着吃一道新来的菜，宝玉却一心想着诗社，无心等待，这道菜是（　　　　）

A.狐狸肉　　　　B.新鲜鹿肉　　　　C.果子狸　　　　D.鹌鹑肉

49（19）.众人一起去起社时，李婶问李纨道：怎么一个带玉的哥儿和那一个挂金麒麟的姐儿，那样干净清秀，又不少吃的，他两人在那里商议着要吃生肉呢，说的有来有去的。她指的这两个人是（　　　　）

A.宝玉和黛玉　　　B.宝玉和宝琴　　　C.宝玉和湘云　　　D.宝玉和宝钗

49（20）.众人烤肉说笑玩乐时，平儿来传凤姐话时也和大家一起烤起肉吃，吃完后她的哪一样东西丢失了，是（　　　　）

A.镯子　　　　B.项圈　　　　C.戒指　　　　D.耳环

第五十回　芦雪庵争联即景诗　暖香坞雅制春灯谜

50（1）.众人们来到芦雪庵拈阄按序作诗，抽到最先作诗的是（　　　　）

A.李纨　　　　B.凤姐　　　　C.黛玉　　　　D.宝玉

50（2）.凤姐没多少文化，也来凑趣作诗，她起的第一句是（　　　　）

A.秋花惨淡秋草黄　　　　　　B.一夜北风紧

C.良辰美景奈何天　　　　　　D.铁甲长戈死未忘

50（3）.在芦雪庵联诗中，黛玉接宝琴说道"香粘壁上椒。斜风仍故故"，下面哪一句是接得最恰当的一项（　　　　）

A. 岫烟道："冻浦不闻潮。易挂疏枝柳，"

B. 宝钗道："谁家碧玉箫。鳌愁坤轴陷，"

C. 宝玉道："清梦转聊聊。何处梅花笛，"

D. 湘云道："难堆破叶蕉。麝煤融宝鼎，"

50（4）. 姐妹们联诗联到兴趣高昂时，已经不再按顺序联诗了，最后只剩下三人在争着抢着联诗，她们三人是（　　　）

A. 黛玉、宝玉、宝钗　　　　　　B. 黛玉、探春、湘云

C. 黛玉、宝钗、湘云　　　　　　D. 黛玉、湘云、宝琴

50（5）. 芦雪庵争着联诗，探春写了"欲志今朝乐"，李纨收了一句为本次活动作结，这一句是（　　　）

A. 照耀临清晓　　B. 石楼闲睡鹤　　C. 沁梅香可嚼　　D. 凭诗祝舜尧

50（6）. 在芦雪庵争着联诗中，哪一位联的诗最多（　　　）

A. 黛玉　　　　　B. 宝钗　　　　　C. 湘云　　　　　D. 宝琴

50（7）. 宝玉因联诗最少，被大家处罚，宝玉的处罚是（　　　）

A. 去栊翠庵向妙玉讨要红梅一枝。

B. 去凤姐处向凤姐要芦雪庵联诗的银两。

C. 去贾母处讨要新鲜鹿肉来吃。

D. 去薛姨妈处讨要新鲜的螃蟹来吃。

50（8）. 宝钗提议再用"红梅花"三个字作韵，每人各做一首七律，诗作得到大家的认可最高的是（　　　）

A. 宝琴　　　　　B. 李纹　　　　　C. 李绮　　　　　D. 邢岫烟

50（9）. 众人在让宝玉当场作诗时，贾母也在凑趣，众人忙接待侍候，贾母看到了一种食物，想吃一点，这道美食是（　　　）

A. 糟鹌鹑　　　　B. 鹿腿肉　　　　C. 野鸡肉　　　　D. 羊羔肉

50（10）. 贾母因芦雪庵潮湿提议到惜春的房里去坐坐，顺便看看画，惜春的卧房叫（　　　）

A. 藕香榭　　　　B. 暖香坞　　　　C. 衡芜苑　　　　D. 稻香村

50（11）. 与贾母房中挂的仇十洲画的艳雪图有关的情节是（　　　）

A. 已预备下稀嫩的野鸡肉，请用晚饭去，再迟一回就老了。

B.一看四面粉装银砌，忽见宝琴披着凫靥裘站在山坡上遥等，身后一个丫鬟，抱着一瓶红梅。

C.贾母道："那又是那个女孩儿？"众人都笑道："我们都在这里，那是宝玉。"

D.我才又到了栊翠庵，妙玉每人送你们一枝梅花，我已经打发人送去了。

50（12）.下列事件发生顺序排列正确的一项是（　　　　）

①众人拈阄轮流联诗　②宝玉去栊翠庵讨红梅　③宝琴等三人争着联诗　④宝琴作红梅花韵脚诗　⑤贾母来到芦雪庵凑趣玩乐　⑥贾母意欲将宝琴说给宝玉定亲

A.①③②④⑤⑥　　B.①③②⑤④⑥　　C.①③⑤②④⑥　　D.①③⑤④②⑥

50（13）.贾母回到房中与众人玩笑，贾母亲有一件重要的事情，下列情节与此有关的是（　　　　）

A.薛姨妈看到大雪说想借园子摆酒请大家赏雪。

B.凤姐笑说让薛姨妈先秤五十两银子交给自己收着。

C.贾母问宝琴的年庚八字并家内景况。

D.凤姐笑说贾母想乘机独占薛姨妈的银两。

50（14）.贾母提议让大家作灯谜，李纹是"水向石边流出冷"，打一古人名，这个谜底是（　　　　）

A.山源　　　　　　B.山浪　　　　　　C.山涛　　　　　　D.山波

50（15）.湘云编了个谜语，"溪壑分离，红尘游戏，真何趣，名利犹虚，后事终难继"，谜底是一俗物，与这一谜语无关的一项是（　　　　）

A.宝玉猜出是耍的猴子。　　　　　　B.耍的猴子尾巴都剁了去的。

C.预示了贾府衰败的谶语。　　　　　　D.湘云故意说给黛玉听的。

第五十一回　薛小妹新编怀古诗　胡庸医乱用虎狼药

51（1）.薛宝琴将素昔所经过的各省内的古迹为题，作了十首怀古绝句，内隐十物，这一情节反映了宝琴的性格特征，以下表述最不准确的一项是（　　　　）

A.说明宝琴与众姐妹平日常居深闺大院封闭的生活相比，她的生活范围更宽广。

B.说明宝琴家庭环境与大观园的众姐妹相比更殷实与富庶。

C.说明宝琴是一位生性聪敏，悟性很高，知书达礼的女性。

D.说明宝琴是一位与众姐妹相比，交际、视野、阅历更丰富的女性。

51（2）.宝琴的十首怀古诗里有两首不是史鉴上有依据的，宝钗希望另作二首，众姐妹对此的态度不正确的一项是（   ）

A.黛玉忙拦说宝钗太胶柱鼓瑟，矫揉造作。

B.探春同意黛玉的观点。

C.李纨认为自古以来有些有名望的人得到大家的爱戴穿凿出一些典故也是有的。

D.宝玉也希望宝琴能再做两首有史可据的绝句来。

51（3）.袭人的母亲病重，王夫人让凤姐打点袭人回家，两个人再带两个小丫头子跟去，外头派四个有年纪跟车的。这一情节，以下说明不准确的一项是（   ）

A.暗示了袭人在贾府不再是丫鬟而是姨娘，与以前不一样的身份。

B.表现了贾府在外面充门面摆架子的虚荣态度。

C.表现了贾府故意要在袭人娘家人面前显威作势的态度。

D.表现了封建贵族家庭严苛的礼法制度。

51（4）.袭人装扮好后在回家前去见凤姐，看到袭人一身穿金戴银，凤姐还是嫌袭人穿得太素了，叫平儿去拿衣服给袭人，以下哪一件不是给袭人的（   ）

A.石青刻丝八团天马皮褂子　　　B.玉色绸里的哆罗呢包袱

C.半旧大红猩毡　　　　　　　　D.大红羽纱

51（5）.凤姐笑道：我的东西，他私自就要给人。我一个还花不够，再添上你提着，更好了。凤姐和平儿这一番主仆对话，以下分析不准确的一项是（   ）

A.凤姐和平儿这一对主仆关系非常和谐。

B.平儿能替凤姐及时关心姐妹们，帮凤姐照应，是凤姐的好帮手。

C. 凤姐用玩笑话警告平儿不可以随便拿自己的东西出去做好人。

D. 表现了平儿是一位很有善心，帮弱救贫的女性。

51（6）. 袭人回家，照顾宝玉的任务主要落到了以下两位丫头的身上，她们是（　　　）

A. 晴雯和麝月　　B. 晴雯和小红　　C. 晴雯和坠儿　　D. 麝月和小红

51（7）. 宝玉自己起身出去，放下镜套，划上消息，进来笑道："你们暖和罢，都完了。"对这一段情节描写分析不准确的一项是（　　　）

A. 宝玉不喜欢因为穿衣镜的套子，让大家不高兴。

B. 宝玉对女孩子们很关心，没有等级观念。

C. 是宝玉心中发自内心的平等意识的自然流露。

D. 宝玉不喜欢安排她们去做这类事情。

51（8）. 下列情形能充分体现宝玉与丫鬟们平等关爱的细节，以下不符合的一项是（　　　）

A. 宝玉要吃茶，让麝月披上自己的貂皮满襟暖袄再去倒茶。

B. 晴雯央求麝月也伏侍自己吃一口茶，麝月不愿意。

C. 麝月出门去，晴雯想吓她，宝玉在房内高声提醒麝月说晴雯出去了。

D. 晴雯穿得单薄出屋，宝玉让她快进被来渥渥暖和一下。

51（9）. 麝月慌慌张张从外面进屋，说被吓了一跳，原来吓她是（　　　）

A. 大锦鸡　　　　B. 大锦鸭　　　　C. 大火鸡　　　　D. 大肥鹅

51（10）."麝月道：你死不拣好日子！你出去白站站，把皮不冻破了你的。"这一段对话的作用分析不准确的一项（　　　）

A. 引出了晴雯因之前出门受冷再进屋受热，一冷一热，打了两个喷嚏，因而生病的情节。

B. 推动了情节的进一步发展，胡庸医胡乱开药给晴雯的故事发展。

C. 正面描写了因冬季寒冷彻骨的自然环境特征。

D. 表现了麝月希望晴雯因病离开宝玉，自己可以更得宝玉垂青。

51（11）. 晴雯次日起来果觉有些鼻塞声重，懒待动弹。宝玉却不让声张，下列原因与情节不符的一项是（　　　）

A. 怕太太知道了，让晴雯搬回家去养息。

B. 贾府规矩多，丫鬟生病是不能再在主子房间里侍候的。

C. 宝玉怕晴雯回家养病，条件不好，怕养不好病。

D. 宝玉怕晴雯回家后没有人照顾他了。

51（12）. 下列事件发生顺序排列正确的一项是（　　　）

①薛小妹作了十首怀古诗，众人评诗　②凤姐和贾母商议让姑娘们在园子里吃饭　③晴雯生病看病　④麝月到暖阁里休息　⑤袭人母亲生病，凤姐打点袭人回家　⑥宝玉主动将穿衣镜的套子划下来

A.①⑤③②④⑥　B.①⑤⑥④③②　C.①⑤③②⑥④　D.①⑤③④②⑥

51（13）. 贾府看病的规矩有许多，下列情节与此无关的是（　　　）

A. 一般是由看门的年长妇人带着医生进园。

B. 园内的姑娘小姐们都要回避。

C. 女孩子看病是要将床上的绣幔放下来遮住本人的。

D. 医生把脉时是直接用手触摸诊断。

51（14）. 宝玉看医生给晴雯开的药方很不满意，最主要的原因是因为药方里含有了以下两味药（　　　）

A. 枳实和当归　　B. 枳实和陈皮　　C. 枳实和麻黄　　D. 枳实和白芍

51（15）. 凤姐忙笑道："这话老祖宗说差了。世人都说太伶俐聪明了，怕活不长。世人都说得，人人都信得；独老祖宗不当说，不当信。老祖宗只有聪明伶俐过我十倍的，怎么如今这样福寿双全的。只怕我明儿还胜老祖宗一倍呢。"下列分析不当的一项是（　　　）

A. 先提出一般人认可的观点，即"聪明的人不长寿"。

B. 举出反面例子，"老祖宗聪明过我十倍，如今福寿双全"反驳此观点的错误。

C. 这一段话是用树靶子——批靶子——立观点的驳论方式。

D. 用巧妙的语言驳斥贾母的观点，祝福自己长命百岁。

第五十二回　俏平儿情掩虾须镯　勇晴雯病补雀金裘

52（1）. 宝玉从贾母处吃完饭回来看望晴雯，发现一个人也没陪在旁边，

正要责备，晴雯告诉他一件事，与这件事无关情节是（   ）

A. 晴雯说平儿来找麝月偷偷出去说事情去了。

B. 晴雯说是她将秋纹撵了出去吃饭去的。

C. 晴雯说估计平儿和麝月在说自己生病却不出园子的事情。

D. 晴雯说门外的烫婆子还未拿回来。

52（2）. 宝玉潜到窗下偷听平儿和麝月二人谈话，下列情节与此谈话无关的一项是（   ）

A. 芦雪庵平儿和大家一起烤鹿肉吃时发生的事情。

B. 平儿吃鹿肉时将镯子褪下来后再找时不见了。

C. 凤姐派人查找镯子的下落发现是宝玉房里的坠儿偷去的。

D. 平儿说晴雯生病应该赶紧搬出园子去。

52（3）. 平儿的镯子找到了，她的处理方法却说是自己不小心丢失的，她考虑的主要原因表述不准确的一项是（   ）

A. 宝玉一向待房里的丫头非常和善，在别人面前难免有纵容之嫌。

B. 这件事如果让老太太太太知道了会很生气的。

C. 作为袭人和麝月她们这几位大丫头也有管理失职的责任。

D. 想让宝玉知道以后严加管理房里下人。

52（4）. 宝玉听了平儿和麝月二人的谈话，又喜又气又叹，以下说法不准确的一项是（   ）

A. 喜的是平儿的镯子终于找到了。

B. 喜的是平儿竟能体贴自己。

C. 气的是自己房中的坠儿竟然是小偷。

D. 叹的是坠儿那样一个伶俐的姑娘竟然作出偷窃的丑事。

52（5）. 晴雯听了宝玉告诉她坠儿偷窃之事，气得蛾眉倒蹙，凤眼圆睁，即时就叫坠儿。对此情节分析不准确的一项是（   ）

A. 平儿不敢直接告诉晴雯也是因为晴雯性格如爆炭，怕事情嚷出来，对宝玉不好。

B. 表现了晴雯性格刚烈率直、眼中揉不得沙子的一面。

C. 晴雯性情太直接，得罪了许多人，也造成了她日后被赶出园子的悲剧。

D. 表现了晴雯事事都要逞强，容不下别人。

52（6）. 宝玉跟着小螺来到潇湘馆，说好一幅"冬闺集艳图"，他指的是哪四位姑娘？（　　）

A. 黛玉、宝琴、宝钗和李纹　　　B. 黛玉、湘云、宝钗和宝琴

C. 黛玉、岫烟、宝钗和宝琴　　　D. 黛玉、宝琴、宝钗和妙玉

52（7）. 宝琴给众人讲了自己小时候随父亲到西海沿子上买洋货，看到一位真真国的女孩子，以下描写不准确的一项是（　　）

A. 这女孩子才十五岁，那脸面就和那西洋画儿上的美人一样。

B. 披着黄头发，打着联垂，满头戴的都是珊瑚、琥珀、猫儿眼、祖母绿这些宝石。

C. 身上穿着金丝织的锁子甲洋锦袄袖，带着倭刀，也是镶金嵌宝的。

D. 有着浓黑的眼睛，弯弯的眉毛，挺拔的鼻子，樱桃似的小嘴。

52（8）. 宝琴讲了一首好诗，"昨夜朱楼梦，今宵水国吟。岛云蒸大海，岚气接丛林。月本无今古，情缘自浅深。汉南春历历，焉得不关心。"这首诗的作者是（　　）

A. 宝琴自己　　　B. 真真国的女孩子

C. 湘云作的　　　D. 黛玉作的

52（9）. 黛玉还有话说，又不曾出口，出了一回神，便说道："你去罢。"宝玉也觉心里有许多话，只是口里不知要说什么，想了一想，也笑道："明日再说罢。"对宝玉和黛玉这一段对话分析最准确的一项是（　　）

A. 表现了少男少女彼此关心欲说还休一往情深的生活细节。

B. 表现了黛玉敏感、内向不善于言辞的特点。

C. 表现了宝玉对黛玉不知要说什么的尴尬处境。

D. 表现了二人没有太多共同话题不知说什么才好。

52（10）. 宝玉次日起床要去为舅舅庆生，去拜见贾母时，贾母送了他一件大氅，名称错误的一项是（　　）

A. 乌云豹氅衣　　　B. 凫靥裘　　　C. 雀金呢　　　D. 雀金裘

52（11）. 周瑞侍候宝玉出门，宝玉想从角门走的原因，正面概括最准确的一项是（　　）

A.省得经过老爷书房时还要下马，表现了宝玉对这些礼节厌烦之情。

B.省得经过老爷书房时还要下马，表现了宝玉内心对父亲不满的情绪。

C.从角门走可以碰到许多打扫的小厮垂手而立，表现宝玉很受用被人尊敬的心理。

D.从角门走可以缩短去舅舅家的路程，表现宝玉急切想见到舅舅的心情。

52（12）.下列事件发生顺序排列正确的一项是（　　　　）

①晴雯赶走了坠儿　②平儿来找麝月说虾须镯子的下落一事　③黛玉要送宝玉宝琴送给她的水仙　④宝玉欲提燕窝一事因赵姨娘到来作罢　⑤贾母嘱托宝玉仔细穿雀金裘　⑥宝玉让麝月取来西洋珐琅的鼻烟让晴雯通通气

A.②⑥③④⑤①　B.②①⑤⑥④③　C.②⑥①⑤③④　D.②①⑤③④⑥

52（13）.晴雯冷不防欠身一把将他的手抓住，向枕边取了一丈青向他手上乱戳，口内骂道："要这爪子作什么！眼皮子浅，爪子又轻，打嘴现世的，不如戳烂了。"对晴雯这一段描写分析不正确的是（　　　　）

A.晴雯性格急躁，眼里容不下沙子，不能允许宝玉的声誉受到诋毁。

B.晴雯性格狠毒，不容他人，一心逞强，想要置坠儿于死地。

C.晴雯性格直率，听到坠儿偷镯子，感觉自己负有管理失职的责任。

D.晴雯自己身正，光明正大，所以特别不能容许偷窃这样的行径出现。

52（14）.晴雯夜补雀金裘的原因以下不准确的一项是（　　　　）

A.织补匠人，就连能干裁缝、绣匠并作女工的都不认得这是什么，都不敢揽这活。

B.晴雯当初在贾母处就是因为心灵手巧，贾母看着机灵才送给宝玉的，她善于编织手艺。

C.明天是正日子，老太太太太要求宝玉穿这件衣服，怕她们不高兴。

D.晴雯想表现一下自己身手不凡的编织技术。

52（15）.晴雯补雀金裘的主要织法过程，以下描述不准确的一项（　　　　）

A.先将里子拆开，用茶杯口大的竹弓钉牢在背面。

B.再将破口四边用金刀刮的散松松的。

C.用针纫了两条，分出经纬，先界出地子，后依本衣之纹，来回织补。

D.最后用红色丝线织牢收针打结。

第五十三回　宁国府除夕祭宗祠　荣国府元宵开夜宴

53（1）.晴雯力尽神危地帮宝玉补好的雀金裘，身体慢慢好转，以下不属于她康复原因的一项是（　　　）

A.晴雯本身平日是个使力不使心的人，心比较大，心态相对好。

B.晴雯平日饮食清淡，饥饱无伤，遵循贾府风俗以净饿为主的养病法。

C.晴雯终于将心中大患坠儿如愿从怡红院赶走。

D.近日园中姊妹饮食都在各自房中用饭，宝玉能变法要汤要羹调剂。

53（2）.时值腊月，贾珍开宗祠收拾供器准备祭祀，贾珍问尤氏春祭恩赏事宜，以下情节与此无关的一项是（　　　）

A.尤氏回复今年恩赏是让贾蓉去领取的。

B.贾珍说恩赏的银子虽不是贾府主要的开销使费，但是皇上的天恩，是体面。

C.贾蓉回来捧着一个小红布口袋，里面装的是今年皇上的恩赐。

D.贾珍正装带着贾蓉将恩赐的银子捧着回了贾母王夫人，又回过贾赦邢夫人后将布袋向宗祠大炉内焚烧。

53（3）.从黑山村的乌庄头进贡的禀帖和账目单上的内容来看，以下分析不正确的一项（　　　）

A.乌进孝是贾府主要的进贡者。

B.这份账单是贾府主要消费品来源地。

C.贾府每年节庆的消费量巨大奢靡。

D.贾府每年年节盘苛下人，肆意掠夺。

53（4）.通过贾珍、贾蓉与乌进孝的谈话，能预知贾府衰败的趋势，以下情节与此不吻合的一项是（　　　）

A.乌进孝道："爷这地方算好呢。我兄弟离我那里只一百多地，谁知竟又大差了。"

B.贾珍道："咱们再请时，就不能重犯了。旧年不留神，重了几家。不说咱们不留心，倒像两宅商议定了，送虚情怕费事的一样。"

C. 贾珍道："比不得那府时这几年添了许多花钱的事，一定不可免是要花的，却又不添些银子产业。"

D. 贾蓉道："娘娘难道把皇上的库给了我们不成！纵赏银子，不过一百两金子，才值一千两银子，够一年的什么。"

53（5）. 贾珍将进贡的物品分成几份，让族中子弟来领取，贾芹也来领，被贾珍斥责一顿，以下情节不属于贾珍斥责内容的一项是（　　　）

A. 这些物品是分给那些无事无进项的族中子弟，贾芹已经有了管事内容，不该领。

B. 贾芹的穿着不像个使钱办事人的身份，不像样子，不成体统。

C. 贾芹管理了家庙却不尽职，为王称霸，夜夜招聚匪类赌钱，养老婆小子，行为不端。

D. 贾芹贪婪克扣道士和尚的分例银子却没有及时孝敬贾珍。

53（6）. 腊月二十九日，两府都换了门神、联对、挂牌，新油了桃符，焕然一新。祭祀主要场所在（　　　）

A. 宁国府　　　　B. 荣国府　　　　C. 荣禧堂　　　　D. 贾氏宗祠

53（7）. 林黛玉进贾府是借黛玉之眼介绍贾家一众人物，这次祭祀是借谁的视角描写，下列说法正确的一项是（　　　）

A. 薛宝钗　　　　B. 薛宝琴　　　　C. 林黛玉　　　　D. 史湘云

53（8）. 贾府祭祀有着严格的等级制度，在祭神主时，以下祭祀顺序正确的一项是（　　　）

A. 贾敬主祭，贾赦陪祭，贾珍献爵。B. 贾赦主祭，贾政陪祭，贾珍献爵。

C. 贾赦主祭，贾政陪祭，贾琏献爵。D. 贾敬主祭，贾珍陪祭，贾琏献爵。

53（9）. 在祭祖一节中，以下祭祀顺序正确的一项是（　　　）

A. 每贾敬捧菜至，传与贾赦，贾赦便传与他妻子，又传凤姐尤氏诸人，直传至供桌前，方传与王夫人，王夫人传与贾母，贾母方捧放在桌上。

B. 每贾敬捧菜至，传与贾蓉，贾蓉便传与他妻子，又传凤姐尤氏诸人，直传至供桌前，方传与王夫人，王夫人传与贾母，贾母方捧放在桌上。

C. 每贾敬捧菜至，传与贾政，贾政便传与他妻子，又传凤姐尤氏诸人，直传至供桌前，方传与王夫人，王夫人传与贾母，贾母方捧放在桌上。

D.每贾敬捧菜至,传与贾珍,贾珍便传与他妻子,又传凤姐尤氏诸人,直传至供桌前,方传与王夫人,王夫人传与贾母,贾母方捧放在桌上。

53(10).下列对贾氏宗族辈分和人员排列顺序说明最准确的一项是( )

A.凡从"文"旁之名者,贾敬为首;下则从"玉"者,贾珍为首;再下从"草"头者,贾蓉为首。

B.凡从"文"旁之名者,贾赦为首;下则从"玉"者,贾珍为首;再下从"草"头者,贾蓉为首。

C.凡从"文"旁之名者,贾敬为首;下则从"玉"者,贾政为首;再下从"草"头者,贾蓉为首。

D.凡从"文"旁之名者,贾赦为首;下则从"玉"者,贾珍为首;再下从"草"头者,贾蓉为首。

53(11).下列事件发生顺序排列正确的一项是( )

①贾母讲慧绣故事 ②乌庄头到宁府进年贡 ③贾府庄重祭祖敬祖 ④贾珍斥责贾芹不务正业还来领赏 ⑤贾珍派发物品给族中子弟 ⑥贾蓉到光禄寺领皇上恩赏

A.⑥②④⑤③① B.⑥②⑤④③① C.⑥②⑤④①③ D.⑥②④⑤①③

53(12).贾府祭祀结束最后一个环节是给贾母行礼,下列情节与行礼不符合的一项是( )

A.贾敬贾赦等领诸子弟进来,男一起,女一起,一起一起俱向贾母行礼。

B.两府男妇、小厮、丫鬟,亦按差役上中下行礼。

C.贾母散压岁钱荷包并金银锞,摆合欢宴,男东女西归座庆贺。

D.贾府自家养的戏子们唱戏庆祝。

53(13).贾母十五摆家宴,给众人讲慧娘的故事,以下情节与原文不符的一项是( )

A.紫檀透雕嵌着大红纱透绣花卉并草字诗词的璎珞。

B.绣这璎珞的是个姑苏女子叫慧娘,亦是书香宦门之家。

C.慧娘精于书画,偶然绣一两件针线作品,以此获利。

D.大家说这"绣"字不能尽其妙,换了一个"纹"字,如今都称为"慧纹"。

53（14）.贾母十五摆家宴，体现了浓厚的家庭之乐，以下情节与原文不符的一项是（　　　）

A.众人相陪，薛姨妈李婶都在，宝琴湘云黛玉宝玉们四人围坐。

B.每一看一果来，先捧与贾母看了，喜则留在小桌上尝一尝，仍撤了放在宝琴等四人席上。

C.每一席前竖着荷叶灯，可以扭转转动。

D.唱"楼会"将终，戏演得精彩得到贾母的赏食。

第五十四回　史太君破陈腐旧套　王熙凤效戏彩斑衣

54（1）.贾母看跟随宝玉的丫鬟中不见了袭人，王夫人说她因有热孝不便来，贾母说："跟主子却讲不起这孝与不孝。若是他还跟我，难道这会子也不在这里不成！皆因我们太宽了，有人使，不查这些，竟成了例了。"对贾母这段话分析最准确的一项是（　　　）

A.卖与贵族家的丫头没有了自由权是没有资格替父母守孝敬孝道的。

B.贾母比宝玉年长，必须有多人侍候才更方便更安全。

C.跟了主子的丫头不懂得应对父母尽孝还是应对主子尽忠。

D.贾府人员众多，失于管理，应该严加管束。

54（2）.面对贾母因袭人缺席的不悦，凤姐一番话解开了贾母的心结，以下不属于这一内容的情节是（　　　）

A.今儿晚上他便没孝，那园子里也须得她看着，众人都来凑趣看戏，她细心，可各处照看照看。

B.戏散场宝玉回去袭人应该将诸事准备停当，对宝玉身体也有好处。

C.袭人不愿意看戏，更喜欢安静地在园子里为宝玉做护兜。

D.她今晚看园子，既是为园内安全考虑，也可顺便全她尽孝之礼，二相便宜。

54（3）.戏歇后，两位女先生儿进来说书，说有一段新书是残唐五代的故事，名叫"凤求鸾"，这个故事的主人公叫（　　　）

A.王忠　　　　　B.王熙凤　　　　　C.王仁　　　　　D.王子腾

54（4）.女先生儿给贾母说"凤求鸾"，刚讲了两句，贾母便猜到了故事结局，下列对结局说法最准确的一项是（　　）

A.王公子要求这雏鸾小姐为妻子。

B.这些书都是一个套子，左不过是些佳人才子，最没趣儿。

C.开口都是书香门第，父亲不是尚书，就是宰相，生一个小姐，必是爱如珍宝。

D.把人家女儿说得那样坏，还说是佳人，编的连影也没有了。

54（5）.贾母对才子佳人套式小说斥责的最主要原因概括最准确的一项是（　　）

A.小说中既然说小姐通文知礼，却每每一见男子便想起终身大事，父母之命、媒妁之言全然抛在脑后，置礼法于不顾，如何称得上是知礼，可见文章内容自相矛盾。

B.小说中既然说是世宦书香家庭，家境一定殷实，陪同小姐的人一定众多，怎么可能只有一个丫鬟陪同小姐的情况，可见小说内容与实际生活相去甚远。

C.小说编写者自身可能有问题，或者有仇富心理，或者有不遂心之怨，故意编出这些故事来污秽这些官宦世家。

D.才子佳人小说宣扬的爱情是个性自由的一种体现，这与封建礼法社会的伦理相悖，作为封建社会的维护者，贾母从内心是排斥的。

54（6）.斑衣戏彩是指古代二十四孝中老莱子身着彩衣以娱双亲的尽孝故事。后比喻以滑稽逗趣的动作来娱乐双亲。下列情节与这一故事内容无关的一项是（　　）

A.凤姐走上来斟酒，笑道："罢，罢，酒冷了，老祖宗喝一口，润润嗓子再掰谎。这一回就叫作'掰谎记'，就出在本朝本地本年本月本日本时。"

B."老祖宗且让这二位亲戚吃一杯酒，看两出戏之后，再从逐朝话言掰起如何？"

C.这几年做了亲，我如今立了多少规矩了。便不是从小儿的兄弟，便以伯叔论，那二十四孝上的"斑衣戏彩"，他们不能来戏彩，引老祖宗笑一笑；我这里好容易引的老祖宗笑了一笑。

D.凤姐便笑道："宝玉别喝冷酒，仔细手颤，明儿写不得字，拉不得弓。"

54（7）．凤姐说"我们还是论哥哥妹妹，从小儿一处淘气了这么大。这几年因做了亲，我如今立了多少规矩了。便不是从小儿的兄弟，便以伯叔论"，从小和凤姐淘气一起长大的是（　　　）

A.贾珍　　　　B.贾琏　　　　C.贾瑞　　　　D.贾赦

54（8）．贾母兴致正浓，不觉天已三更，寒气袭来，王夫人起身建议大家挪到里间去，这个地点是下列哪一项（　　　）

A.暖阁熏笼上　　　　　　B.暖阁地炕上

C.大花厅熏笼上　　　　　D.大花厅地炕上

54（9）．贾母让贾珍等人先回去，贾珍让留下儿子照应侍候贾母，贾母因夫妻二人都在欣然同意，他是（　　　）

A.贾蓉　　　　B.贾瑞　　　　C.贾芹　　　　D.贾琮

54（10）．贾母觉得让唱戏的小孩子熬夜太冷，不如把自己家里练戏的小孩子们拉来助兴，贾府小女孩们练戏的地点叫（　　　）

A.梨香院　　　B.藕香榭　　　C.芦雪庵　　　D.暖香坞

54（11）．贾母让自家班子唱戏，她点了哪两个女孩子的戏，以下正确的一项是（　　　）

A.葤官的"寻梦"和葵官的"惠明下书"。

B.芳官的"寻梦"和龄官的"惠明下书"。

C.文官的"寻梦"和葵官的"惠明下书"。

D.芳官的"寻梦"和葵官的"惠明下书"。

54（12）．见贾母十分高兴，有人提议趁女先儿们都在，大家玩个击鼓传梅，行个"春喜上眉梢"的令，得到众人的应和，这个提议人是下列哪一项（　　　）

A.凤姐　　　　B.薛姨妈　　　C.王夫人　　　D.邢夫人

54（13）．贾母行酒令时讲了一个笑话，以下情节与原文不符的一项是（　　　）

A.一家养了十个儿子，娶了十房媳妇，惟有那第十个媳妇聪明伶俐，公婆最疼。

B.另外九个媳妇心里委屈，便到阎王庙烧香许愿。

C.九个媳妇在供桌底下睡着了，梦见了阎王爷。

D. 原来小媳妇聪明灵巧是因为喝了尿。

54（14）. 轮到了凤姐行令说笑话，对此笑话分析最准确的一项是（　　　）

A. 凤姐先说了一个冷笑话，说一大家子各种辈分的人聚在一起过正月十五。

B. 凤姐又说了一个众人抬着房子大般的炮仗到城外去放的故事。

C. 炮仗被一个性急的人提前点着放了，可抬炮仗的人浑然不知。

D. 借"聋子放炮仗，散了罢"一语双关，暗示了贾府就像炮仗一样家败人散的结局。

54（15）. 下列事件发生顺序排列正确的一项是（　　　）

①王熙凤效戏彩斑衣讨贾母欢心　②贾母猜到凤求鸾的结局　③众人击鼓传梅行令　④贾母问袭人未跟随宝玉原因　⑤贾母让自己养的女孩子唱戏　⑥宝玉和麝月秋纹回园子

A.④⑥①②⑤③　B.④⑥②①⑤③　C.④②①⑥③⑤　D.④②①⑥⑤③

第五十五回　辱亲女愚妾争闲气　欺幼主刁奴蓄险心

55（1）. 年事忙过，凤姐小产，身体迟迟未好，在家不能理事，对凤姐不能理事原因概括不准确的一项是（　　　）

A. 凤姐自恃强壮，虽生病不出门，但依然事事筹划计算，让平儿代办。

B. 凤姐禀赋气血不足，兼年幼不知保养，平生争强斗智，心力更亏。

C. 凤姐觉得管事得罪人多，只是借口生病故意躲避。

D. 旧病未除，又添新症，面目黄瘦，失于调养。

55（2）. 王夫人见凤姐生病，家中事务繁多，于是依次请了三位协同理事，这三位管事顺序正确的一项是（　　　）

A. 李纨—宝钗—探春。　　　　B. 宝钗—探春—李纨。

C. 李纨—探春—宝钗。　　　　D. 探春—李纨—宝钗。

55（3）. 王夫人请宝钗时讲了这样一段话："好孩子，你还是个妥当人。你兄弟妹妹们又小，我又没工夫，你替我辛苦两天，照看照看。凡有想不到的事，你来告诉我，别等老太太问出来，我没话回。"，由此可以见出宝钗怎样的性格特点，概括不准确的一项是（　　　）

A.处事妥当有分寸　　　　B.年纪稍长会疼人

C.知识丰富会诗文　　　　D.思虑周到会处事

55（4）.里外下人暗中抱怨，说："刚刚的倒了一个巡海夜叉，又添了三个镇山太岁，率性连夜里偷着吃酒顽的工夫都没了。"句中"巡海夜叉"指的是（　　）

A. 王熙凤　　　　B. 李纨　　　　C. 宝钗　　　　D. 探春

55（5）.吴新登家的来议事厅给李纨和探春回说赵姨娘的兄弟赵国基昨儿死了，然后便不再言语，静等她俩处理，其用意下列概括不准确的一项是（　　）

A. 当时回话办事的人很多，都想看看二人办事能力如何，有些人是等着看笑话。

B.吴新登家的故意不说处理方法其实是藐视李纨老实，探春是位青年的姑娘。

C.吴新登家的如在凤姐面前则会说出许多主意，查出旧例供凤姐参考。

D.吴新登家的见人下菜，不愿意将处理事务的方法教给李纨和探春。

55（6）.面对吴新登家的刁难，探春是一步步表现了她的治家才能，以下概括不准确的一项是（　　）

A. 当李纨依袭人妈死时赏的数量为依据处理后，探春敏锐地感觉到不妥，叫吴新登家的回来。

B.探春快速理清思路，用姨奶奶家人去世的基本规矩询问吴新登家的，面对她的推诿，探春明确必须依例办事。

C.当吴新登家的说自己不清楚旧例的赏赐数量时，探春斥责她作为主办人不熟悉自己的工作。

D.探春查完旧账，理清了家里的赏二十两，外头的赏四十两，她最终还是赏四十两。

55（7）.探春的赏赐引起了她母亲赵姨娘的不满，以下情节与原文不符的一项是（　　）

A. 赵姨娘认为自己作为姨娘已有了探春和贾环两个孩子，结果自己哥哥死时应得的赏赐竟然比不上袭人母亲的赏赐，觉得没脸，心有不甘，说探春刻意踩自己。

B. 探春说她依例按规办理，与脸面无关，并劝赵姨娘不要多事，让自己难堪。

C. 探春只恨自己不是个男儿，但凡是个男人，必早走了，立一番事业，自有自己的一番道理。

D. 赵姨娘说探春不拉扯自己和环儿，只知讨邢夫人欢心，全然不顾自己是她妈的现实。

55（8）. 探春一面哭，一面问道："谁是我舅舅？我舅舅年下才升了九省检点，那里又跑出一个舅舅来？我倒素昔按理尊敬，越发敬出这些亲戚来了。"对此情节分析概括不准确的一项是（　　　　）

A. 探春不认赵国胜是自己的舅舅。

B. 探春认为王子腾是自己的舅舅。

C. 探春的舅舅观其实是对封建宗法社会规范的认同与实践。

D. 探春不认赵国胜为舅舅是嫌贫爱富，攀附高枝的性格表现。

55（9）. 探春正和母亲赵姨娘争执时，平儿来了，带凤姐话说让探春对赵国胜死的赏赐可适度增加些，探春说："你主子真个倒巧，叫我开了例，他做好人，拿着太太不心疼的钱乐得做人情。你告诉他：我不敢添减，混出主意。他添，他施恩，等他好了出来，爱怎么添怎么添去。"这段话对探春性格概括最不准确的一项是（　　　　）

A. 埋怨凤姐讲私情，拿着太太信任乱施恩。

B. 埋怨凤姐讲私情，让自己处家理事难立信。

C. 埋怨凤姐讲私情，让自己乱了府中规矩。

D. 埋怨凤姐讲私情，让贾府下人们都刁难她。

55（10）. 平儿又陪笑向探春道："姑娘知道二奶奶本来事多，那里照看的些，保不住不忽略。俗语说：'旁观者清'，这几个姑娘冷眼看着，或有该添该减的去处二奶奶没行到，姑娘竟一添减，头一件于太太的事有益；第二件也不枉姑娘待我们奶奶的情义了。"对平儿这段话分析不正确的一项是（　　　　）

A. 平儿说凤姐平日事多，总会有照顾不周全考虑不全面的地方。

B. 作为旁观者，大家都能发现凤姐日常工作的问题但却苦于凤姐不听从。

C.让探春大胆行事，既是对王夫人负责，也是和凤姐情义的体现。

D.平儿这段话既帮探春的工作圆场和助威，又巧妙地又融洽了凤姐和探春处事的关系。

55（11）.探春把贾环宝玉等人到学堂里的一笔费用减去了，以下说明不正确的一项（　　　　）

A.贾府的男孩子到一定年龄是要到家学里上学的，贾府每年定例会给学堂支一笔费用。

B.贾府给学堂支付的费用主要用于贾家少爷们吃点心或给老师付学费使用的。

C.贾府少爷们平日的消费都是各屋独自领取支付的，每人二两由府库统一支付。

D.贾府少爷已经有独立的银两，就不该再多付一份支出，所以要减免。

55（12）.平儿正在外面教育下人们要尊敬探春，这时宝玉房里丫头来回要去领宝玉的月银，平儿劝她别去碰壁，这位丫头是（　　　　）

A.秋纹　　　　　B.袭人　　　　　C.晴雯　　　　　D.麝月

55（13）.平儿回去将事情全告诉了凤姐，以下情节不属于凤姐观点的一项是（　　　　）

A.凤姐很看好探春，又可惜她不是嫡出是庶出的身份。

B.封建宗法社会里嫡出和庶出的差距非常大，凤姐为探春的命运不平。

C.凤姐说家大业大支出巨大，赞同探春省俭的管家方法。

D.凤姐评价贾府的年轻一代，宝玉不中用，黛玉心理敏感，宝钗不多事。

55（14）.平儿道："偏说你！你不依，这不是嘴巴子，再打一顿。难道这脸上还没尝过的不成！"凤姐笑道："你这小蹄子，要掯多少过子才罢。看我病的这样，还来呕我。"对平儿和凤姐这段对话分析不正确的一项是（　　　　）

A.平儿说吃凤姐嘴巴子不是第一次，前面就曾因贾琏在凤姐生日时偷腥两人共拿平儿出气打过她。

B.凤姐对平儿旧事重提很生气，觉得平儿心里记恨在心，所以时不时翻出来提醒凤姐。

C.凤姐因之前怒火中烧，错误解了平儿一直感到愧疚，希望平儿旧事不再提起。

D.这是一段平儿和凤姐家常的对话，体现了二人主仆亲切和谐的关系。

55（15）.下列事件发生顺序排列正确的一项是（　　　　）

①王熙凤年后生病不能理事　②平儿和凤姐谈论探春　③王夫人让李纨和探春共同管家　④赵姨娘向女儿探春抱怨　⑤吴新登家的故意刁难探春　⑥王夫人让宝钗来帮助管理

A.①③⑤⑥④② 　B.①③⑥⑤④② 　C.①③⑥④⑤② 　D.①③⑥⑤②④

第五十六回　敏探春兴利除旧弊　识宝钗小惠全大体

56（1）.平儿回到探春她们的议事厅，关于园子里小姐们的脂粉费用，以下说明不正确的一项是（　　　　）

A.探春发现园子的小姐们平日一个月有二两月银外，还另外每人有二两的脂粉费用，认为花费不合理。

B.平儿说姑娘们的脂粉钱由府里买办统一买了让姑娘们领用消费，放在凤姐处可以监管使用。

C.姑娘们每月二两银子是为了一时急需用时准备的，并不是用来买脂粉的。

D.平儿说买办置办的不合姑娘们心意主要有两个原因，一个是不及时，一个是质量不合要求。

56（2）.让探春发现大园观可以兴利最初的原因，以下描述正确的一项是（　　　　）

A.周瑞家的花园通过种植花草养鱼养虾可以赢利。

B.林之孝的花园通过种植花草养鱼养虾可以赢利。

C.赖大家的花园通过种植花草养鱼养虾可以赢利。

D.吴新登家的花园通过种植花草养鱼养虾可以赢利。

56（3）.探春道："除他们戴的花儿、吃的笋茶鱼虾之外，一年还有人包了去，年终足有二百两银子剩。从那日我才知道，一个破荷叶，一根枯草根子都是值钱的"。宝钗笑道："真真膏粱纨绔之谈。虽是千金小姐，原不知此事，但你们都念过书识字的，竟没看见朱夫子有一篇'不自弃文'不成？"探春和宝

钗二人的这一段对话，以下概括不准确的一项是（　　　）

A."不自弃文"传说是朱熹文章里的一句，"夫天下之物，皆物也。而物有一节之可取，且不为世之所弃。"意思是凡天下之物，均有其物性。只要该物有一点可取之处，便不会被世间丢弃。

B.宝钗引用朱熹这句话是想说明万事万物皆有自己可用之处。

C.探春是读书识字的，竟然不知这个道理，说明她只读死书刻板拘泥。

D.宝钗是想说明探春不知道荷叶枯草值钱真真是豪门闺秀千金之语。

56（4）."登利禄之场，处运筹之界。窃尧舜之词，背孔孟之道"对这句话解释正确的一项是（　　　）

A.进入官场上，处于运筹帷幄的世界。盗取尧舜说过的话，违背孔孟的理论。

B.进入商场上，处于运筹帷幄的世界。盗取尧舜说过的话，违背孔孟的理论。

C.进入官场上，处于运筹帷幄的边界。盗取尧舜说过的话，违背孔孟的理论。

D.进入商场上，处于运筹帷幄的世界。盗取尧舜说过的话，违背孔孟的理论。

56（5）.探春对自家园子的想法，以下不正确的一项是（　　　）

A.自家园子少说也比那一家的大一倍，从收成上自然也比那家多一倍，应有400两的收入。

B.如果只一心为增收，断然不是官宦之家的气派，显得小器，落人笑话。

C.园子里每年出产的物品不找人管理，都让下人婆子们偷走了。

D.希望能从下人中找几个能收拾料理的人及时打理修整。

56（6）.自家园子有人管理之后的好处，以下概括不准确的一项是（　　　）

A.一则园子有专人管理，对园子自身的发展有利，也不浪费园子的产出的物品。

B.二则负责的老妈妈们有了进项，会更加尽心地管理园子。

C.三则园子里物品的进项可以省去花匠山子匠等人的工费。

D.四则也可乘机体现李纨探春宝钗三人管理能力比凤姐强。

56（7）．探春和宝钗、平儿、李纨等人在册子上定了老祝妈管理竹子，因她家世代是打理竹子的，让老田妈负责管理菜蔬稻稗，因她家是个种庄稼的，她们选人的原则概括不准确的一项是（　　　　）

A．人尽其才　　　B．物竭其用　　　　C．因人制宜　　　　D．任人唯亲

56（8）．探春在盘点大观园的物产时说蘅芜苑和怡红院没有什么物品出产，李纨却说不然，下列说法与原文不符的一项是（　　　　）

A．蘅芜苑出产的香料利息很大。

B．蘅芜苑出产的果子数量很大。

C．怡红院出产的玫瑰花产量很大。

D．怡红院出产的草花入药铺或茶叶铺利润很大。

56（9）．为了调动老婆子们管理园子的积极性，宝钗和探春采取了一系列措施，以下概括不准确的一项是（　　　　）

A．账目独立，不再进入公账，免得被上头盘剥一层。

B．在园子内也不归帐，只将园内费用打包，各负责人分担一份即可。

C．让园子里自给自足，不再动用府库银子，也为贾府兴利节源。

D．人人有份，利益均沾，凡是园内之人，人人平分一年收入。

56（10）．江南甄府来贾府送礼请安，下列内容与原文不符的一项是（　　　　）

A．两家是世交，又是老亲，关系密切。

B．贾府在京里与甄府大姑娘和二姑娘家关系友善。

C．甄府的老太太带着他家的甄宝玉进京来了。

D．因先进宫请安，所以甄府先派了四位穿戴不俗的女人来提前问安。

56（11）．通过贾母与甄府家人的交谈，对甄宝玉说法以下不正确的一项（　　　　）

A．甄府的宝玉是跟着甄府老太太的。

B．今年十三岁，因长得齐整，老太太疼爱异常。

C．自幼淘气异常，天天逃学，挨了老爷不少打。

D．名字也叫宝玉，和贾府宝玉重名。

56（12）．贾宝玉进来时，甄府的四个女人吓了一跳，最主要的原因是（　　　　）

A. 宝玉长得太英俊　　　　　　B. 宝玉长得和甄家宝玉太像

C. 宝玉对四位女人不屑　　　　D. 宝玉太知书识礼

56（13）. 关于两个宝玉，以下说法不正确的一项是（　　　）

A. 相貌相似　　　B. 淘气相似　　　C. 性情不同　　　D. 都惹人疼爱

56（14）. 贾宝玉梦境中与甄宝玉相会，以下相会情节与原文不符的一项是
（　　　）

A. 有一个和大观园一样的园子，有一些和袭人她相似的丫鬟。

B. 这园子里的丫鬟谨遵甄宝玉的要求不和污臭男人说话。

C. 这园内的宝玉唉声叹气，恐也是为心上的妹妹生病或胡愁乱恨所致。

D. 甄宝玉说自己梦境中去京都会贾宝玉去了，可惜宝玉在睡觉，没见着。

56（15）. 下列事件发生顺序排列正确的一项是（　　　）

①甄府家人上京来问安　②贾宝玉梦中会甄宝玉　③探春等人为园子特色
合适管理人　④宝钗贤惠地对园子里的婆子们说话　⑤探春除去园子姑娘们多
余的脂粉银两　⑥探春想对自家园子进行改良

A. ⑤⑥③④②①　B. ⑤⑥③④①②　C. ⑤⑥④③①②　D. ⑤⑥④③②①

第五十七回　慧紫鹃情辞试忙玉　慈姨妈爱语慰痴颦

57（1）. 宝玉来看望黛玉，却被紫鹃的一番话说得发呆出神，下列内容与
原文不符的一项是（　　　）

A. 宝玉见黛玉睡午觉，不敢打扰，就问在回廊做针线的紫鹃，知道黛玉稍
好，顿时开心。

B. 宝玉见紫鹃穿得单薄便下意识地上前去摸，并让紫鹃注意增添衣物，免
得风口着凉。

C. 紫鹃让宝玉不要随意动手，说大家年纪一天天大了，要注意影响。

D. 紫鹃告诉宝玉黛玉平日提醒她们不要理宝玉，不要和宝玉说话。

57（2）. 宝玉听了紫鹃的话发呆失神许久，偶值丫头从王夫房中取人参，
看见宝玉并回去告诉的紫鹃，这个丫头是（　　　）

A. 莺儿　　　　B. 侍书　　　　C. 雪雁　　　　D. 司棋

57（3）.紫鹃到沁芳亭桃花底下找到了宝玉，说得一番话让宝玉如焦雷轰顶，下列内容与原文不符的一项是（　　　　）

A.紫鹃找到宝玉劝说，宝玉说听紫鹃讲的一番话在理，想到日后姑娘们都慢慢不理自己了，所以伤心。

B.紫鹃问燕窝一事，宝玉说一味等宝钗送不合适，他告诉王夫人让凤姐每天送一两燕窝给黛玉补身体。

C.宝玉说黛玉连吃燕窝三二年身体便可好，紫鹃说若吃习惯了，明年家去，哪有闲钱吃燕窝。

D.宝玉说黛玉原籍没父母不可能回姑苏，紫鹃说女孩大了终要出阁，不可能一直留在贾府。

57（4）.下面不属于宝玉从沁芳亭回来模样的一项是（　　　　）

A.呆呆的一头热汗，满面紫胀，只是傻笑。

B.更觉两个眼珠儿直直的起来，口角边津液流出，皆不知觉。

C.给他个枕头，他便睡下；扶他起来，他便坐着；倒了茶来，他便吃茶。

D.人中上边着力掐了两下，掐得指印如许来深，竟不觉疼。

57（5）.黛玉听到宝玉死过去的消息的表现，以下与原文不符的一项是（　　　　）

A.哇的一声，将腹中之药一概呛出，抖肠搜肺，炽胃扇肝的痛声大嗽了几阵。

B.一时，面红发乱，目肿筋浮，喘的抬不起头来。

C.黛玉伏枕喘息了半晌，推紫鹃哭道："你不用捶，你竟拿绳子来勒死我是正经。"

D.黛玉道："你还不知道他那傻子，每每顽话认了真。"

57（6）.下列人物与语言相符合的一项是（　　　　）

①一见了紫鹃，眼内出火，骂道："你这小蹄子，和他说了什么？"

②忙道："并没敢说什么，不过说了几句顽话。"

谁知③见了紫鹃，方嗳呀了一声，哭出来了。

谁知④一把拉住紫鹃，死也不放，说："要去连我也带了去。"

⑤劝道："宝玉本来心实，可巧林姑娘又是从小儿来的，他姊妹两个一处长

了这大，比别的姊妹更不同。"

A. ①是王夫人　②是紫鹃　③是宝玉　④是宝玉　⑤是薛姨妈

B. ①是凤姐　②是紫鹃　③是宝玉　④是宝玉　⑤是邢夫人

C. ①是王夫人　②是紫鹃　③是宝玉　④是宝玉　⑤是邢夫人

D. ①是贾母　②是紫鹃　③是宝玉　④是宝玉　⑤是薛姨妈

57（7）. 对宝玉痴癫癫状态一节，表现与原文不符的一项是（　　　）

A. 林之孝家的来问候，宝玉一听是姓林的，便满床闹起来，说林家人来接黛玉了，要打出去。

B. 除了黛玉姓林之外，其余任何人都不许姓林，满园子不允许姓林的进来。

C. 看见十锦隔子上陈设的一只金西洋自行船，便指着乱叫，说那是接林妹妹家去的船。

D. 让人把船拿下来，放在自己的暖阁中，笑道："这可去不成了"。

57（8）. 王太医给宝玉看过病后，宝玉不肯让紫鹃离开，贾母只好派另一个丫头去照顾黛玉，这丫头是（　　　）

A. 珍珠　　　　B. 鸳鸯　　　　C. 琥珀　　　　D. 晴雯

57（9）. 宝玉病愈后，紫鹃又和他讲话，以下不属于宝玉表达衷肠的一项是（　　　）

A. 宝玉笑道："人人只说我傻，你比我更傻。不过是句顽话。他已经许给梅翰林家了。果然定下了他，我还是这个形景了！"

B. 一面说，一面咬牙切齿的，又说道："我只愿这会子立刻我死了，把心进出来，你们瞧见了；然后连皮带骨一概都化成一股灰。"

C. 宝玉笑道："原来是愁这个，所以你是傻子。我只告诉你一句打趸的话：活着，咱们一处活着；不活着，咱们一处化灰化烟。如何？"

D. 宝玉笑道："我看见你文具里头有两三面镜子，你把那面小菱花的给我留下罢。"

57（10）. 紫鹃回到黛玉身边后，与黛玉讲了真心话，下列概括内容与原文不符的一项是（　　　）

A. 紫鹃认为宝玉是可以依靠终生的人选，理由是从小儿一处长大，彼此了解脾气情性。

B.紫鹃看到黛玉无父无母，无人作主，希望趁老太太身体硬朗，作定了大事要紧。

C.紫鹃说公子王孙对待感情多不专一,三房五妾已是常事,遇见痴情的人不易。

D.紫鹃说婚姻争斗经常依凭着娘家的势力，要让老太太为黛玉和自己撑腰。

57（11）.薛姨妈促成了一对好姻缘，下列情节与此不符的一项是（　　　）

A.薛姨妈看见邢岫烟生得端雅稳重，且家道贫寒，是个钗荆裙布的女儿，便欲说与薛蟠为妻。

B.因薛蟠行止浮奢，恐糟蹋人家的女儿，想起薛蝌未娶，二人恰是天生地设的一对。

C.薛姨妈去找王夫人商量，王夫人给她出主意，求助于贾母事易成功。

D.贾母乐得促成此事，安排尤氏负责张罗两家的聘定诸项事宜。

57（12）.宝钗来看望黛玉时碰到了邢岫烟，对二人谈话内容概括不准确的一项是（　　　）

A.宝钗见岫烟穿得单薄，认为是凤姐没有及时给她发放月银。

B.岫烟说月银用来周济自己父母一两，还要用剩下的钱打点探春房里的下人。

C.因缺钱用，所以把绵衣服叫人当了几吊钱使用。

D.宝钗发现岫烟当衣服的铺子恰恰是自己家的当铺。

57（13）.宝钗来看黛玉时，薛姨妈也在黛玉处，以下情节以原文不符的一项（　　　）

A.薛姨妈给宝钗黛玉说婚姻是月下老人用一根红线把两人的脚绊住，是预先注定的。

B.黛玉见宝钗在妈妈怀里撒娇，不免伤心，引来薛姨妈的疼爱之情。

C.黛玉要认薛姨妈做娘，引来宝钗打趣，说自己哥哥还未娶。

D.薛姨妈说要到老太太跟前替宝玉和黛玉说亲，雪雁来催，反被薛姨妈嘲笑。

57（14）.湘云拿着当票让大家来认，大家都不认识，只有一人认得，她是（　　　）

A．黛玉 　　　　B．宝钗 　　　　C．湘云 　　　　D．宝玉

57（15）．下列事件发生顺序排列正确的一项是（　　　）

①宝玉听了紫鹃不和他说话的话发呆 　②李妈妈掐宝玉人中没反应，大哭着认为宝玉死过去了 　③湘云拿着当票让大家认 　④薛姨妈说婚姻大事是"千里姻缘一线牵" 　⑤宝钗要帮助邢岫烟赎回衣服 　⑥宝玉病愈给紫鹃诉衷肠

A．④⑤⑥③②① 　B．①②⑥⑤④③ 　C．⑥①②⑤④③ 　D．⑤⑥④③②①

第五十八回　杏子阴假凤泣虚凰　茜纱窗真情揆痴理

58（1）．宫中老太妃薨逝，贾母、王、邢等凡有诰命的都要入朝随祭，请灵入先陵，来去一月光景，两府无人管理，大家商议留下一人理家，这人是（　　　）

A．尤氏 　　　B．凤姐 　　　C．王夫人 　　　D．邢夫人

58（2）．又托薛姨妈在园内照管各姊妹丫鬟，薛姨妈只得搬进园子居住，她和谁住在一起？（　　　）

A．宝钗 　　　B．李纨 　　　C．黛玉 　　　D．探春

58（3）．各官宦家，凡养优伶者，全部蠲免遣发，尤氏和王夫人商量，以下情节与原文不符的一项是（　　　）

A．尤氏认为这些女孩子本是自家买的，如今虽不学戏，尽可留着使唤。

B．王夫人认为这些女孩子是好人家的儿女，不如趁此给他们银两打发各自回家。

C．王夫人认为祖宗是有先例的，不要坏了祖宗恩德，落了小器之名。

D．尤氏回复有愿意回去的就让父母领回家去，给他们几两银子盘费；没父母亲人的，就叫其他人领走。

58（4）．当询问唱戏的女孩子们的意愿时，只有四五个人愿意出去，其余都愿意留下，以下分配正确的一项是（　　　）

A．文官—贾母；芳官—宝玉；蕊官—宝钗；藕官—黛玉；葵官—湘云

B．文官—贾母；蕊官—宝玉；芳官—宝钗；藕官—黛玉；葵官—湘云

C．文官—贾母；藕官—宝玉；蕊官—宝钗；芳官—黛玉；葵官—湘云

D. 芳官—贾母；文官—宝玉；蕊官—宝钗；藕官—黛玉；葵官—湘云

58（5）. 宝玉病愈出门，遇见姐妹们和他打趣："快把这船打出去。他们是接林妹妹的。"说这句话的是（　　　）

A. 探春　　　　　　B. 宝钗　　　　　　C. 湘云　　　　　　D. 香菱

58（6）. 宝玉辞别众姐妹看望黛玉的路途中，看到一株大杏树花已全落，叶稠阴翠，结了许多小杏，不觉产生"绿叶成阴子满枝"的慨叹，与此慨叹情节无关的一项是（　　　）

A. 病了几天，竟不觉把杏花辜负了。

B. 邢岫烟已择了夫婿，又少了一个好女儿。

C. 再过几日杏树子落枝空，岫烟不免乌发如银，红颜似槁。

D. 我因为听你说的有理，我想你们既这样说，自然别人也是这样说，将来渐渐的都不理我了。

58（7）. 藕官在园内烧纸钱触犯了贾府规矩，幸亏宝玉庇护才得以逃脱，以下情节与此无关的是（　　　）

A. 宝玉忙问道："你与谁烧纸钱？快不要在这里烧。你或是为父母兄弟，你告诉我姓名，外头去叫小厮们打了包袱，写上名姓去烧。"

B. 宝玉忙道："他并没有烧纸钱。原是林妹妹叫他来烧那烂字纸的。你没看真，反错告了他。"

C. 宝玉说道："藕官只管去，见了他们，你就照依我这话说。等老太太回来，我就说他故意来冲神祇，保佑我早死。"

D. 心下想道："这雀儿必定是杏花正开时他曾来过，今见无花空有子叶，故也乱啼。"

58（8）. 芳官干娘打骂芳官，以下原因与原文不符的一项是（　　　）

A. 干娘让芳官用他亲女儿洗过的水洗头，芳官不满，说干娘偏心。

B. 袭人说打发人去说少乱嚷，不要瞅着老太太不在空，一个个不省心。

C. 袭人、晴雯和宝玉都向着芳官说话，干娘内心生气。

D. 袭人取了一瓶花露油并些鸡蛋、香皂、头绳之类着人送芳官，干娘羞愧。

58（9）. 芳官干娘打芳官，被麝月教训，下列原因概括不准确的一项是（　　　）

A. 能在主子房里教训自己女儿的规矩只有怡红院可以。

B. 即使是亲女儿，一旦入了园子，管理权利便从属于自己的主子。

C. 在主子房里的丫头，管教职责只能属于主子或房里的大丫头。

D. 在主人房间里教训自己女儿，让贾府乱了规矩，与法礼相悖。

58（10）. 芳官干娘替宝玉吹汤却遭到晴雯的斥责，以下分析最准确的一项（　　　）

A. 干娘脏不干净　　　　　　　　B. 贾府有森严的等级制度

C. 干娘想讨好主人　　　　　　　D. 干娘想缓和矛盾

58（11）. 宝玉却让芳官亲口尝汤之后才喝，以下分析最准确的一项（　　　）

A. 宝玉对自己的丫头平和平等没有歧视思想。

B. 宝玉想让芳官尝尝汤味是否合自己的心意。

C. 贾府规矩，必须丫头先尝尝是否安全。

D. 宝玉从心底里爱上了芳官，喜欢她。

58（12）. 宝玉问芳官，藕官烧纸祭奠的人，下列正确的一项是（　　　）

A. 龄官　　　　B. 文官　　　　C. 菂官　　　　D. 葵官

58（13）. 藕官烧纸祭奠的感情是（　　　）

A. 母女情　　　　B. 朋友情　　　　C. 姐妹情　　　　D. 夫妻情

58（14）. 宝玉听了藕官对感情的一番至论后，让芳官转达自己的想法，以下和原文不符的一项是（　　　）

A. 以后断不可烧纸钱，这纸钱原是后人的异端，不是孔子的遗训。

B. 以后逢时按节，只备一个炉，到日随便焚香，一心诚虔，就可感格了。

C. 按神佛死人，分出等例，各式各样，分别祭祀。

D. 虽连香亦无，随便有土有草，只以洁净，便可为祭。

58（15）. 下列事件发生顺序排列正确的一项是（　　　）

①芳官说藕官痴情　②梨香院遣散众女孩　③麝月斥责芳官干娘　④藕官在园内烧纸　⑤晴雯斥责芳官干娘　⑥宝玉出院散心

A. ②④⑥③⑤①　　B. ②④⑥③①⑤　　C. ②⑥③④⑤①　　D. ②⑥④③⑤①

第五十九回 柳叶渚边嗔莺咤燕 绛云轩里召将飞符

59（1）.莺儿和蕊官结伴去潇湘馆黛玉处，她俩去的原因解说正确的一项是（　　）

A.湘云杏斑癣犯了，宝钗派她俩去黛玉处讨要蔷薇硝来给湘云擦抹。

B.莺儿手巧，善于编织，正逢春季花开，宝钗打发她俩去给黛玉送新鲜花篮。

C.王夫人托薛姨妈要多照顾黛玉，宝钗与黛玉情同姐妹，替母亲表达问候。

D.蕊官想去黛玉处看望藕官，专门找了个借口要求和莺儿去潇湘馆。

59（2）.莺儿和藕官在柳叶渚看到柳叶才吐浅碧，提议要做的事件是下列哪一项（　　）

A.编个花条送给黛玉　　　　　　B.编个柳筐送给黛玉

C.编个花篮送给黛玉　　　　　　D.编个柳蒌送给黛玉

59（3）.因黛玉想和薛姨妈去宝钗处一起吃饭，派下列哪位丫头将黛玉匙箸先带过去？（　　）

A.雪雁　　　　B.紫鹃　　　　C.藕官　　　　D.晴雯

59（4）.莺儿返回途中仍在编织，碰到了春燕，春燕询问藕官与自己母亲和姨妈的矛盾，以下不属于唱戏女孩子与干妈矛盾的一项（　　）

A.干妈们不知足，对唱戏女孩子抱怨。

B.在外头这两年，只唱戏女孩子们的米菜，不知赚了多少，合家都吃不了。

C.干妈利用帮唱戏女孩子买东西的机会赚了不少。

D.干妈不如自己的亲妈，唱戏女孩子贴补自己家里的东西太多了。

59（5）."怨不得宝玉说：'女孩儿未出嫁里是颗无价的宝珠；出了嫁不知怎么就变出许多的不好的毛病，虽是颗珠子，却没有光彩宝色，是颗死珠了；再老了，更变的不是珠子，竟是鱼眼睛了。'"这句话是谁说的？（　　）

A.春燕　　　　B.藕官　　　　C.莺儿　　　　D.蕊官

59（6）.通过春燕之口说出自己家境的变化，以下情节与此无关的一项是（　　）

A.春燕进了怡红院，省了一人的费用，每月还有四五百钱的余剩。

B.春燕妈和姨妈又分派到梨香院照看女孩子，手头着实宽裕。

C.春燕家庭艰难，母亲洗头也要让自己的女儿先洗，后才让芳官洗。

D.园子里一带花草也分派给了春燕的姑姑帮着打理。

59（7）.莺儿说"别人乱折乱掐使不得，独我使得"的最不准确的原因是（　　）

A.莺儿手巧，善于编织各色花枝。

B.分了地基后，每日各房皆有分例，吃的也有定例。

C.地基里种的花草等物，都会给姑娘们送一些以供插瓶。

D.惟有宝钗说一概不用园中花草，待用时再要。

59（8）.春燕的姑妈拿拄杖打春燕的原因，以下概括不正确的一项是（　　）

A.姑妈见采了许多嫩柳和鲜花，心里不受用。

B.姑妈看见莺儿拿着枝条编织，不好直接说莺儿。

C.姑妈生气春燕不帮着她照看园子花草，让她很受累。

D.姑妈嫌春燕和自己犟嘴，倚老卖老，乘机教训春燕。

59（9）.春燕的妈妈打春燕耳刮子，下列概括不正确的一项是（　　）

A.姑妈给春燕妈告状说春燕领着人糟蹋自己。

B.春燕妈正生着芳官的气，又恨自己女儿不遂自己的心。

C.春燕妈嫌春燕进怡红院学着轻狂浪妇样子成不体统，坏了家风。

D.春燕妈为到宝玉房吹汤被赶出来撒气。

59（10）.春燕妈妈打春燕，众人表现了不一样的态度，下列说法错误的一项是（　　）

A.袭人生气，说春燕妈妈三日两头儿打自己的干女儿亲女儿。

B.麝月让叫人去请平姑娘来处置春燕妈妈。

C.平姑娘说打他四十板子撵出园子去。

D.宝玉让赶紧撵出去，打发出来是正经。

第六十回　茉莉粉替去蔷薇硝　玫瑰露引来茯苓霜

60（1）.宝玉让春燕和母亲到宝钗房中，以下情节与文章不符的一项是（　　）

A.让春燕和母亲去给莺儿说几句好话听听，道歉。

B.让春燕和母亲去给宝钗说几句好话听听，道歉。

C.道歉时不要当着宝钗的面，免得莺儿反被宝钗教训。

D.宝玉认为春燕和母亲得罪了自己家的亲戚，应该去道歉。

60（2）.春燕和母亲在去宝钗房中的途中，说的一件事是下列哪一项（　　）

A.宝玉说自己屋里的人，无论家里外头的丫头们，将来全放出去给本人的父母自便。

B.宝玉说将自己房里的小丫头们都交给太太处置，自己是不要的。

C.宝玉说将自己房里的小丫头们挑几个得意的，其余的都交给太太处置，自己是不要的。

D.宝玉说将自己房里的小丫头们挑几个得意的，其余的都交还给贾母太太处置。

60（3）.春燕和母亲道歉完准备离开，蕊官叫住她娘俩，让给芳官带一样东西回去，是下列哪一项（　　）

A.茉莉粉　　　B.蔷薇硝　　　C.玫瑰露　　　D.茯苓霜

60（4）.春燕带回蕊官带给芳官的东西时，恰好被前来探望的贾环看见并索要，芳官不舍将赠送之物送人，想去另取一些给贾环，结果回到房中取时却用完了，只好用下列哪一项替代（　　）

A.茉莉粉　　　B.蔷薇硝　　　C.玫瑰露　　　D.茯苓霜

60（5）.贾环索要的东西是为了送给下列哪一位的（　　）

A.探春　　　B.彩云　　　C.赵姨娘　　　D.自己

60（6）.赵姨娘一看贾环带回的东西，非常生气，要去怡红院闹一场，以下概括与此无关的一项是（　　）

A. 认为自己儿子受了气，平日被宝玉压着，这次竟然被宝玉的丫头们耍了。

B. 认为自己儿子窝囊，只会在家里对自己耍横，碰到别人欺负就没刚性了。

C. 被儿子的语言所激，说她怕探春，更让赵姨娘火不打一处来。

D. 想趁机耍耍威风，要压宝玉一头，抬高自己儿子的身份。

60（7）．"你老想一想：这屋里除了太太，谁还大似你！你老自己掌不起来；但凡掌的起来，谁还不怕你老人家。"给赵姨娘煽风点火说这句话的人是（　　　）

A. 藕官的干娘林婆子　　　　　B. 蕊官的干娘林婆子

C. 蕊官的干娘夏婆子　　　　　D. 藕官的干娘夏婆子

60（8）．赵姨娘用最恶毒的语言辱骂芳官，芳官回复赵姨娘说：梅香拜把子——都是奴几呢。这句话体现了芳官的性格，以下概括不准确的一项是（　　　）

A. "梅香"是古代婢女常用的名字，"拜把子"即结为异姓兄弟或姐妹，芳官把赵姨娘看成是和自己一样地位的人。

B. 古代等级森严，婢女只能和婢女拜把子，芳官说这句话意思是赵姨娘在贾府的地位和自己一样是奴婢身份。

C. 芳官心性高，虽是唱戏出身，地位低下，但性格刚烈，容不得别人侮辱自己。

D. 芳官说话委婉兜着圈子，不把话说明，表现芳官怯于赵姨娘的威势。

60（9）．芳官与赵姨娘打作一团，唱戏的小女孩都来帮芳官，以下正确的一项是（　　　）

A. 藕官、蕊官、葵官、豆官　　　B. 藕官、蕊官、葵官、茴官

C. 龄官、蕊官、葵官、豆官　　　D. 藕官、文官、葵官、豆官

60（10）．厨房柳家媳妇和芳官关系好的原因，以下概括不正确的一项是（　　　）

A. 柳家媳妇想把自己的女儿送到宝玉房中去当差。

B. 柳家媳妇在梨香院伏侍芳官等一干人比别的干娘还好。

C. 柳家媳妇想通过芳官作中人让女儿能顺利到宝玉处当差。

D. 柳家媳妇想到芳官从小被卖，身世可怜，发自内心疼爱芳官。

60（11）.柳五儿送芳官出门，二人说话内容，与以下情节无关的一项是（　　）

A.芳官说宝玉房中因红玉和坠儿离开人手空缺。

B.探春管家严谨，最好别没事找事招惹探春处罚。

C.五儿想尽快进怡红院，为母亲争气，为家里挣月钱。

D.五儿想尽快进怡红院，赢得宝玉的注意和关爱。

60（12）.钱槐是谁的内侄，下列正确的一项是（　　）

A.薛姨妈　　　B.周姨娘　　　C.赵姨娘　　　D.李纨

60（13）.下列事件发生顺序排列正确的一项是（　　）

①柳家嫂子送茯苓霜给柳五儿妈妈　②钱槐看上了柳五儿欲娶为妻　③芳官到厨房给柳家媳妇和柳五儿送玫瑰露　④柳家媳妇送玫瑰露给侄儿　⑤宝玉命袭人取玫瑰露给芳官　⑥芳官问宝玉要玫瑰露给柳五儿吃

A.⑥③⑤④②①　B.⑥③⑤④①②　C.⑥⑤③④①②　D.⑥⑤③④②①

第六十一回　投鼠忌器宝玉瞒赃　判冤决狱平儿行权

61（1）."好婶子，你这一进去，好歹偷些杏子出来赏我说。我这里老等。你若忘了时，日后半夜三更打酒买油的，我不给你老人家开门，也不答应你，随你干叫去。"这一段话是说给谁听的？（　　）

A.尤氏　　　B.凤姐　　　C.柳家的　　　D.林之孝家的

61（2）."昨儿我从李子树下一走，偏有一个蜜蜂儿往脸上一过，我一招手儿，偏你那好舅母就看见了。"这段话要说明的意思不包含以下内容的一项是（　　）

A.李子树所属的园子让老婆婆们承包了，她们看园子看得很紧。

B.探春效仿赖大家对自家园子进行改革，分工到个人，起到了效果。

C.抱怨园里的果子不比往年随意采摘，今年被人盯得紧了，不好拿了。

D.是说看门人的舅母只想给自己家里采摘食用，不允许其他人食用。

61（3）.迎春房里的小丫头莲花儿来为司棋要碗鸡蛋，柳家媳妇说没有，以下原因概括不正确的一项是（　　）

A. 鸡蛋很短缺，十个钱一个还找不出来。

B. 司棋没有像其他小姐丫头一样提前拿了自己的钱买来给柳家的。

C. 柳家的从心里认为司棋借姑娘的身份做大，心里有所不满。

D. 柳家媳妇是想把鸡蛋存起来给自己家的五儿吃。

61（4）. 柳家媳妇的拒绝引来了她和莲花儿的一番口角，以下概括与此无关的一项是（　　）

A. 姐妹房里的开销很大，不知道外面世道的艰难，想替主人家节省开支。

B. 侍候头层主子都众口难调，再加上这些照顾姐妹们的大丫头更是难上加难。

C. 柳家的看人下菜碟，对和自己有利所求的怡红院照顾有加。

D. 姑娘姐儿们要添一样半样的饭菜都是自己拿了钱来另买另添的。

61（5）姑娘们的小厨房和老太太的大厨房最主要不同在于（　　）

A. 姑娘们的小厨房每个月是有定例的，老太太的大厨房是按月末消费实际结算的。

B. 姑娘们的小厨房每个月是按人头消费结算的，老太太的大厨房是有定例的。

C. 姑娘们的小厨房每个月是都需要姐妹们帮衬补贴，老太太的大厨房是有定例的。

D. 姑娘们的小厨房每个月是都需要姐妹们帮衬补贴，老太太的大厨房是按月末消费实际结算的。

61（6）. 司棋听莲花儿回去一番添油加醋，带着人来大闹小厨房，以下对司棋性格概括不准确的一项是（　　）

A. 司棋仗着自己服侍大小姐迎春养成了比较张扬的性格。

B. 司棋性格暴烈，不允许别人欺负自己。

C. 司棋因迎春性格懦弱，养成了比较跋扈性格。

D. 司棋想把柳家媳妇赶走，故意大闹一场。

61（7）. 由茯苓霜引出的一段官司，以下顺序正确的一项是（　　）

①莲花儿说小厨房里有玫瑰露　②五儿将茯苓霜交给小燕　③五儿送茯苓霜给芳官　④五儿在园中碰到林之孝家的查园　⑤五儿的谎话引起了众人的怀

疑 ⑥柳家媳妇给女儿五儿说了茯苓霜的来历

　　A.⑥③②④①⑤　　B.⑥③②④⑤①　　C.④⑤①⑥③②　　D.④⑤⑥③②①

　　61（8）."将他娘打四十板子，撵出去，永不许进二门。把五儿打四十板子，立刻交给庄子上，或卖或配人。"这一对五儿的处罚是谁做出的？（　　　）

　　A.平儿　　　　　B.探春　　　　　C.凤姐　　　　　D.李纨

　　61（9）.五儿向平儿哭诉事情原委后，平儿下令将五儿看守起来，下列情节不准确的一项是（　　　）

　　A.众媳妇有劝说五儿的，让她赶紧认罪。

　　B.有抱怨说自己坐更还没完还得来看贼。

　　C.有与柳家不睦的一伙人来奚落嘲戏的。

　　D.五儿委屈，怯弱有病，一夜直哭。

　　61（10）.素日与柳家不和的人，纷纷找平儿，希望把柳家的赶出小厨房，平儿的做法是（　　　）

　　A.听信了众人的诋毁　　B.听任凤姐处理　　C.私下暗暗查访　　D.在凤姐耳边告黑状。

　　61（11）."露的事虽完，然这霜也是有不是的。好姐姐，你叫他说也是芳官给他的就完了。"从说话语气来看，这应该是谁说的？（　　　）

　　A.宝玉　　　　　B.袭人　　　　　C.晴雯　　　　　D.麝月

　　61（12）.太太屋里的玫瑰霜是谁偷的？（　　　）

　　A.芳官　　　　　B.玉钏　　　　　C.彩云　　　　　D.五儿

　　61（13）.平儿说：我可怜的是他，不肯为打老鼠伤了玉瓶。这个"玉瓶"是指（　　　）

　　A.芳官　　　　　B.彩云　　　　　C.探春　　　　　D.李纨

　　61（14）.平儿将彩云和玉钏叫来，不动声色地说出了已查出玫瑰霜的真正偷窃者，并告诉她们由宝玉一并承担了下来，结果让众人没想到的情节是（　　　）

　　A.彩云承认了是她偷的　　　　　B.玉钏承担了是她偷的

　　C.彩云说是赵姨娘偷的　　　　　D.玉钏说是赵姨娘偷的

　　61（15）.平儿将整个事件的处理过程告诉凤姐，凤姐不依，在平儿的劝说

下才罢手，从二人这一番谈话中可以得到的信息不正确的一项是（　　　）

A. 凤姐不赞成宝玉事事都往自己身上揽的举动，认为不足以治家。

B. 凤姐希望通过严厉的处罚让大家认罪，柳家的应该也是有问题的，主张严查。

C. 平儿劝说凤姐事事不必过于认真，毕竟是在荣府而不是在自己家里管家。

D. 凤姐就是因为太过操劳才让一个六七个月的男孩小产了。

第六十二回　憨湘云醉眠芍药裀　呆香菱情解石榴裙

62（1）. 柳妈和女儿五儿平安回归，这让借此上位小厨房的司棋的叔叔家的赔了夫人又折兵，灰溜溜地走了，她的名字叫（　　　）

A. 林之孝家的　　　　　　　　B. 赖大家的

C. 秦显家的　　　　　　　　　D. 薛姨妈家的

62（2）. 彩云的主动担责让贾环恼怒不已，气得彩云泪干肠断，最后（　　　）

A. 她自己私赠贾环之物全部扔进了河内。

B. 她自己私赠贾环之物全部交给了赵姨娘。

C. 贾环把彩云的私赠之物又全部捡了回来。

D. 赵姨娘把彩云私赠贾环之物又全部捡了回来。

62（3）. 宝玉的生日恰巧与另外三人同日，他们是（　　　）

A. 宝琴、平儿、司棋　　　　　B. 宝琴、平儿、芳官

C. 宝琴、平儿、入画　　　　　D. 宝琴、平儿、邢岫烟

62（4）. 探春说生日巧合的不止宝玉，以下说法不准确的一项（　　　）

A. 元春和太祖太爷同一天生日　B. 老太太和宝钗同一天生日

C. 林姑娘和袭人同一天生日　　D. 老太太和林姑娘同一天生日

62（5）宝玉和宝钗从薛蟠处进园子后，宝钗便命婆子将门锁上，把钥匙要了，自己拿着，这一举动体现了宝钗的性格，以下概括不准确的一项是（　　　）

A. 管家严格，处事谨慎。　　　B. 理家有法，两家分明。

C. 小心翼翼，生怕出事。　　　D. 生性警觉，处事分明。

62（6）. 众人聚在一起摆起了生日宴，地点是（　　　）

A. 红香圃　　　　B. 芍药裀　　　　C. 沁芳亭　　　　D. 怡红院

62（7）. 宝玉提议行酒令，黛玉建议拈阄决定行哪种令，香菱自告写字，最后平儿和袭人拈的阄是（　　　）

A. 射覆和拇战　B. 射覆和飞花令　C. 飞花令和拇战　D. 击鼓传梅和拇战

62（8）.“这个简断爽利，合了我的脾气，我不行这个射覆，没的垂头丧气闷人，我只划拳去了。”探春说她乱令，让罚一杯，这被罚的是（　　　）

A. 平儿　　　　B. 湘云　　　　C. 凤姐　　　　D. 李纨

62（9）. 宝琴和香菱射覆时急得湘云禁不住提醒，被又罚了一杯酒，揭发湘云的是（　　　）

A. 黛玉　　　　B. 宝钗　　　　C. 宝玉　　　　D. 平儿

62（10）. 湘云在说酒底时说"这鸭头不是那丫头，头上那讨桂花油"用的是（　　　）

A. 谐音双关法　B. 形象暗喻法　C. 象征隐喻法　D. 生动比喻法

62（11）. 湘云醉卧芍药裀，以下情境与此无关的一项是（　　　）

A. 四面芍药花飞了一身，满头脸衣襟上皆是红香散乱。

B. 手中的扇子在地下，也半被落花埋了。

C. 一群蜂蝶，闹穰穰的围着他，用鲛帕包了芍药花瓣着。

D. 奔腾而砰湃，江间波浪兼天涌，须要铁锁缆孤舟。既遇着一江风，不宜出行。

62（12）. 酒宴告一段落，宝玉和黛玉两人在簇花下，唧唧哝哝说着些什么，与二人谈论内容无关的一项是（　　　）

A. 黛玉夸赞探春是个乖人，不拿腔作势。

B. 宝玉夸探春将园子分给人管理，蠲了几件事，节省开支。

C. 宝玉问黛玉是否需要喝水解口渴。

D. 黛玉感叹家中花销太大，出的多进的少，怕后手不接。

62（13）. 宝玉找芳官回到房中，发现芳官已叫柳家做了几个小菜，宝玉也和她一起吃了，并要人照顾芳官，这个人是（　　　）

A. 袭人　　　　B. 晴雯　　　　C. 小燕　　　　D. 麝月

62（14）．香菱和从小丫头们在园子里玩，因大家在比花草，香菱的一句惹来众人的嘲笑，让香菱红了脸，她说的是（　　　）

A．我有罗汉松　　B．我有观音柳　　C．我有夫妻蕙　　D．我有星星翠

62（15）．香菱的半扇石榴裙都污湿了，宝玉看见了忙叫人把（　　　）的新裙子给香菱换了。

A．袭人　　　　　B．晴雯　　　　　C．麝月　　　　　D．芳官

第六十三回　寿怡红群芳开夜宴　死金丹独艳理亲丧

63（1）．下列说法正确的一项是（　　　）

A．宝玉生辰，袭人、晴雯、麝月、秋纹四个人，每人五钱银子，共出二两银子。

B．芳官、碧痕、小燕、四儿四个人，每人三钱银子，共出一两二钱银子。

C．怡红院中有假的丫鬟也每人出一钱银子，但人未到场，只有八个人准备替贾宝玉过生日。

D．怡红院中大小八个丫鬟一共出钱三两二钱银子，交给了柳嫂子，预备四十碟果子，一坛好绍兴酒，晚上替宝玉过生辰。

63（2）．下面不是林之孝家的说的一项是（　　　）

A．林之孝家的忙进来笑说："还没睡呢。如今天长夜短了，该早些睡，明儿起的方早。不然，到了明日起迟了，人笑话，说不是个读书上学的公子了，倒像那起挑脚汉了。"

B．林之孝家的知道众丫鬟要给宝玉过生辰，笑道："这有何妨。一年之中，不过生日节间如此，并无夜夜如此，这倒也不怕。"

C．林之孝家的又笑道："这些时，我听见二爷嘴里都换了字眼，赶着这几位大姑娘们竟叫起名字来。虽然在这里，到底是老太太、太太的人，还该嘴里尊重些才是。若一时半刻偶然叫一声使得；若只管叫起来，怕以后兄弟侄儿照样，便惹人笑话，说这家子的人眼里没有长辈。"

D．林之孝家的笑道："这才好呢。这才是读书知礼的呢。越自己谦逊越尊重。别说是三五代的陈人，现从老太太太太屋里拨过来的；便是老太太太太屋里的

猫儿狗儿，轻易也伤他不的。这才是受过调教的公子行事。"

63（3）.寿怡红群芳开夜宴时大伙玩的游戏是（　　）

A.划拳　　　　　B.抢红　　　　　C.行酒令　　　　D.占花名

63（4）.下列选项中，谁没有出现在贾宝玉的生辰夜宴上（　　）

A.王熙凤　　　B.李纨　　　　C.林黛玉　　　D.薛宝钗

63（5）.下列选项中，谁出现在贾宝玉的生辰夜宴上（　　）

A.贾迎春　　　B.贾惜春　　　C.薛宝琴　　　D.邢岫烟

63（6）.下列选项不正确的一项是（　　）

A.宝钗——牡丹——艳冠群芳——唐诗："任是无情也动人。"——注云："在席各饮三杯送春。"

B.探春——杏花——瑶池仙品——诗云："日边红杏倚云栽。"——注云："得此签者，必得贵婿，大家恭贺一杯，共同饮一杯。"

C.李纨——老梅——霜晓寒姿——旧诗是："竹篱茅舍自甘心。"——注云："自饮一杯，下家掷骰。"

D.湘云——海棠——香梦沉酣——诗道是："只恐夜深花睡去。"——注云："既云'香梦沉酣'，擎此签者不便饮酒，只令上下二家各饮一杯。"

63（7）.下列选项不正确的一项是（　　）

A.麝月——茶蘼花——韶华胜极——旧诗是："开到茶蘼花事了。"——注云："在席各饮三杯送春。"

B.薛宝琴——并蒂花——联春绕瑞——诗道是："连理枝头花正开。"——注云："共贺擎者三杯，大家陪饮一杯。"

C.黛玉——芙蓉——风露清愁——旧诗是："莫怨东风当自嗟。"——注云："自饮一杯，牡丹陪饮一杯。"

D.袭人——桃花——武陵别景——旧诗是："桃红又是一年春。"——注云："杏花陪一盏，坐中同庚者陪一盏，同辰者陪一盏，同姓者陪一盏。"

63（8）.下列说法中不正确的一项是（　　）

A.香菱、晴雯、宝钗三人皆与袭人同庚，需陪袭人一盏酒。

B.黛玉与袭人同辰，需陪袭人一盏酒。

C.薛宝钗占花名时是杏花，需陪袭人一盏酒。

D. 芳官说自己也姓花，需陪袭人一盏酒。

63（9）. 薛姨妈打发人来接谁回去，使得夜宴众人各自回院（　　　）

A. 薛宝钗　　　　B. 林黛玉　　　　C. 薛宝琴　　　　D. 香菱

63（10）. 怡红院夜宴结束，谁与贾宝玉同榻而眠（　　　）

A. 袭人　　　　B. 芳官　　　　C. 晴雯　　　　D. 麝月

63（11）. 宝玉生辰，谁送来帖子祝他生辰快乐（　　　）

A. 贾雨村　　　　B. 贾芸　　　　C. 妙玉　　　　D. 柳湘莲

63（12）. 宝玉给妙玉回帖时对自己的称呼是（　　　）

A. 畸人　　　　B. 世人　　　　C. 槛外人　　　　D. 槛内人

63（13）. 告诉宝玉应该如何给妙玉回帖的是（　　　）

A. 薛宝钗　　　　B. 林黛玉　　　　C. 邢岫烟　　　　D. 贾探春

63（14）. 下列说法中，不正确的一项是（　　　）

A. 红楼梦中，以花喻人是常见的手法，如"三春去后诸芳尽"指众女儿风流云散的结局。"沁芳亭"暗示着"花落水流红"。特别是《寿怡红群芳开夜宴》一回，用各种花卉暗示几个人的命运。行酒令时，宝钗抽到的花名签子是"牡丹——艳冠群芳"，背面题的是"任是无情也动人"，牡丹从来是与时好联系在一起的，亦称富贵花，与兰、荷、菊、梅相比，不免有俗艳之讥，不过这也符合宝钗皇商之女的身份。

B. 探春是雪芹所喜爱的人物之一，群芳谱中她拟为杏花，花名签子是"杏花——瑶池仙品"，诗曰"日边红杏倚云栽"，注中还有"必得贵婿"诸语。此句诗出自唐人高蟾的《下第上永崇高侍郎》，全诗是：天上碧桃和露种，日边红杏倚云栽。芙蓉生在丘江上，不向东风怨未开。这首诗是高蟾落第后所作，自比芙蓉，对既得沐皇家雨露的碧桃和居日边的红杏表示羡慕。"日边"，"倚云"都有离乡远嫁外邦皇室之意，与判词中"千里东风一梦遥"相呼应。曲中的"一帆风雨路三千，把骨肉家园齐来抛闪"也是这个意思。

C. 小说第六十三回，一群女孩子和宝玉在没有家长的约束下，通宵夜宴、欢乐、猜拳、饮酒，这是唯一没有拘束的一回。放开来，青春少男少女的美、诗才、性格得到了充分的展示。

D. 宝玉生日，妙玉送来生日贺笺，署名"槛外人"，宝玉不敢贸然回复，本想去问黛玉，却遇上与妙玉做过邻居且有半师之缘的宝钗。宝钗给他出主意：妙玉赞赏诗句"纵有千年铁门槛，终须一个土馒头"，故自称"槛外人"，回帖署名"槛内人"才能应她的心意。

63（15）.第六十三回中贾府的哪位长辈去世了（　　　）

A.贾代儒　　　B.贾赦　　　C.贾政　　　D.贾敬

第六十四回　幽淑女悲题五美吟　浪荡子情遗九龙佩

64（1）.贾宝玉在守灵间隙回怡红院时，是谁要追着芳官要打（　　　）

A.袭人　　　B.麝月　　　C.晴雯　　　D.秋纹

64（2）.下面这段话是谁说的（　　　）

袭人么，越发道学了，独自个在屋里面壁呢。这好一会我们没进去，不知他作什么呢，一些声气也听不见。你快瞧瞧去罢，或者此时参悟了也未可定。

A.麝月　　　B.晴雯　　　C.秋纹　　　D.芳官

64（3）.众人在玩游戏的时候，袭人在做什么（　　　）

A.与薛宝钗聊天　　　　　　B.去潇湘馆看望林黛玉

C.整理贾宝玉写的字　　　　D.为贾宝玉打结子

64（4）.下列说法中不正确的一项是（　　　）

A.晴雯说宝玉带的扇套还是那年东府里蓉大奶奶的事情上作的，所以让袭人另做一个新的。

B.除族中或亲友家夏日有丧事方带得着那个青东西，一年遇着带一两遭，平常又不常作。

C.如今宁国府里有事，这是要过去天天带的，所以袭人赶着另作一个。等打完了结子，给宝玉换下那旧的来。

D.虽然贾宝玉不讲究新旧，但若叫老太太回来看见，又该说袭人们躲懒，连宝玉的穿带之物都不经心。

64（5）.贾宝玉去看望林黛玉时，因为林黛玉正在做什么而暂时没有进去打扰（　　　）

A.午睡　　　B.写诗　　　C.祭奠　　　D.乞巧

64（6）.贾宝玉未去打扰林黛玉而转向去看望谁（　　　）

A.王熙凤　　　　B.李纨　　　　C.尤氏　　　　D.贾探春

64（7）.下列选项不正确的一项是（　　　）

A.西施——一代倾城逐浪花，吴宫空自忆儿家。效颦莫笑东村女，头白溪边尚浣纱。

B.绿珠——长揖雄谈态自殊，美人巨眼识穷途。尸居余气杨公幕，岂得羁縻女丈夫。

C.虞姬——肠断乌骓夜啸风，虞兮幽恨对重瞳。黥彭甘受他年醢，饮剑何如楚帐中。

D.明妃——绝艳惊人出汉宫，红颜命薄古今同。君王纵使轻颜色，予夺权何畀画工。

64（8）.小管家俞禄来要所用棚杠孝布并请杠人青衣所欠的银两时，贾珍最后是如何解决的（　　　）

A.让俞禄拿着对牌向库上去领就是了。

B.让俞禄无论那里借了给商家。

C.让俞禄拿了江南甄家送来打祭银五百两中还剩的三百两，下剩的，俞禄先借了添上给商家。

D.让贾蓉把江南甄家送来打祭银五百两给商家。

64（9）.贾蓉怂恿贾琏偷娶尤二姐时最有力的说辞是（　　　）

A.尤二姐年轻貌美，对贾琏也早就有意。

B.王熙凤总不生育，为子嗣起见，私自在外面作成此事。

C.尤老娘根本不会反对贾琏将尤二姐娶做二房。

D.贾珍也同意贾琏娶尤二姐做二房。

64（10）.贾琏不应该此时娶尤二姐的原因，不正确的一项是（　　　）

A.贾琏家中长辈去世，不该孝中娶尤二姐。

B.贾琏甄妻王熙凤仍在，不该停妻再娶。

C.贾琏父亲、祖母均在，不该不告而娶。

D.贾琏与王熙凤感情很好，不该不告而娶。

64（11）.贾琏与尤二姐的定情信物是（　　　）

A. 金麒麟　　　B. 雌雄剑　　　C.汉玉九龙珮　　　D. 鸳鸯香囊

64（12）.下列说法中，不正确的一项是（　　　）

A. 尤老娘、三姐儿带着两个小丫头自后面走来时贾琏送目与二姐，令其拾取玉珮，这尤二姐只是不理。最终尤二姐也没有拿那块玉珮，贾琏只好自己悄悄取回。

B. 贾蓉和尤老娘说道："那一次我和老太太说的，我父亲要给二姨说的姨爹，就和我这叔叔的面貌身量差不多儿。老太太说，好不好？"一面说着，又悄悄的用手指着贾琏，和他二姨努嘴儿。

C. 贾蓉趁便对贾珍将路上贾琏要娶尤二姐作二房之意说了，又说如何在外头置房子住，不使凤姐知道，"此时总不过为的是子嗣艰难起见，为的是二姨是见过的，亲上作亲，比别处不知道的人家说了来的好，所以二叔再三央我对父亲说。"只不说是他自己的主意。

D. 贾珍将此事告诉了尤氏。尤氏却知此事不妥，因而极力劝止。无奈贾珍主意已定，素日又是顺从惯了的；况且他与二姐本非一母，不便深管，因而也只得由他们闹去了。

64（13）.贾珍给了哪一房家人去照应尤二姐（　　　）

A.林之孝　　　B. 赖大　　　C. 鲍二　　　D.周瑞

64（14）.与尤二姐退亲的张华收了尤老娘多少银子（　　　）

A.十两　　　B. 二十两　　　C. 三十两　　　D. 五十两

64（15）.下列说法中，不正确的一项是（　　　）

A.尤二姐、尤三姐，都不是尤氏父亲亲生的，原是尤老娘带了来的。

B.尤老娘已经把尤二姐许给皇粮庄头张家，指腹为婚。

C.尤老娘时常抱怨，要与张家退婚；贾珍也想要将尤二姐转聘。

D.尤三姐也已经聘了人家，只等贾敬丧事办完，就要出嫁了。

第六十五回　贾二舍偷娶尤二姨　尤三姐思嫁柳二郎

65（1）.下列说法中不正确的一项是（　　　）

A.贾琏有时回家中，只说在东府有事羁绊。凤姐辈因知他和贾蓉相得，自然见或有事商议，也不疑心。

B.贾琏对尤二姐越看越爱，越瞧越喜，不知要怎生奉承这二姐。乃命鲍二等人不许提三说二的，直以"奶奶"称之，自己也称"奶奶"，竟将凤姐一笔勾倒。

C.贾府下人虽多，但都不管这些事。便有那游手好闲，专打听小事的人，也都去奉承贾琏，乘机讨些便宜，谁也不肯去露风。

D.贾琏将凤姐素日之为人行事，枕边衾内尽情告诉了他。说只等王熙凤一死，便接他进去。二姐听了，自是愿意。

65（2）.贾琏每月出多少银子给尤二姐等人（　　　　）

A.十两　　　　　B.五两　　　　　C.十五两　　　　　D.二十两

65（3）.贾珍到尤二姐家时，是谁陪他吃酒（　　　　）

A.尤老娘　　　　B.尤二姐　　　　C.贾琏　　　　　D.尤三姐

65（4）.下列说法中不正确的一项是（　　　　）

A.鲍二女人便悄悄的告诉贾琏说："大爷在这里西院里呢。"贾琏听了，便回至卧房。只见尤二姐和他母亲都在房中，见他来了，二人面上便有些讪讪的。

B.贾琏的心腹小童隆儿拴马去，见已有了一匹马，细瞧一瞧，知是贾珍的，心下会意，也来厨下。只见喜儿寿儿两个正在那里坐着吃酒。

C.隆儿才坐下，端起杯来，忽听马棚内闹将起来。原来二马同槽，不能相容，互相蹶踶起来。隆儿等慌的忙放下酒杯，出来喝马。声音嘈杂，只惹得贾琏、贾珍都出门来看。好容易喝住，另拴好了，方进来。

D.贾琏推门进去，笑说："大爷在这里，兄弟来请安。"贾珍羞的无话，只得起身让坐。贾琏忙笑道："何必又作如此景象！咱们弟兄从前是如何样来！大哥为我操心，我今日粉身碎骨，感激不尽。大哥若多心，我意何安。从此以后，还求大哥如昔方好。不然，兄弟能可绝后，再不敢到此处来了。"

65（5）.下列不是尤三姐说的一项是（　　　　）

A.你不用和我花马吊嘴的。清水下杂面，你吃我看。见提着影戏人子上场，好歹别戳破这层纸儿。

B.我虽标致，却无品行，看来到底是不标致的好。

C.我也要会会那凤奶奶去，看他是几个脑袋几只手。若大家好取和便罢；

倘若有一点叫人过不去，我有本事先把你两个的牛黄狗宝掏了出来，再和那泼妇拼了这命！

D. 喝酒怕什么，咱们就喝！我和你哥哥已经吃过了，咱们来亲香亲香。

65（6）.下面这段内容描写的是谁（   ）

松松挽着头发；大红袄子，半掩半开，露着葱绿抹胸，一痕雪脯；底下绿裤红鞋，一对金莲，或敲或并，没半刻斯文；两个坠子却似打秋千一般，灯光之下，越显得柳眉笼翠雾，檀口点丹砂。本是一双秋水眼，再吃了酒，又添了饧涩淫浪。

A. 尤三姐　　B. 尤二姐　　C. 尤氏　　D. 王熙凤

65（7）.下列行为不是尤三姐的一项是（   ）

A. 略有丫鬟婆娘不到之处，便将贾珍、贾琏、贾蓉三个泼声厉言痛骂，说他爷儿三个诓骗了他寡妇孤女。

B. 温柔和顺，凡事必商必议，不敢恃才自专，实较凤姐高十倍；若论标致，言谈行事，也胜五分。

C. 天天挑拣穿吃，打了银的，又要金的；有了珠子，又要宝石；吃着肥鹅，又宰肥鸭。

D. 或不称心，连桌一推；衣裳不如意，不论绫缎新整，便用剪刀剪碎，撕一条，骂一句。

65（8）.贾琏把尤三姐比作什么花（   ）

A. 杏花　　B. 桃花　　C. 玫瑰花　　D. 牡丹

65（9）.尤三姐心仪之人是谁（   ）

A. 贾宝玉　　B. 薛蟠　　C. 贾蔷　　D. 柳湘莲

65（10）.谁将荣府之事细细地告诉尤二姐母女（   ）

A. 隆儿　　B. 喜儿　　C. 鲍二　　D. 兴儿

65（11）.下列说法中不正确的一项是（   ）

A. 王熙凤的心腹贾琏的人不敢惹，贾琏的心腹奶奶王熙凤的人就敢惹。

B. 王熙凤心里歹毒，口里尖快。倒是跟前的平姑娘为人很好，背着王熙凤常作些个好事。

C. 如今荣府合家大小，没有不恨他的，只不过面子情儿怕他。

D. 王熙凤的正经婆婆大太太都嫌了他，说他"雀儿拣着旺处飞，黑母鸡一窝儿。自家的事不管，倒替人家去瞎张罗"。

65（12）. 下列说法中，不正确的一项是（　　　　）

A. 兴儿对尤二姐说：这平儿是贾琏自幼的丫头，王熙凤来了没半年，把贾琏的通房大丫头都寻出不是来，都打发出去了。别人虽不好说，自己脸上过不去，只能留下平儿，一则显他的贤良名儿，二则又叫拴爷的心，好不外头走邪的。

B. 兴儿对尤二姐说：王熙凤是嘴甜心苦，两面三刀；上头一脸笑，脚下使绊子；明是一盆火，暗是一把刀：都占全了。

C. 兴儿对尤二姐说：别人是醋罐子，王熙凤是醋缸醋瓮。凡丫头们，贾琏多看一眼，王熙凤有本事当着爷打个烂羊头。

D. 虽然平姑娘在屋里，大约一年二年之间，两个有一次到一处，他还要口里掭十个过子呢。气的平姑娘性子发了，哭闹一阵。

65（13）. 兴儿口中的"大菩萨"是谁（　　　　）

A. 尤氏　　　　B. 平儿　　　　C. 李纨　　　　D. 王夫人

65（14）. 兴儿口中的"玫瑰花"是谁（　　　　）

A. 薛宝钗　　　B. 贾探春　　　C. 贾迎春　　　D. 薛宝琴

65（15）. 兴儿口中的"二木头"是谁（　　　　）

A. 贾迎春　　　B. 贾探春　　　C. 贾惜春　　　D. 邢岫烟

第六十六回　情小妹耻情归地府　冷二郎一冷入空门

66（1）. 下列说法不正确的一项是（　　　　）

A. 贾宝玉长了这么大，独他没有上过正经学堂。贾府从祖宗直到二爷，都是寒窗十载，偏他不喜读书。

B. 外头人人看着贾宝玉好清俊模样儿，心里自然是聪明的。谁知是外清而内浊，见了人，一句话也没有。

C. 贾宝玉是老太太的宝贝。老爷一直不怎么管他，如今更不管了。成天家疯疯颠颠的，说的话人也不懂，干的事人也不知。

D. 贾宝玉每日也不习文，也不学武，又怕见人，只爱在丫头群里闹。也没刚柔，有时见了我们，喜欢时，没上没下，大家乱顽一阵；不喜欢，各自走了，他也不理人。

66（2）. 下面说法中不正确的一项是（　　　　）

A. 尤三姐认为贾宝玉行事言谈吃喝，原有些女儿气，那是只在里头惯了的。

B. 和尚们进来绕棺时，大家都在那里站着，他只站在头里挡着人。尤三姐认为贾宝玉一点都不知礼，又没眼色。

C. 贾宝玉悄悄的告诉尤氏姐妹说："姐姐不知道，我并不是没眼色，想和尚们脏，恐怕气味熏了姐姐们。"

D. 尤二姐要茶喝时，老婆子就拿了贾宝玉的碗去倒。贾宝玉赶忙说："我吃脏了的，另洗了再拿来。"

66（3）. 兴儿认为贾宝玉已经定下的人是（　　　　）

A. 薛宝钗　　　　B. 薛宝琴　　　　C. 邢岫烟　　　　D. 林黛玉

66（4）. 尤三姐是如何认识柳湘莲的（　　　　）

A. 尤三姐去给老娘拜寿时看上了串客中做小生柳湘莲。

B. 贾宝玉给尤三姐介绍的。

C. 贾珍带来让尤三姐过目的。

D. 尤老娘让贾琏介绍的。

66（5）. 尤三姐是如何立誓坚决要嫁柳湘莲的（　　　　）

A. 将一块玉珏摔作两半　　　　B. 将一缕头发剪掉

C. 将一根玉簪敲作两段　　　　D. 将一个香囊剪作两半

66（6）. 贾琏在前往平安州的路上遇见了谁（　　　　）

A. 薛蟠、柳湘莲　　　　B. 薛蝌、柳湘莲

C. 贾雨村、柳湘莲　　　　D. 贾蔷、柳湘莲

66（7）. 柳湘莲留给贾琏的订婚信物是什么（　　　　）

A. 鸳鸯香囊　　　　B. 鸳鸯剑　　　　C. 白玉手镯　　　　D. 九龙玉佩

66（8）. 贾珍出了多少两银子给尤三姐预备妆奁（　　　　）

A. 十两　　　　B. 二十两　　　　C. 三十两　　　　D. 五十两

66（9）. 下列说法不正确的一项是（　　　　）

A. 自贾琏出门之后，尤二姐操持家务，十分谨肃，每日关门闭户，一点外事不闻。

B. 贾琏办完公事，次日连忙取路回家，先回荣府拜见贾母。

C. 尤三姐果是个斩钉截铁之人，发誓之后每日侍奉母姊之余，只安分守己，随分过活。

D. 贾琏将路上相遇湘莲一事说出，又将鸳鸯剑取出递与三姐。三姐喜出望外，连忙取来，挂在自己绣房床上，每日望着剑，自笑终身有靠。

66（10）.下列说法不正确的一项是（　　　　）

A. 贾珍近日又遇了新友，将尤三姐不放在心上，任凭贾琏裁夺。

B. 湘莲向贾宝玉问贾琏偷娶二房之事，宝玉大吃一惊说自己并不知道。

C. 薛姨妈和柳湘莲说起亲事一节，凡一应东西皆已妥当，只等择日。

D. 柳湘莲进了京，先来拜见薛姨妈。又遇见薛蝌，方知薛蟠一进京时便病倒在家，请医调治。

66（11）.下列选项中，不是柳湘莲疑惑贾琏急于和他定下婚约的一项是（　　　　）

A. 贾琏周围哪里少了人物，如何只想到柳湘莲自己。

B. 柳湘莲和贾琏素日不甚相厚，贾琏不应该对自己关切至此。

C. 柳湘莲回到京城后听到不少风言风语，对贾琏和尤三姐的关系产生了怀疑。

D. 贾琏在路上忙忙的就那样再三要来定，难道女家反赶着男家不成？

66（12）.下面哪句话不是柳湘莲说的（　　　　）

A. 这事不好，断乎做不得了。你们东府里，除了那两个石头狮子干净，只怕连猫儿狗儿都不干净。我不做这剩忘八。

B. 我本有愿，定要一个绝色的女子。如今既是贵昆仲高谊，顾不得许多了，任凭裁夺，我无不从命。

C. 弟无别物。此剑防身，不能解下。囊中尚有一把鸳鸯剑，乃吾家传代之宝，弟也不敢擅用，只随身守藏而已。贾兄请拿去为定。

D. 我这里现成，就备一分，二哥带去，任凭裁夺，我无不从命。

66（13）.尤三姐听到柳湘莲反悔订婚的消息后，做了什么（　　　　）

A. 委托贾琏将鸳鸯剑还给柳湘莲。

B. 亲自将鸳鸯剑还给柳湘莲。

C. 左手将剑并鞘送与湘莲，右手回肘自刎而亡。

D. 厉声痛斥柳湘莲不守信用。

66（14）. 下列说法中，不正确的一项是（　　　）

A. 尤老一面嚎哭，一面又大骂湘莲。

B. 贾珍忙揪住湘莲，命人捆了送官。

C. 尤二姐忙止泪，反劝贾琏："你太多事。人家并没威逼他死，是他自寻短见，你便送他到官，又有何益，反觉生事出丑。不如放他去罢，岂不省事。"

D. 湘莲反不动身，泣道："我并不知是这等刚烈贤妻，可敬，可敬。"湘莲反伏尸大哭一场。等买了棺木来，眼见入殓，又俯棺大哭一场，方告辞而去。

66（15）. 柳湘莲跟着谁远去，不知踪影（　　　）

A. 癞头和尚　　　B. 茫茫大士　　　C. 渺渺真人　　　D. 跛腿道士

第六十七回　见土仪颦卿思故里　闻秘事凤姐讯家童

67（1）. 下列说法中不正确的一项是（　　　）

A. 薛姨妈听说柳湘莲出家，不知为何，很是猜疑，心甚叹息。

B. 贾宝玉一听见这个信儿，就连忙带了小厮们，在各处寻找，连一个影儿也没有。

C. 宝钗听了柳湘莲出家的消息，并不在意。

D. 薛蟠听了柳湘莲出家的消息，自外而入，眼中尚有泪痕。

67（2）. 下列选项中，不是薛宝钗说的一项是（　　　）

A. 俗语说得好："天有不测风云，人有旦夕祸福。"这也是他们前生命定。

B. 前儿妈妈商量着替他料理，如今已经死的死了，走的走了，依我说，也只好由他罢了。妈妈也不必为他们伤感了。

C. 这越发奇了。怎么柳相公那样一个年轻的聪明人，一时糊涂就跟着道士去了呢！我想你们好了一场，他又无父母兄弟，只身一人在此，你该各处找找他才是。

D.倒是贩了来的货物想来也该发完了。那同伴去的伙计们辛辛苦苦的来回几个月了，也该请一请，酬谢酬谢才是。别叫人家看着无理似的。

67（3）.薛宝钗送众人礼物时，给谁加厚一倍（　　　）

A.王熙凤　　　B.贾探春　　　C.薛宝琴　　　D.林黛玉

67（4）.林黛玉得到礼物后和贾宝玉一起到薛宝钗处的目的是（　　　）

A.薛蟠回来，必然说些南边的古迹儿，林黛玉去听听，只当回了家乡一趟。

B.感谢薛宝钗送她的礼物。

C.邀请薛宝钗到潇湘馆喝茶、道谢。

D.探望许久不见的薛姨妈。

67（5）.贾宝玉从林黛玉处回来后，想要让谁闲时常去劝劝林黛玉（　　　）

A.薛宝钗　　　B.晴雯　　　C.贾探春　　　D.袭人

67（6）.谁去王夫人处为薛宝钗送来礼物道谢，遭到冷遇（　　　）

A.赵姨娘　　　B.周姨娘　　　C.贾环　　　D.贾兰

67（7）.袭人听到凤姐说"天理良心，我在这屋里熬的越发成了贼了"时，做了什么（　　　）

A.悄悄离开

B.把脚步放重些，隔着窗子问道："平姐姐在家里呢么？"

C.装作没有听到，仍旧掀帘而入。

D.在门外和小丫头聊天，并不进屋。

67（8）.老祝妈请袭人尝尝果子时，袭人是如何做的（　　　）

A.随手接过果子，但并没有吃，只是拿着把玩。

B.让老祝妈送到怡红院去，先让宝玉尝尝鲜。

C.正色拒绝，说上头还没有供鲜，先吃不合规矩。

D.让老祝妈摘了果子，自己顺路带给王熙凤。

67（9）.王熙凤知道有了"新二奶奶"后，最先审问的是谁（　　　）

A.林之孝　　　B.旺儿　　　C.隆儿　　　D.兴儿

67（10）.旺儿推说自己并不清楚贾琏在外的事情，让王熙凤问谁来得知真相（　　　）

A.隆儿　　　B.喜儿　　　C.贾蓉　　　D.兴儿

67（11）. 以下俗语不是薛宝钗在第六十七回里说的一项是（　　　）

A. 天有不测风云，人有旦夕祸福　　B. 夯雀儿先飞

C. 物离乡贵　　　　　　　　　　　D. 各人家有各人的事

67（12）. 贾琏偷娶尤二姐，是谁帮忙找的房子（　　　）

A. 贾蓉　　　　B. 贾蔷　　　　C. 贾芸　　　　D. 贾珍

67（13）. 王熙凤喝命打兴儿嘴巴时，是谁动的手（　　　）

A. 林之孝　　　　B. 旺儿　　　　C. 兴儿　　　　D. 平儿

67（14）. 王熙凤是如何知道贾琏在外偷娶的（　　　）

A. 贾宝玉说漏嘴的　　　　　　B. 平儿听说后告诉凤姐的

C. 尤氏说漏嘴的　　　　　　　D. 贾蓉不满贾琏，告诉凤姐的

67（15）. 下列说法中，不正确的一项是（　　　）

A. 袭人让老祝妈告诉买办，叫他多多做些小冷布口袋儿，一嘟噜套上一个，又透风，又不糟蹋果子。

B. 凤姐叫平儿挪了张杌子放在床旁边，让袭人坐下。丰儿端进茶来。袭人欠身道："妹妹坐着罢。"

C. 赵姨娘来时兴兴头头，谁知抹了一鼻子灰，满心生气，又不敢露出来，只得讪讪的出来了。到了自己房中，将东西丢在一边，一面坐着，各自生了一回闷气。

D. 赵姨娘自己便蝎蝎螫螫的拿着东西，走至王夫人房中，站在旁边，陪笑夸奖薛宝钗，但王夫人并未搭理她。

第六十八回　苦尤娘赚入大观园　酸凤姐大闹宁国府

68（1）. 下列俗语不是王熙凤说的一项是（　　　）

A. 不是东风压倒西风，就是西风压倒东风

B. 拼得一身剐，敢把皇帝拉下马

C. 妻贤夫祸少，表壮不如里壮

D. 耗子尾上长疮——多少脓血儿

68（2）. 贾琏为何在外两月未归（　　　）

A. 贾琏陪贾珍前往平安州处理公务

B. 贾琏陪贾珍前往平安州巡视

C. 平安州节度在外巡边，贾琏等他回来办事

D. 贾琏前往平安州上任

68（3）. 王熙凤去尤二姐家时，找的借口是什么（　　　）

A. 到馒头庵还愿　　　　　　B. 到馒头庵祈福

C. 到宁府探望尤氏　　　　　D. 到姑子庙进香

68（4）. 下列人物中谁没有跟随王熙凤前往尤二姐家（　　　）

A. 平儿　　　　B. 丰儿　　　　C. 林之孝家的　　D. 周瑞媳妇

68（5）. 王熙凤派遣服侍尤三姐丫鬟是（　　　）

A. 平儿　　　　B. 善姐　　　　C. 丰儿　　　　D. 小红

68（6）. 下面这段内容描写的是谁（　　　）

头上皆是素白银器，身上月白缎袄，青缎披风，白绫素裙。眉弯柳叶，高吊两梢；目横丹凤，神凝三角。俏丽若三春之桃，清洁若九秋之菊。

A. 王熙凤　　　　B. 尤二姐　　　　C. 尤三姐　　　　D. 平儿

68（7）. 尤二姐进入贾府后最先住在哪里（　　　）

A. 王熙凤院子东厢房　　　　B. 大观园自己一处院子

C. 王熙凤院子西厢房　　　　D. 大观园李纨的院子

68（8）. 尤二姐对王熙凤要接自己进贾府是何态度（　　　）

A. 尤二姐推脱等贾琏回来后再进贾府 B. 尤二姐以母亲需要照顾拒绝进贾府

C. 尤二姐心中早已要进去同住方好　　D. 尤二姐要贾琏光明正大的迎自己进贾府

68（9）. 下列不是王熙凤说的一项是（　　　）

A. 要是妹妹不和我去，我也愿意搬出来陪着妹妹住，只求妹妹在二爷跟前替我好言方便方便，留我个站脚的地方儿，就叫我伏侍妹妹梳头洗脸我也是愿意的。

B. 好生照看着他。若有走失逃亡，一概和你们算帐。

C. 倘有下人不到之处，你降不住他们，只管告诉我，我打他们。

D. 今日既遇见姐姐，这一进去，凡事只凭姐姐料理。我也来的日子浅，也不曾当过家，世事不明白，如何敢作主。

68（10）.王熙凤指使谁去怂恿张华告贾琏（　　　）

A.旺儿　　　　　B.周瑞　　　　　C.赖大　　　　　D.林之孝

68（11）.下列说法中正确的一项是（　　　）

A.张华收了旺儿的二十两银子，连夜逃走。

B.张华收了旺儿的二十两银子，兴奋地上衙门去告状。

C.张华深知此事的利害，不敢造次去告状。

D.张华收了旺儿的二十两银子，但不敢去告状。

68（12）.张华在都察院告状时，攀扯出了谁（　　　）

A.贾蓉　　　　　B.贾琏　　　　　C.王熙凤　　　　　D.贾珍

68（13）.下列说法中不正确的一项是（　　　）

A.王熙凤为怂恿张华告状，封了二十两银子给他。

B.王熙凤拿了三百两银子给王信，让他打点察院。

C.王熙凤偷着把太太的五百两银子拿去打点察院。

D.尤氏和贾蓉拿出五百两银子送给王熙凤补她的亏空。

68（14）.王熙凤敢让张华到都察院状告贾琏的原因不正确的一项是（　　　）

A.贾府势大，都察院不敢抗衡　　　B.贾琏所犯之事微不足道

C.都察院素与王子腾相好　　　　　D.贾元妃的影响力还在

68（15）.下列说法中不正确的一项是（　　　）

A.王熙凤一面止了哭，挽头发，又喝骂贾蓉："出去请大哥哥来，我对面问他：亲大爷的孝才五七，侄儿娶亲，这个礼我竟不知道。我问问，也好学着，日后教导子侄的。"——此处的大哥哥指的是贾珍。

B.国孝一层罪，家孝一层罪，背着父母私娶一层罪，停妻再娶一层罪。俗语说：拼着一身剐，敢把皇帝拉下马。——这番话是王熙凤敢于大闹宁国府的原因所在。

C.这事原不与父母相干，都是儿子一时吃了屎，调唆着叔叔作的。我父亲也并不知道。如今我爷爷正要出殡，婶婶若闹了起来，儿子也是个死。只求婶婶责罚儿子，儿子谨领。这官司还求婶婶料理，儿子竟不能干这大事。——说这番话的是贾蔷。

D.你发昏了？你的嘴里难道有茄子塞着？不然，他们给你嚼子衔上了？为

什么你不告许我去？你若告诉了我，这会子不平安了，怎得经官动府，闹到这步田地！你这会子还怨他们！——这番话是王熙凤对尤氏的质问。

第六十九回　弄小巧用借剑杀人　觉大限吞生金自逝

69（1）.谁在贾母、王夫人面前说尤二姐的坏话，让贾母渐渐不喜尤二姐（　　　）

A.善姐　　　　B.平儿　　　　C.秋桐　　　　D.鸳鸯。

69（2）.王熙凤吩咐谁去将张华治死，以保证自己的安全（　　　）

A.兴儿　　　　B.旺儿　　　　C.隆儿　　　　D.喜儿

69（3）.张华状告贾琏之后的结局是（　　　）

A.被贾琏找个由头投入监牢　　　B.被旺儿诬告偷盗，远远发配

C.被贾珍派人押送远离京城　　　D.张华父子带着银两连夜回原籍

69（4）.贾琏因为办事得力，得到了贾赦的什么赏赐（　　　）

A.赏了一百两银子，并将房中十七岁的丫鬟秋桐给贾琏做妾。

B.赏了二百两银子。

C.将房中十七岁的丫鬟秋桐给贾琏做妾。

D.将房中一个绝色丫鬟赏给贾琏做妾。

69（5）.下列人物中不认为王熙凤对尤二姐是一番好意的是（　　　）

A.贾迎春　　　B.贾惜春　　　C.李纨　　　　D.贾宝玉

69（6）.下列俗语哪一句是尤三姐在梦中对尤二姐所说（　　　）

A天网恢恢，疏而不漏　　　　B.借剑杀人

C.坐山观虎斗　　　　　　　　D.井水不犯河水

69（7）.压垮尤二姐的最后一根稻草是（　　　）

A.秋桐天天在房外的大口乱骂　　　B.贾母等人的渐次不大喜欢

C.贾琏放在尤二姐身上的心渐渐淡了　D.尤二姐已经成型的男胎流产

69（8）.给尤二姐开虎狼之剂的是（　　　）

A.王太医　　　B.周太医　　　C.胡太医　　　D.李太医

69（9）.贾府常请的王太医此时为何不在（　　　）

A.因为给贵人诊疗出错，被发配边疆 B.谋干了军前效力，回来好讨荫封

C.因为年纪太大，不再上门出诊　　　 D.得了重病，不能出诊

69（10）.下列说法不正确的一项是（　　　）

A.纵有孩子，也不知姓张姓王。奶奶希罕那杂种羔子，我不喜欢。老了谁不成！谁不会养，一年半载养一个，倒还是一点搀杂没有的呢。——这是秋桐的话。

B.二爷二奶奶要撵我回去，我没了安身之处，太太好歹开恩。——这是尤二姐的话。

C.不知好歹的种子！凭他怎不好，是你父亲给的。为个外头来的撵他，连老子都没了。你要撵他，你不如还你父亲去倒好。——这是邢夫人的话。

D.姐姐，我从到了这里，多亏姐姐照应。为我，姐姐也不知受了多少闲气。我若逃的出命来，我必答报姐姐的恩德；只怕我逃不出命来，也只好等来生罢。——这是尤二姐的话。

69（11）.尤二姐在凤姐院中多受谁的偷偷照顾（　　　）

A.小红　　　　　B.丰儿　　　　　C.平儿　　　　　D.善姐

69（12）.尤二姐是如何去世的（　　　）

A.病逝　　　　　B.投水溺亡　　　C.自刎　　　　　D.吞金而亡

69（13）.下列说法中，不正确的一项是（　　　）

A.尤二姐去世，平儿进来看时，不禁大哭。

B.众人虽素昔惧怕凤姐，然想尤二姐实在温和怜下，比凤姐原强，如今死去，也都伤心落泪，只不敢与凤姐看见。

C.王熙凤真心诚意的痛哭道："狠心的妹妹，你怎么丢下我去了！辜负了我的心。"

D.贾琏进来，搂尸大哭不止。

69（14）.下列说法中，不正确的一项是（　　　）

A.尤二姐死后，贾琏便回了王夫人，讨了梨香院停放五日，挪到铁槛寺去，王夫人依允。贾琏忙命人去开了梨香院的门，收拾出正房来停灵。贾琏嫌后门出灵不像，便对着梨香院的正墙上通街现开了一个大门。

B.贾蔷劝解贾琏说："叔叔解着些儿，我这个姨娘自己没福。"说着，又向

南指大观园的界墙。贾琏会意，只悄悄跌脚说："我忽略了，终久对出来，我替你报仇。"

C.天文生告诉贾琏："奶奶卒于今日正卯时，五日出不得，或是三日，或是七日方可。明日寅时入殓大吉。"贾琏决定道："三日断乎使不得，竟是七日。因家叔家兄皆在外，小丧不敢多停。等到外头，还放五七，做大道场才掩灵。明年往南去下葬。"

D.贾母听了王熙凤的谎话道："谁家痨病死的孩子不烧了一撒，也认真了开丧破土起来！既是二房一场，也是夫妻之分，停五七日，抬出去，或一烧，或乱葬地上埋了完事。"

69（15）.贾琏给尤二姐办丧事，银两从何而来（　　）

A.尤二姐的梯己银子　　　　B.贾琏的梯己银子

C.王熙凤给的银子　　　　D.平儿偷的一包碎银子

第七十回　林黛玉重建桃花社　史湘云偶填柳絮词

70（1）.下列几个大丫鬟不能发配的原因不正确的一项是（　　）

A.彩云因近日和贾环分崩，也染了无医之症，不能发配。

B.鸳鸯，发誓不去。自那日之后，一向未和宝玉说话，也不盛妆浓饰。众人见他志坚，也不好相强。

C.小红因和贾芸有约，托贾芸央告凤姐，方得不发配。

D.琥珀，又有病，这次不能了。

70（2）.不是宝玉最近情色若痴，语言常乱，似染怔忡之疾的原因的一项是（　　）

A.冷遁了柳湘莲　　　　B.远嫁了贾探春

C.剑刎了尤小妹　　　　D.金逝了尤二姐

70（3）.下列选项搭配不正确的一项是（　　）

A.晴雯——穿着葱绿院小袄，红小衣，红睡鞋，披着头发，骑在雄奴身上。

B.麝月——红绫抹胸，披着一身旧衣，在那里抓雄奴的肋肢。

C.雄奴——仰在炕上，穿着撒花紧身儿，红裤绿袜，两脚乱蹬，笑的喘不过气来。

D. 袭人——说："两个大的欺负一个小的，等我助力。"说着，也上床来隔肢晴雯。

70（4）. 湘云说："如今恰好万物逢春，皆主生盛。况这首诗又好"，于是大家把海棠社改为（　　　）

A. 桃花社　　　　B. 杏花社　　　　C. 荷花社　　　　D. 梨花社

70（5）. 贾宝玉认为《桃花行》不是薛宝琴所作的原因不正确的一项是（　　　）

A.《桃花行》声调口气，迥乎不像蘅芜之体。

B. 薛宝钗断不许薛宝琴有此伤悼语句。

C. 杜工部也不是首首都作"丛菊两开他日泪"之句，也有"红绽雨肥梅""水荇牵风翠带长"之媚语。

D. 薛宝琴虽有写出《桃花行》的才气，但是断不肯作此哀音。

70（6）. 王子腾的夫人来接凤姐儿，一并请众甥男甥女闲乐一日时，贾母没让谁去（　　　）

A. 宝玉　　　　B. 薛宝琴　　　　C. 林黛玉　　　　D. 薛宝钗

70（7）. 下列选项中搭配不正确的一项是（　　　）

A. 贾母——以后只管写字念书，不用出来也使得。你去回你太太知道。

B. 王夫人——临阵磨枪也中用！有这会子着急，天天写写念念，有多少顽不了的！这一赶又赶出病来才罢。

C. 探春、宝钗等——老太太不用急，书虽替他不得，字却替得的。我们每人每日临一篇给他，搪塞过这一步就完了。

D. 黛玉——我也每日临一篇给他，一则老爷到家不生气，二则他也急不出病来。

70（8）. 宝玉又把书字又搁过一边，仍是照旧游荡的原因正确的一项是（　　　）

A. 贾政升官，奉旨直接上任去了。

B. 贾母溺爱，不许贾政检查贾宝玉的学习。

C. 近海一带海啸，贾政奉旨顺路查看赈济。

D. 贾宝玉字、书都准备妥当，不再担心贾政检查。

70（9）. 下面哪个词牌名，没有出现在桃花社上（　　　）

A. 西江月　　　B. 沁园春　　　C. 唐多令　　　D. 蝶恋花

70（10）. 桃花社上谁没有填出完整的一首词来（　　　）

A. 林黛玉　　　B. 贾探春　　　C. 薛宝钗　　　D. 贾宝玉

70（11）. 桃花社上谁嫌自己作的不好，又都抹了要另作，回头看香却已将烬，被李纨判定为输了（　　　）

A. 贾探春　　　B. 史湘云　　　C. 贾宝玉　　　D. 薛宝琴

70（12）. 下列选项中搭配不正确的一项是（　　　）

A. 黛玉——《唐多令》粉堕百花洲，香残燕子楼。一团团逐对成毬。飘泊亦如人命薄，空缱绻，说风流。草木也知愁，韶华竟白头。叹今生谁拾谁收。嫁与东风春不管，凭尔去，忍淹留。——太作悲了，好是固然好的。

B. 宝琴——《西江月》汉苑零星有限，隋堤点缀无穷。三春事业付东风，明月梅花一梦。几处落红庭院，谁家香雪帘栊。江南江北一般同，偏是离人恨重。——声调壮，"几处""谁家"两句最妙。

C. 宝钗——《临江仙》白玉堂前春解舞，东风卷得均匀。蜂团蝶阵乱纷纷。几曾随逝水，岂必委芳尘。万缕千丝终不改，任他随聚随分。韶华休笑本无根，好风凭借力，送我上青云。——翻得好气力，自然是这首为尊。

D. 贾探春——《南柯子》空挂纤纤缕，徒垂络络丝，也难绾系也难羁，一任东西南北各分离。落去君休惜，飞来我自知。莺愁蝶倦晚芳时，纵是明春再见隔年期。——好。

70（13）. 正在大家说受罚之事时，被什么事唬了一跳（　　　）

A. 小丫鬟打秋千摔了一跤　　B. 小丫鬟将毽子踢到了窗棂上

C. 一个风筝挂在了竹梢上　　D. 小丫鬟来传话贾政找宝玉

70（14）. 下列选项中，搭配不正确的一项是（　　　）

A. 贾探春——软翅子大凤凰风筝　B. 宝玉——大螃蟹风筝

C. 宝琴——大红蝙蝠风筝　　　　D. 宝钗——一连七个大雁风筝

70（15）. 贾宝玉的大鱼风筝被谁放走了（　　　）

A. 袭人　　　B. 麝月　　　C. 秋纹　　　D. 晴雯

第七十一回　嫌隙人有心生嫌隙　鸳鸯女无意遇鸳鸯

71（1）.贾政赐假一月在家歇息时，没有做什么（　　　）

A. 看书　　　　　B. 与清客们下棋吃酒

C. 教导宝玉读书　D. 母子夫妻共叙天伦庭闱之乐

71（2）.下列关于贾母寿辰的说法，不正确的一项是（　　　）

A. 因今岁八月初三日乃贾母八旬之庆，又因亲友全来，恐筵席排设不开，便早同贾赦及贾珍贾琏等商议，议定于七月二十八日起，至八月初五日止，荣宁两处齐开筵宴。

B. 宁国府中单请官客，荣国府中单请堂客。大观园中收拾出缀锦阁并嘉荫堂等几处大地方来作退居。

C. 二十八日，请皇亲、驸马、王公，诸公主、郡主、王妃、国君、太君、夫人等；二十九日，便是阁下、都府、督镇及诰命等；三十日，便是诸官长及诰命并远近亲友及堂客。

D. 初一日是贾政的家宴；初二日是贾赦；初三日是贾珍贾琏；初四日是贾府中合族长幼大小共凑的家宴；初五日是赖大林之孝家下管事人等共凑一日。

71（3）.贾母寿宴点戏时，呈上戏单顺序正确的一项是（　　　）

A. 小厮—林之孝家的—回事的媳妇—尤氏的侍妾佩凤—尤氏

B. 小厮—回事的媳妇—尤氏的侍妾佩凤—林之孝家的—尤氏

C. 小厮—林之孝家的—回事的媳妇—尤氏的侍妾佩凤—尤氏

D. 小厮—回事的媳妇—林之孝家的—尤氏的侍妾佩凤—尤氏

71（4）.南安王妃想见宝玉，宝玉为何不在（　　　）

A. 庙里念《保安延寿经》，宝玉去跪经了　B. 宝玉陪着贾政在宁府待客

C. 宝玉去馒头庵为贾母祈福　　　　　D. 宝玉去陪北静王了

71（5）.南安王妃要见府里的姊妹时，贾母让凤姐叫来了下列选项中的谁（　　　）

A. 贾迎春　　　B. 贾探春　　　C. 贾惜春　　　D. 邢岫烟

71（6）.南安王妃要见府里的姊妹时，下列选项中的谁没有出现（　　　）

A.薛宝钗　　　B.史湘云　　　C.林黛玉　　　D.邢岫烟

71（7）.是谁派小厮叫林之孝家的进来见大奶奶并派人捆起得罪尤氏的两个婆子（　　）

A.袭人　　　B.平儿　　　C.探春　　　D.周瑞家的

71（8）.是谁告诉一头雾水的林之孝家的叫她进来的原因并说她们"巴巴儿的传进你来，明明戏弄你，顽要你"的（　　）

A.周姨娘　　　B.周瑞家的　　　C.赵姨娘　　　D.尤氏

71（9）.下列选项中搭配不正确的一项是（　　）

A.尤氏笑道："老太太也太想的到。实在我们年轻力壮的人捆上十个也赶不上。"

B.李纨道："凤丫头仗着鬼聪明儿，还离脚踪儿不远。咱们是不能的了。"

C.探春笑道："糊涂人多，那里较量得许多。我说，倒不如小人家人少，虽然寒素些，倒是欢天喜地大家快乐。我们这样人家，外头看着我们不知千金万金小姐何等快乐，殊不知我们这里说不出来的烦难更利害。"

D.宝钗道："谁都像三妹妹好多心。事事我常劝你总别听那些俗话，想那俗事，只管安富尊荣才是。比不得我们没这清福，该应浊闹的。"

71（10）.鸳鸯从大观园出来时，遇见了谁和小厮私会（　　）

A.侍书　　　B.司棋　　　C.入画　　　D.晴雯

71（11）.凤姐越想越气越愧，不觉的灰心转悲，回房哭泣的原因不正确的一项是（　　）

A.邢夫人当着许多人，陪笑和凤姐求情说："我听见昨儿晚上二奶奶生气，打发周管家的娘子捆了两个老婆子，可也不知犯了什么罪。论理，我不该讨情。我想老太太好日子，发狠的还舍钱舍米，周贫济老，咱们家先倒磨折起人家来了。不看我的脸，权且看老太太，竟放了他们罢。"说毕，上车去了。

B.王熙凤因为下人得罪了尤氏，就命人捆了两个下人任尤氏处置，但此时尤氏却笑道："连我并不知道。你原也太多事了。"

C.王夫人道："你太太说的是。就是珍哥媳妇也不是外人，也不用这些虚礼。老太太的千秋要紧。放了他们为是。"说着，回头便命人去放了那两个婆子。这番话也是觉得王熙凤做的不对。

D. 贾母问王熙凤送礼的有几架围屏，王熙凤答不上来，惹得贾母很不高兴，王熙凤羞愧而哭。

71（12）. 下列说法不正确的一项是（ ）

A. 八月初三是贾母的八十大寿，由于亲友太多，贾赦贾珍等议定在荣宁两处同时开筵。来拜寿的南安太妃、北静王妃还会见了黛、钗、探春等人，且分赠了礼物。

B. 贾母的八十大寿，祝寿的礼仪死气沉沉，草草收场。而且就在这一天王熙凤遭到了邢夫人的尖刻的嘲讽，这对王熙凤来说，是一次不可容忍的打击，这就进一步暴露了她们之间的关系已经激化到剑拔弩张的程度。

C. 鸳鸯刚烈勇敢，同时又是一个充满爱心、同情心的宽厚善良的少女。她在大观园里无意间撞上了迎春的大丫头司棋与其姑舅兄弟潘又安幽会。这对司棋来说，无异于大祸临头，但鸳鸯信守承诺，从未将此事告诉任何人。

D. 贾母八十大寿，亲戚家的喜鸾和四姐儿因为生得又好，说话行事与众不同，所以很受贾母喜欢，于是让凤姐留下二人在大观园玩两日再去，并让琥珀进园子嘱咐众人不可小看了二人。

71（13）. 贾母问完围屏之事后，让王熙凤做什么，以免凤姐说贾母偏心（ ）

A. 抄佛经　　　B. 跪经祈福　　　C. 捡佛豆儿　　　D. 燃香诵经

71（14）. 邢夫人对王熙凤越来越不满的原因不正确的一项是（ ）

A. 邢夫人因为替贾赦要鸳鸯被贾母斥责之后，见贾母越发冷淡了他，凤姐的体面反胜自己，心中不满。

B. 王熙凤至今未给贾琏生下一个儿子来继承家业。

C. 前日南安太妃来了，要见他姊妹，贾母又只令探春出来，迎春竟似有如无，自己心里早已怨忿不乐，只是使不出来。

D. 一干小人在侧，他们心内嫉妒挟怨之事不敢施展，便背地里造言生事，调拨主人。后来渐次告到凤姐，只说凤姐只哄着老太太喜欢了，他好就中作威作福。辖治着琏二爷，调唆二太太，把这边的正经太太倒不放在心上。

71（15）. 王熙凤和谁一起做贾母吩咐之事（ ）

A. 鸳鸯　　　B. 李纨　　　C. 宝玉　　　D. 尤氏

第七十二回　王熙凤恃强羞说病　来旺妇倚势霸成亲

72（1）.司棋生病的原因不正确的一项是（　　　）

A.司棋与表弟潘又安在大观园私会，被鸳鸯撞破，司棋害怕、后悔。

B.司棋表弟潘又安害怕，三四天没归家的消息被司棋知道了。

C.司棋晚上为了吓唬在外走走的绣橘，未穿厚衣服被冷风吹着了。

D.司棋认为私会之事纵是闹了出来，也该死在一处。他是男人，先就走了，可见是个没情意的。

72（2）.下列俗语不是出自第七十二回的一项是（　　　）

A.千里搭长棚，没有个不散的筵席。　　B.百足之虫，死而不僵

C.浮萍尚有相逢日，人岂全无见面时。　D.前人撒土迷了后人的眼

72（3）.贾琏忽见鸳鸯坐在炕上，便煞住脚，笑道："鸳鸯姐姐，今儿贵脚踏贱地"，听到这番话的鸳鸯反应如何（　　　）

A.忙站起来行礼　　　　　　　B.忙坐正了身体问好

C.鸳鸯只坐着　　　　　　　　D.行完礼后连忙回贾母处

72（4）.贾琏有何事求鸳鸯（　　　）

A.最近支出困难，请鸳鸯暂且把老太太查不着的金银家伙偷着运出一箱子来，暂押千数两银子，支腾过去。

B.古董帐上有一个外路和尚孝敬老太太的一个蜡油冻的佛手，不知着落何方，特地询问鸳鸯。

C.问问鸳鸯老太太这两天心情如何，有件棘手的事情需要回禀老太太知晓。

D.问问鸳鸯老太太这两天心情如何，有什么孙大人家来和咱们求亲，看什么时候回禀老太太合适。

72（5）.下列不是贾府最近支出困难的原因的一项是（　　　）

A.前日老太太的千秋，所有的几千两银子都使了。

B.几处房租地税通在九月才得，这会子竟接不上。

C.王子腾升官外放，还要预备送礼。

D.还要送南安府里的礼，又要预备娘娘的重阳节礼。

72（6）．贾琏向鸳鸯借当，王熙凤借平儿之口从中借一二百两银子使时用的借口是什么（　　　）

A.后日是尤二姐的周年，要给尤二姐上个坟，烧张纸，也是姊妹一场。

B.后日是邢夫人生辰，要准备邢夫人的生辰礼物。

C.后日是贾琏生辰，要准备摆酒庆祝。

D.后日贾母要出门到庙里烧香还愿，需要准备一应事物。

72（7）．旺儿媳妇想为自己的儿子求娶谁当媳妇（　　　）

A.彩云　　　　　B.司棋　　　　　C.小红　　　　　D.彩霞

72（8）．贾母生日时，王夫人手紧，拿不出银子准备礼物，王熙凤出的主意是什么（　　　）

A.把金自鸣钟卖了五百六十两银子。

B.把老太太查不着的金银家伙一箱子，当了一千两银子。

C.把后楼上没要紧的大铜锡家伙四五箱子，拿去算了三百银子。

D.把王熙凤的两个金项圈当了四百两银子。

72（9）．宫里的夏太监打发小内监来做什么（　　　）

A.打发他来贾府要一百匹锦。　　　　B.打发他来贾府暂借一二百银子。

C.来还上两回借的一千二百两银子。　D.将贾元妃送给贾母的寿辰礼物送来。

72（10）．王熙凤从哪里拿来银子打发小内监离开（　　　）

A.让林之孝家的拿着对牌去库里领了二百两银子。

B.将两个金项圈拿去，暂且押四百两银子。给了小内监二百两。

C.把金自鸣钟卖了五百六十两银子。给了小内监二百两。

D.问贾琏要了二百两给了小内监。

72（11）．下列搭配不正确的一项是（　　　）

A.林之孝——一时比不得一时　　　B.贾琏——宁撞金钟一下，不打破鼓三千

C.王熙凤——没家亲引不出外鬼来　　D.王熙凤——求人不如求己

72（12）．以下不是彩霞不愿意嫁给旺儿之子的一项是（　　　）

A.彩霞心中与贾环有旧。　　　　B.赵姨娘答应让彩霞做贾环的妾。

C.旺儿之子容貌丑陋。　　　　D.旺儿之子酗酒赌博。

72（13）．下列说法中，不正确的一项是（　　　）

A.林之孝告诉贾琏贾雨村降官了，贾琏认为贾雨村的官儿本就未必保得长。担心将来有事，觉得宁可疏远着贾雨村比较好。

B.东府大爷贾珍和贾雨村更好，贾政又喜欢贾雨村，时常来往，众人皆知。

C.贾琏吩咐林之孝整理家人名册，拣个空日，回明老太太老爷，把这些出过力的老家人，用不着的，开恩放几家出去。

D.凤姐命人唤了彩霞之母来说媒。彩霞之母满心纵不愿意，见凤姐亲自和他说，何等体面，便心不由意的满口应了出去。

72（14）.是谁告诉贾政贾宝玉房中已经有人的事情的（　　　）

A.王夫人　　　B.赵姨娘　　　C.贾母　　　D.周姨娘

72（15）.第七十二回中，贾府除了夏太监常派人来打秋风，还有谁也来了（　　　）

A.贾雨村　　　B.刘姥姥　　　C.邢大舅　　　D.周太监